科学的曙光

THE DAWN OF SCIENCE
Glimpses from History for the Curious Mind

［印度］塔努·帕德马纳班
（Thanu Padmanabhan）
［印度］瓦桑蒂·帕德马纳班 著
（Vasanthi Padmanabhan）

程光锦 译

中国科学技术出版社
·北 京·

First published in English under the title
The Dawn of Science: Glimpses from History for the Curious Mind
by Thanu Padmanabhan and Vasanthi Padmanabhan, edition: 1
Copyright © Springer Nature Switzerland AG, 2019
This edition has been translated and published under licence from
Springer Nature Switzerland AG.
Springer Nature Switzerland AG takes no responsibility and shall not be made liable
for the accuracy of the translation.

北京市版权局著作权合同登记　图字：01-2022-2599。

图书在版编目（CIP）数据

科学的曙光 /（印）塔努·帕德马纳班（Thanu Padmanabhan），（印）瓦桑蒂·帕德马纳班（Vasanthi Padmanabhan）著；程光锦译 . — 北京：中国科学技术出版社，2023.6

书名原文：The Dawn of Science: Glimpses from History for the Curious Mind

ISBN 978-7-5236-0033-7

Ⅰ.①科⋯ Ⅱ.①塔⋯ ②瓦⋯ ③程⋯ Ⅲ.①科学知识—普及读物 Ⅳ.① Z228

中国国家版本馆 CIP 数据核字（2023）第 036074 号

策划编辑	申永刚　何英娇	
责任编辑	孙倩倩	
版式设计	蚂蚁设计	
封面设计	马筱琨	
责任校对	张晓莉	
责任印制	李晓霖	

出　　版	中国科学技术出版社	
发　　行	中国科学技术出版社有限公司发行部	
地　　址	北京市海淀区中关村南大街 16 号	
邮　　编	100081	
发行电话	010-62173865	
传　　真	010-62173081	
网　　址	http：//www.cspbooks.com.cn	

开　　本	710mm×1000mm　1/16	
字　　数	206 千字	
印　　张	17	
版　　次	2023 年 6 月第 1 版	
印　　次	2023 年 6 月第 1 次印刷	
印　　刷	北京盛通印刷股份有限公司	
书　　号	ISBN 978-7-5236-0033-7/Z · 349	
定　　价	118.00 元	

（凡购买本社图书，如有缺页、倒页、脱页者，本社发行部负责调换）

前言

科学思想的发展可以说是智人取得的最高智力成就之一，这来自许多人的努力，甚至还有人为此牺牲，在本书中就有很多这样的例子。他们中的很多人，本可以从事完全不同的职业，并在那个领域大获成功！但是，在好奇心的驱使下，他们痴迷于大自然的错综复杂性，最终还是选择投身于科学事业，一生致力于解开身边的谜团。

本书的写作目的是与志趣相投、好奇心强、受过一定教育的普通大众一起阅读分享令人兴奋的科学思想发展史。毋庸讳言，这不是一本由两位科学史学家为其他专家学者撰写的科学史专著。所谓专著，其内容毫无疑问是博大精深的，但读起来难免会让人昏昏欲睡。而本书的目的是让读者在阅读的过程中，获得真正的享受！

为了以模块化和趣味性的方式实现这一目的，我们挑选出24个话题，均为18世纪以前科学发展史的重要事件，一直写到牛顿对物理学和拉瓦锡对化学所做的贡献为止——我们认为这可以算作一个时期的终点，我们把这一时期称为"科学的曙光"。当然，这一终点以及这24个重要事件的选择，反映的只是我们的个人偏好，但我们确信的是，在这24个主题中，至少有20个能登上任何一个经过理性思考后罗列出的早期科学史里程碑榜单。任何接受过高中水平教育的人都能读懂这本书（可能有一两章除外）。

本书还有一些独特之处，我们在此提醒读者注意，以便你能获得更好的阅读体验。

★ 第一，本书的各个章节彼此之间相互独立，你可以单独挑选其中任意一章，或按照自己喜欢的顺序进行阅读。关于科学思想史的发展，书中基本是按照时间顺序介绍的，所以你在阅读某章时，可以一并阅读与其密切相关的其他章节，这样可以获得更加深入的理解——但这绝非强制性要求。本书以模块化的方式编辑，每一章都自成一体，所以更像是一本主题之间相互关联的图书，而不是章节性的传统书籍。

★ 第二，在大多数情况下，你完全可以跳过各章节中的主体内容，直接阅读"知识框"中的内容。这也是根据模块化的原则来编辑的，如果知识框里的内容成功吸引了你的注意力，你就可能会想要完整地阅读该章节的内容！插图和图注也如此。我们希望通过提供大量插图和适量的独立图注，让历史变得生动起来。你可以先浏览一下这些插图，对这一章的内容获得初步了解。图注中的文字不可避免地与该章节的主体文本存在一定程度的重叠，但这应该是本书的一个特点，而不是缺点！

★ 第三，我们是在比较广义的语境下解读科学思想的发展。例如，在这一系列里程碑中，我们选入了关于航海探索、历法系统和印刷术的故事，我们坚决认为它们应在本书中占据一席之地，因为它们与狭义的科学发展的各个方面都存在共生关系。在编写科学史时全方位地考虑，不仅合理，而且必要。

★ 这本书是写给普通大众的，不是写给科学史学家的。但是，如果你对本书所谈到的话题想进一步深入了解的话，可以阅读我们在本书结尾处提供的大量参考文献。其中许多作品都蕴含了丰富的知识，有很强的学术性，里面肯定有你感兴趣的文献。但如果你对我们选取的内容感到满意，也完全可以忽略那些参考文献！我们已经替你做了研究，尤其对于一些有争议的史料，在文中也有明确的提示。

前言

正确看待科学的发展不能脱离其发生的社会和政治背景。你会发现，我们在书中毫不避讳地谈论社会、经济和宗教发展对科学的影响。本着这样的精神，我们尽可能地将科学家作为普通人来描写，因为他们虽然智力超群，但也和普通人一样有着优缺点。

我们还尽可能避免对历史盖棺定论，任何领域的历史都有可能随着新史料的发掘而被重写，科学史也不例外。书中提到的一些史料，有些是在近几十年间才被发现的，所以尚未大范围流传。比如，早在牛顿和莱布尼茨出生之前的几个世纪，微积分就已经在印度南部有了一定的发展[①]。从这个意义上说，科学史本身生命力很强，并且仍在不断发展。

很多人都为本书的编写做出了贡献。其中有几章的内容虽然经过大量重写和扩充，但还是与我们中的一位——塔努·帕德马纳班——在2010—2012年为《共振》(Resonance)杂志撰写的一系列文章内容有所重叠。我们非常感谢印度科学院允许施普林格出版社在本书的文章中重复使用这些材料。

我们的许多同事都阅读过本书的早期草稿，并提出了宝贵的建议。在此我们感谢贾斯吉特·巴格拉（Jasjeet Bagla）、亚肖达·尚多卡尔（Yashoda Chandorkar）、V. 切拉杜赖（V. Chelladurai）、S. M. 奇特尔（S. M. Chitre）、苏努·因吉尼（Sunu Engineer）、哈文德·贾萨尔（Harvinder Jassal）、金贾克·洛坎（Kinjalk Lochan）、苏尼塔·奈尔（Sunita Nair）、J. V. 纳利卡尔（J. V. Narlikar）、哈姆萨·帕德马纳班（Hamsa Padmanabhan）、克里希纳莫汉·帕拉图（Krishnamohan Parattu）、K. 斯利尼瓦桑（K. Srinivasan）和特金德·辛格（Tejinder Singh）的帮助。

[①] 通常认为，牛顿和莱布尼茨发明了微积分。近年来新发现的史料显示，印度南部的一些数学家早在牛顿和莱布尼茨之前就对微积分的概念有了一定的研究。

书中的大部分插图都是从公有领域①的作品中复制而来，我们感谢那些通过这种方式提供资料的人，让更多人得以分享使用。此外，第4、5、6、24章中使用的一些插图得到了以下机构和图片版权人的明确许可：伦敦维尔康姆图书馆（见图4.4），密歇根大学医学院收藏馆（见图 5.1、图5.2 和 图5.3），柏林沃尔夫冈·沃尔克［见图6.1（B）］和俄勒冈州立大学图书馆（见图24.4），感谢他们给予我们的许可。我们还要感谢曼吉里·马哈巴尔（Manjiri Mahabal）在业余时间帮忙整理插图。

最后，非常感谢施普林格出版社的安吉拉·莱希（Angela Lahee）女士在这个项目中提供的所有帮助。她鼓励我们出版这本书，并在本书的编写期间一直给予我们莫大的帮助和支持。我们有幸与她成为朋友，而她代表施普林格出版社与我们合作，是我们的荣幸。

塔努·帕德马纳班
瓦桑蒂·帕德马纳班

---

① 公有领域对应的原文为"Public Domain"。当专有权利期限届满，作品便进入公有领域，公众有权自由使用它们。——译者注

目 录

第1章　开端…………001

第2章　雅典人的贡献…………007

第3章　从伊尚戈骨头到欧几里得…………015

第4章　阿基米德：古代伟大的科学家…………025

第5章　治疗艺术及其科学…………035

第6章　阿拉伯地区的遗产…………041

第7章　阿拉伯数字…………053

第8章　印刷…………061

第9章　探索"七海"…………069

第10章　现代医学的起步…………079

第11章　让地球转起来…………087

第12章　对数：幕后英雄…………095

第13章　漫游者之路…………103

第14章　伽利略与动态世界…………115

第15章　心事…………125

第16章　无形之物的质量…………133

第17章　没有图形的几何…………143

第18章　生命的无限多样性：在物种中寻找秩序…………151

第19章　测量天空…………161

第20章　微积分在印度的发展…………167

第21章　历法的故事…………177

第22章　然后一切都很轻…………191

第23章　渴求动力…………203

第24章　化学时代来临…………211

参考文献…………223

第1章　开端

很难说科学具体是在什么时候诞生的,有可能是在史前猎人发明出一张完美的弓时,也有可能是在火的发明时,可能没人知道科学真正的开端,而且,由于缺乏相应的历史记录,人们也不知道人类最初是如何进行推理和创新的。

即使有一些历史记录存在,也很难将真正的科学与神话、魔法和神秘主义区分开来。在所有的寓言、童话、神话传说、史诗和冒险故事中,都有富有想象力的新奇事物。故事的创作者是纯粹出于幻想写下这些内容,还是亲身体验过某些伟大的发明呢?人们认为是前者。古代的文学寓言故事并不能用作判定早期科学发展成就的依据。

出于如此保守的立场进行评判,埃及的金字塔无疑是人类历史上最早需要使用到大量科学技术才能取得的成就。建造金字塔的目的是确保法老（Pharaohs）以及其他特权阶层在死后顺利进入另一个世界,这当然需要用到复杂的技术。如果没能掌握人们今天所说的"科学"的基础知识,是不可能发展出这样的技术的。

古埃及最早的金字塔建于公元前27世纪,是作为陵墓而存在的。金字塔的规模、艺术结构和精湛的工艺,展示了古埃及非凡的工程技能水平。玛斯塔巴(mastaba)可能是最早建成的金字塔,它是平顶长方形结构,内部倾斜的侧面由泥砖或石头制成,竖井向下延伸至下方的墓室。第一座玛斯塔巴是由法老左塞(Pharaoh Djoser,公元前2670)建造的,其底座长约120米,宽约108米,高约60米。最初是一座玛斯塔巴陵墓,后来演变成一座约60米高的金字塔。该陵墓一共有6层,层层叠建,呈现出阶梯式结构。

一些早期建成的金字塔采用的是阶梯式结构。通常,建设者从阶梯金字塔底部开始,然后添加石块进行堆积,形成一个连续的斜坡,在上面覆盖一层光滑的石灰石。

很难确定金字塔是由哪一位科学家设计的,一定有很多人曾参与其中。据说,有一位活动于公元前2960年左右,名叫伊姆霍特普(Imhotep)的古埃及学者,曾被明确任命为埃及萨卡拉(Saqqara)阶梯金字塔的建筑师。萨卡拉金字塔可能是古埃及第一个主要的石头结构建筑。伊姆霍特普不仅是位出色的建筑师,还是一位杰出的维齐①、数学家和医生。还有一些古代手稿表明,伊姆霍特普曾经就尼罗河地区长达7年的饥荒,向左塞尔(Djoser,阶梯金字塔的法老)提出治理建议。后来,希腊人将伊姆霍特普认定为希腊医神阿斯克勒庇俄斯(Asklepios),这导致许多历史学家怀疑伊姆霍特普是否真有其人,也许伊姆霍特普就像印度史诗中出现的天体建筑师维斯瓦卡玛(Viswakarma)一样,是虚构的。不管怎样,当笔者讲述科学的起源时,阶梯金字塔的设计者确实值得一提。

在古埃及数学的黄金时代,有一位名叫阿赫摩斯(Ahmose)的抄写员,他的名字在一篇古埃及数学论文中出现过。阿赫摩斯是一位活动于公元前1000年左右的抄写员,他抄写过一篇数学论文,该论文的内容涉及简单的方

---

① 维齐(vizier),尤指旧时阿拉伯地区的高级别官员。——译者注

程、分数和散见于早期一些匿名作品中的基本数学问题。虽然古埃及人在一些数学著作中体现出很强的创造力（见知识框1.1），但他们从不注重方法的推广，也懒得把数学作为一门科学和逻辑学科大力发展。

知识框1.1：莫斯科纸草书

莫斯科纸草书实际上是古埃及的数学文本，可以追溯到大约公元前1850年，目前保存在莫斯科的一个博物馆里——除此之外，它与莫斯科其实没有任何关系！书中包含了对数学各个领域共25个问题的探讨。其中，问题14中的讨论尤其值得关注。这个问题试图计算出方形金字塔"平截头体"上下两个底面x和y之间的体积和高度h［见图（A）］，这可不是件容易的事。

巴比伦人和埃及人都得出了在二维空间中相应问题的答案，即将三角形截断后得到的a边和b边平行，且高为h的梯形面积［见图（B）］，这用公式$(1/2)h(a+b)$即可得出。以此类推，巴比伦人假设金字塔平截头体的体积为$(1/2)h(x+y)$，其中x、y为面积，结果算出来的答案是错误的。而莫斯科纸草书表明，古埃及人设法"猜"出了正确的公式：$(1/3)h(x+\sqrt{xy}+y)$！靠直觉得出这个公式是古埃及数学的一项重要成就。

科学的曙光

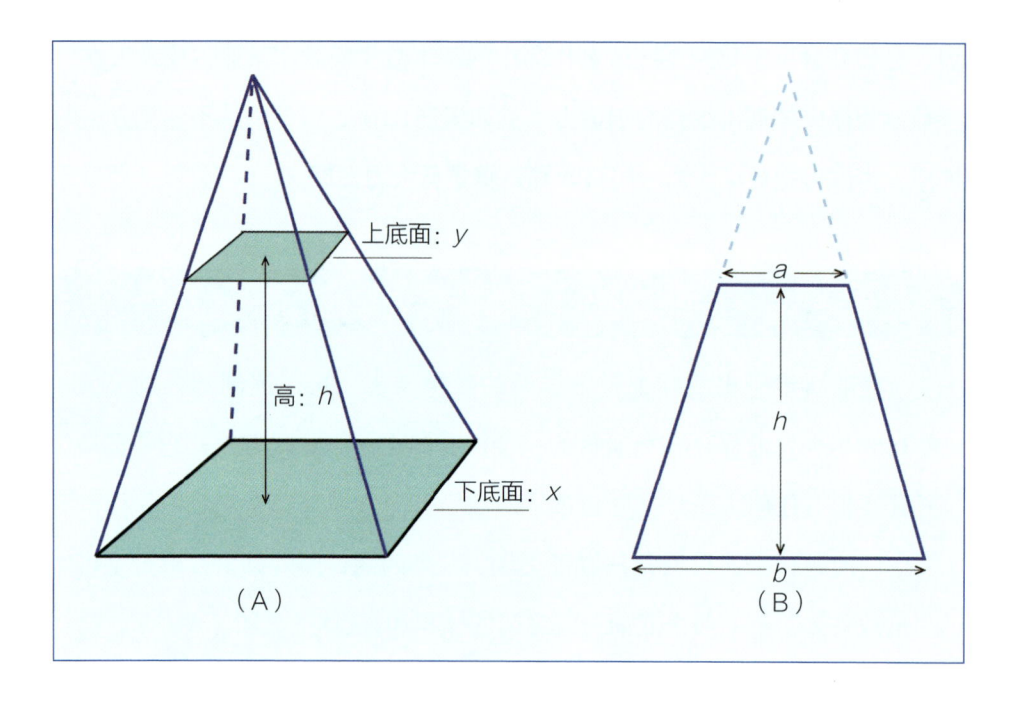

（A）图示：上底面：y，高：h，下底面：x

（B）图示：a，h，b

把数学作为一门科学学科来发展，要再等上一千多年——等到米利都的泰勒斯（Thales，约前624—约前547）出现。泰勒斯是希腊科学、数学和哲学名副其实的奠基者。泰勒斯出生于米利都（位于现在土耳其的西海岸）。他曾四处游历，足迹遍布古埃及和古巴比伦尼亚，他还从古巴比伦人那里学到了很多知识。那时，天文学已经在古巴比伦发展起来了，古巴比伦人还制定了计算日食和其他天文现象的详细规则。根据历史学家希罗多德的讲述，泰勒斯曾成功预测了公元前585年的一场日食，从而可能阻止了一场战争的发生（见知识框1.2）。

知识框1.2：日食可以阻止战争！

米底人和吕底亚人正在进行一场旷日持久的战争，双方军队准备在公元前585年的5月28日再进行一场战斗。据说，米利都的泰勒斯预测当

004

> 天会发生日食。当然，那天的确发生了日食！双方军队都认为日食是一种预兆，战斗不仅立即中止了，双方甚至同意休战。
>
> 这个故事来自古代历史学家希罗多德的记述（泰勒斯如何准确预测出日食的发生，仍不得而知，这让一些历史学家怀疑这个故事的真实性）。如果希罗多德的描述是准确的，那么这次日食在发生之前就被成功预测，确实是最早有记录的重大天文事件。因为天文学家可以计算出历史上发生过的日食的日期，这次预测的日食指的就是公元前585年5月28日的那场日食。艾萨克·阿西莫夫（Isaac Asimov）称，这场战斗是目前已知的最早的历史事件，他还将泰勒斯的预测称为"科学的诞生"！

泰勒斯还从埃及数学中获得一些概念，并以相当公理化的方式对其进一步发展。他理解证明的必要性，能够利用给定的条件，一步一步有逻辑地推导出结论。这真是令人震惊的进步，因为逻辑证明才是现代数学的基石。

泰勒斯证明了以下五个基本定理：（1）任意一条直径都能将圆分成相等的两部分；（2）等腰三角形的两个底角相等；（3）两条相交直线所形成的对顶角相等；（4）如果两个三角形有一条边以及这条边上的两个角对应相等，那么这两个三角形全等；（5）半圆上的圆周角是直角。在泰勒斯之前，人们通过直接测量也得出了以上结果，而泰勒斯的天才之处在于，他能从基本公理出发，通过逻辑推理来证明这些定理。例如，他证明上述第（3）条定理的方法如图1.1所示，x是y的补角，y是z的补角，因为与同一事物相等的两个事物彼此相等，所以$x=z$。

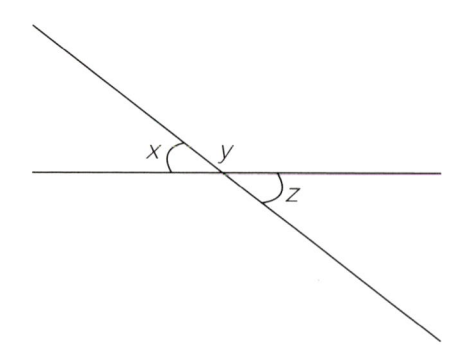

图1.1　两条相交的直线所形成的对顶角

米利都的泰勒斯不愧为希腊科学、数学和哲学的奠基者。泰勒斯做出了许多贡献，还可能是第一个明白逻辑证明对定理的重要性的人。图1.1给出的例子是泰勒斯证明的五个定理之一。图中所示的由两条相交直线构成的对顶角（x和z）相等。泰勒斯给出以下证明："图中，x是y的补角，y是z的补角，因为与同一事物相等的两个事物彼此相等，所以$x=z$。"

泰勒斯还关注更基本的自然问题，比如"宇宙是由什么组成的"。他最终没能得出"正确"的答案，但这并不重要——因为即使到了今天，人们也不知道答案是什么！重要的是，他提出了这个问题，并有史以来第一次在回答这个问题时，没有诉诸当时普遍流行的神话传说。通过这种方式，泰勒斯在很大程度上影响了他的同代人和后代人。每当希腊人罗列出他们的"七贤人"时，泰勒斯总是排在第一位。

第2章　雅典人的贡献

毕达哥拉斯（Pythagoras，前580至前570之间—约前500）出生于爱琴海的萨莫斯岛，在公元前529年前后他移居到今意大利南部的克罗顿地区。那时，意大利南部和西西里岛东部的海岸已经成为希腊的殖民地，生活方式渐趋希腊化。在克罗顿，毕达哥拉斯创建了毕达哥拉斯学派，将最初盛行于希腊东部的泰勒斯哲学传统传播到遥远的西部。学派的成员就数学、哲学和神学展开了细致入微的辩论，但不幸的是，他们对自己的活动秘而不宣，因此被人们看作奉行危险价值观的神秘邪教。在毕达哥拉斯生活的那个时代，经常有人遭受迫害，毕达哥拉斯自己最终也不得不逃离克罗顿，在流亡中度过了生命中的最后十年。

毕达哥拉斯学派行动的神秘性也让后世的历史学家无法客观认定毕达哥拉斯的贡献。毕达哥拉斯自己没有任何著作流传于世，人们只能通过后人对他学说的引用来评判他的贡献。基于这些被引用的内容，毕达哥拉斯有两个贡献绝对值得重视。

第一个是毕达哥拉斯关于声音的产生进行的一系列实验。通过研究绷紧的弦被拨动后发出的声音，毕达哥拉斯很快意识到，人们听起来悦耳的声音一般都是由音程跨度合理的音阶所组成的。他还发现了音色和弦长之间的关系，比如，如果一条弦的长度是另一条弦的两倍，那么这条弦发出的声音就会比另一条弦低八度。这可能是有史以来在所有物理学分支中进行的第一组系统性实验了。

这些实验结果让毕达哥拉斯学派相信，整个世界都可以用简单的有理数来构建。他们对这个想法非常痴迷，甚至把一些神秘的特性都归因于有理数！虽然关于有理数的想法过于简单化，但现代数学的一个活跃分支——数字研究——也由此开启。因此，人们不难想象，当毕达哥拉斯学派意识到这世上竟然还存在无理数时，该有多么震惊。无理数指的是不能用两个自然数之比表示出的数字。如果正方形的边长为1，其对角线的长度就是一个无理数。据传说虽然毕达哥拉斯学派对无理数的存在严守秘密，但学派中一些不够忠诚的成员还是把这个信息泄露了（见知识框2.1）！

知识框2.1：毕达哥拉斯定理[①]的证明法

关于这个著名定理的"标准"证明法有些复杂，但如果发挥一下想象力，你就能轻松看出这个结论的有效性。下图就是关于这条定理的两种证明法（见知识框3.2）。（A）图是中国古代人使用的证明方法；（B）图的方法则由印度数学家巴斯卡拉（Bhaskara，1114—1185）提供，他还附带给出一个简洁的评论，就是："瞧！"

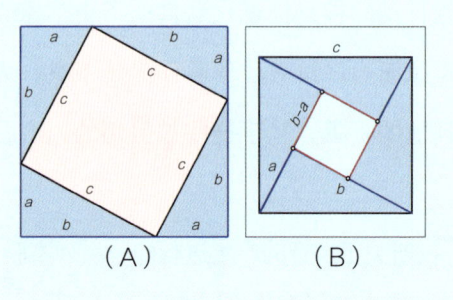

(A)　　(B)

[①] 即勾股定理，两个直角边的平方和等于斜边的平方（$a^2+b^2=c^2$）。——编者注

第二个是毕达哥拉斯也可能是第一个明白地球是圆的，太阳、月亮和行星的轨道与恒星的轨道大不相同的人。他还猜测，启明星（在神话中被称为福斯福洛斯）和长庚星（赫斯珀洛斯）实际上是同一颗星球，他将其命名为阿芙罗狄蒂（Aphrodite），即人们现在所知的金星。后来有几位思想家深受毕达哥拉斯学派的影响，包括阿那克萨哥拉斯（Anaxagoras，约前500—约前428），他在雅典教书近30年，致力于为毕达哥拉斯学派的思想寻找更加理性的基础；还有德谟克里特（Democritus，约前460—约前370），他是第一个将原子论物质观引入西方的人（见知识框16.2）。

在诸多雅典人当中，最著名的是柏拉图（Plato，约前427—前347），与其说他是科学家，不如说他是位哲学家（顺便提一句，正是通过柏拉图，人们才得以了解苏格拉底的大部分思想）。然而，柏拉图却对数学非常着迷，认为数学是"最纯粹的哲学形式"，并试图用数学思想来描述天空。他知道世界上有五种，而且只有五种规则多面体。规则多面体的各个面完全相同，各个面相交的所有边和角也都相等（见图2.1）。规则多面体是指四面体、六面体（立方体）、八面体、十二面体和二十面体。毕达哥拉斯学派以及后来的柏拉图都认为这五种正多面体在自然界中一定起着至关重要的作用。他们假设四种元素的"原子"——火、土、气和水分别呈四面体、立方体、八面体和二十面体的形状。〔在亚里士多德（Aristotle，前384—前322）时代，以太作为第五种元素被引入，并被认定为十二面体。〕柏拉图试图将整个自然世界装进基于这些"完美"的规则体建立的模型之中。他认为天空应该反映了人类对完美的认知，这一思想在后来的时代中占据了主导地位（见知识框2.2）。

二十面体　　　　　四面体

十二面体　　　八面体　　　六面体

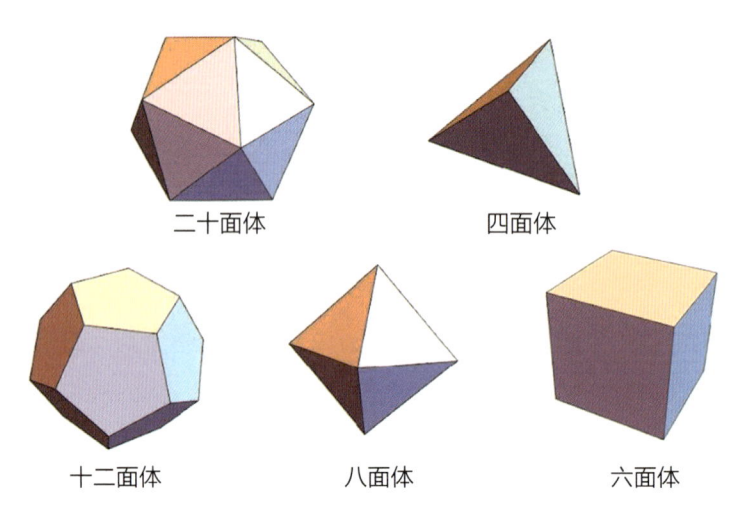

图2.1　规则多面体

柏拉图知道世界上有五种，而且只有这五种规则多面体。规则多面体各个面完全相同，各个面相交的所有边和角也都相等。如图所示，这五种柏拉图多面体分别是四面体、六面体（俗称立方体）、八面体、十二面体和二十面体。事实上，柏拉图试图用这些"完美的"多面体为整个自然界建立模型。

柏拉图还在雅典建立了著名的柏拉图学园（见图2.2），多年来影响了地

图2.2　柏拉图和亚里士多德

柏拉图和亚里士多德是雅典的柏拉图学园的重要人物，他们影响了人们几个世纪以来对自然的看法。这幅画是拉斐尔（Raphael）在壁画《雅典学院》（*The School of Athens*，作于公元1509—1511）中对两个人的描绘。

中海各国人民的哲学思想。然而，柏拉图学园一度被视为异教的大本营，查士丁尼大帝（Emperor Justinian）在公元529年下令将其关闭，基本上就是因为这个原因。

知识框2.2：把行星装进柏拉图盒子里！

如今，人们已经知道围绕着恒星的行星系统无处不在，银河系中的数百颗恒星周围都有行星围绕它们运行。因此，恒星周围行星的数量及其轨道半径不再具有任何特殊意义。但是，在中世纪时期，人们只知道有五颗行星存在：木星、土星、火星、金星和水星。

开普勒（Kepler，1571—1630）发现了关于行星运动的定律，并能够将行星围绕太阳运行的轨道周期和它们与太阳之间的距离联系起来。但开普勒很好奇，究竟是什么决定了这些行星与太阳之间的距离。开普勒被柏拉图规则体的概念迷住了，试图用柏拉图规则体来给已知的行星轨道建立模型（见图2.3）。

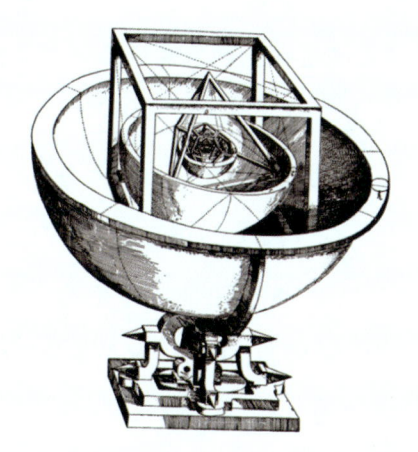

图2.3　开普勒的"天体音乐"

这套模型从一个代表土星轨道半径的球体开始，在其中嵌入一个立

> 方体，在立方体中放入另一个球体代表木星轨道，在这个球体中放入一个四面体，在这个四面体中放入另一个球体代表火星轨道，在这个球体内放一个十二面体来固定地球，还有一个二十面体用来固定金星，最后是一个八面体，里面有一个球体代表水星轨道。有趣的是，通过这个程序计算出的行星轨道半径与观测到的轨道半径相当吻合！这是一个用完全错误的模型正确解释了所观测到的事实的经典案例！

亚里士多德是柏拉图学园思想家中的重要人物，被认为是学园之灵。结果柏拉图最后却指定了另一个人作为他的继任者，亚里士多德退出学园以表抗议。之后，亚里士多德受聘成为马其顿亚历山大（Alexander）王子（后来的亚历山大大帝）的老师，这段时间大约有6年。然后他回到雅典，创立了自己的学院吕克昂（Lyceum），在那里授课近12年，单凭他一个人的讲座就能汇编成一部超过50卷的知识百科全书。

亚里士多德最大的贡献是在生物学领域，他对动物物种进行了细致的分类，将500多个物种分为不同的等级。这一分类方案和相关理念相当"现代"。例如，他将海豚和陆地动物归为一类，因为他知道海豚是通过胎盘来孕育胎儿的。后来人们反而不具备这种逻辑思维，把海豚又归回到海洋动物类。这让生物学家又花了将近2000年的时间才把这个错误纠正过来！亚里士多德还仔细观察了发育中的鸡胚胎，以及复杂的牛胃结构。

亚里士多德在"自然哲学"领域（这一科学分支人们现在称为物理学）的尝试并不十分成功。出于某种奇怪的原因，亚里士多德在物理研究中并没有使用让他在生物学领域获得成功的实验和观察方法。他为五种元素（土、水、火、气和以太——最后一种元素是他自己的创新）各赋予一个"自然场所"，根据其特性来解释自然现象。例如，他坚信，较重的石头比较轻的石头落到地上的速度快，而且——令人惊讶的是——他从未费心去验证这个结论。事实上的确是他搞错了，而且这个错误还导致了严重的后果，但为爱因斯坦的广义相对论奠定了基础！

后面的几章会反复提到的一个主题是关于天空和天体运动的描述，亚里士多德的错误观点在几个世纪都占据了主导地位。例如，其中一种观点涉及太阳（和星星）每天升起落下的原因。毕达哥拉斯学派把这归因于地球绕地轴的自转。古代有一个人，萨莫斯的阿里斯塔克（Aristarchus，约前310—前230），甚至提出了日心说，即地球不仅围绕地轴自转，而且还围绕太阳旋转。然而，亚里士多德反对关于地球有任何运动的观点，他认为有一个包含了固定位置恒星的天球在围绕着地球旋转。后来的天文学家尤其是托勒密也认同亚里士多德的观点，托勒密还认为，如果地球自己也在旋转，人们就会感受到持续的大风。

具有讽刺意味的是，尽管亚里士多德在后来的思想家中占主导地位，但他在自己所处的时代并不像柏拉图那样有影响力。亚里士多德的作品在他去世后才得以出版，而这些作品在罗马沦陷后不久，就在欧洲消失匿迹了。但阿拉伯人将这些著作保存了下来，而且对其非常珍视。很久以后，到了12—13世纪，欧洲基督教才重新发现了阿拉伯语文本，并将其翻译成拉丁语。这让亚里士多德在中世纪欧洲成了最有影响力的古代哲学家之一。

第3章　从伊尚戈骨头到欧几里得

即使是史前部落，也需要计数，例如，为了确保家里所有的牛都回来了，或者部落成员在数量上超过了敌方。最原始的计数形式，需要在计数对象和其方便参考的对象之间例如手指建立一一对应的关系。即使到了今天，非洲的一些猎人仍然通过收集牙齿来统计他们捕杀到的野猪数量；生活在乞力马扎罗山山坡上的马赛部落的年轻女子，为了计算年龄，还是每长一岁就在脖子上套一个黄铜圈。

这个计数过程很快演变得更为细致，人们在骨头或石头上保留"计数标记"。1962年，人们在伊尚戈渔村［位于今刚果（金）和乌干达接界处爱德华湖岸边］发现了一块这样的骨头，称之为"伊尚戈骨头"，这块骨头被推测源自公元前9000年至前6500年。如果这块骨头上的标记确实是许多历史学家认为的计数标记，那么这可能是最早的数学活动记录。

数学的起步虽然很低，但发展起来相当迅速。计数让原始人意识到，"一头牛加一头牛，等于两头牛"，这和"一根长矛加一根长矛，等于两根长矛"是一样的道理。从具体经验中提炼出"一加一等于二"的抽象思想，是抽象数学思想的第一个重大突破。

这一点人们在今天看来是显而易见的，它涉及将"1"和"2"视为独立的抽象实体，独立存在，无须与牛或长矛联系在一起。也就是说，当有人说"2"的时候，人们不会再问："两个什么东西？"

实际上，要表达这种抽象概念，需要一门语言中有可以独立表示数字的词汇。所有的古文明——尤其是中国文明、古埃及文明、古巴比伦文明和古印度文明——在某个阶段都创造出了专门表示数字的词汇。在早期，表示数字的词汇通常来源于身体部位、手指、头部等，但只能表示较小的数目。最初只有表示1和2的词汇，很少有关于3的词汇，再往上就是表示"许多"的词汇。

最早的数学符号很明显是根据这些"数字词汇"书写形成的，并很快被提炼为更为紧凑实用的形式。其中最原始、很复杂的符号是罗马数字Ⅰ、Ⅴ、Ⅹ、Ⅼ、Ⅽ等，一直沿用至今。当然，最实用的是阿拉伯数字（又称印度-阿拉伯数字），在本书第7章中会有专门介绍。其他一些文明也发展出了自己的数学符号。

位值制记数法和0的概念标志着数字表达方式的重大发展。位值制记数法让人们可以根据同一个符号在一串数字中出现的不同位置，为其赋予不同的数值。例如，人们认为数字8在89中的值，与其在28中的值不相同。这个概念非常古老，几乎每一个发达的古代文明都能发展出某种形式的位值制记数法。

下一个重要步骤是发展出0的概念，它实际上包含两个方面，二者之间有微妙的差异。第一个方面是需要一个0的符号来区分位值制记数法中的304和34。不同的文明以不同的方式处理这个问题，比如使用一个空格、一个点或一个圆作为0的符号。第二个方面也是更高级的层面，是认识到0就像3或5一样，本身就是一个数字，并且为它制定了明确的操作规则。印度数学似乎很早就意识到了这一点，即0本身也是一个数字，而不仅仅是位值制记数法中的一个占位符。印度天文学家和数学家婆罗摩笈多（Brahmagupta，598—668）在公元628年左右撰写的一部早期著作《婆罗摩修正体系》（*Brahma-sphuta-siddhanta*）中，就将0作为一个数字加以讨论过（见知识框3.1）。

知识框3.1："没有"问题！

想要用一小组符号表示出任意大的数字，这需要有极大的创造力，并涉及三个概念：（1）位值制记数法，其中符号的值是不固定的，取决于其所在位置；例如，人们将23解释为"2个十"和"3个一"，将32解释为"3个十"和"2个一"；（2）在位值制记数法中选择一个便于使用的"基数"；人们通常使用10作为基数，因此467代表$4\times100+6\times10+7\times1$；（3）一个表示"没有"（0）的符号（也是最重要的），让人们可以区分203和23。

各个古文明在这方面获得了不同程度的发展。中国、古埃及、古巴比伦和古印度都有位值制记数法的概念。早在公元前3000—前2000年，古巴比伦人就发明了一个以60为基数的位值系统（直到今天还用于表示小时、分钟和秒）。为了避免用不同的符号表示1和59，巴比伦人还发明了基于10的分组。印度的哈罗斯蒂数字使用了4、10和20三种不同的分组。中国的汉语中每个数字都有一个对应的象形文字，可以明确表示数值。

最后一个关键的步骤是需要有一个表示"没有"的符号。有一本古印度手稿，叫作《巴克沙利手稿》（*Bakhshali Manuscript*），是一本实用的商人算术手册，里面就有表示"0"的符号。这份手稿目前保存在牛津大学的波德林图书馆。不幸的是，手稿中三个部分的碳年代测定结果截然不同（分别是公元224—383年、公元680—779年和公元885—993年），但基于其他内部证据，一些历史学家认为应以较早的日期为准。在柬埔寨出土的铭文中也出现了"0"的符号，专家认为这些铭文制作于公元680年左右，其中一些是用梵文写就，文中还经常提到印度历法。这表明来自印度的古代商人和定居者可能把梵文、印度萨卡纪年、梵文数字等带到了柬埔寨。如果果真如此，他们可能也带来了"0"的概念。

虽然以上这些例子都缺乏确凿的证据，但在印度瓜廖尔（Gwalior）附近一座小寺庙的墙壁上刻着的文字中，确实出现了"0"，这可以追溯到公元870年。寺庙文字中罗列了国王赠送给寺庙的各种礼物，其中包括"一块长270哈斯塔斯[①]、宽187哈斯塔斯的土地，用来建造花园"。这说明，在此之前，"0"在印度就已经普遍使用了。

印度人发明了"sunya"[②]，通过阿拉伯人传到西方（见图3.1），在这个过程中演变成了"zero"[③]。

除了计数，古人还研究了尺寸和形状，推动了几何学的发展。希腊人，尤其是泰勒斯和毕达哥拉斯（见第1章和第2章），对几何学的发展做出了重大贡献。但有一个人的贡献最大，他的著作历经几个世纪产生了持久影响，

[①] 古印度长度计量单位，1哈斯塔斯等于0.457米。——译者注
[②] 梵文中的"0"。——译者注
[③] 英语中的"0"。——译者注

第3章 从伊尚戈骨头到欧几里得

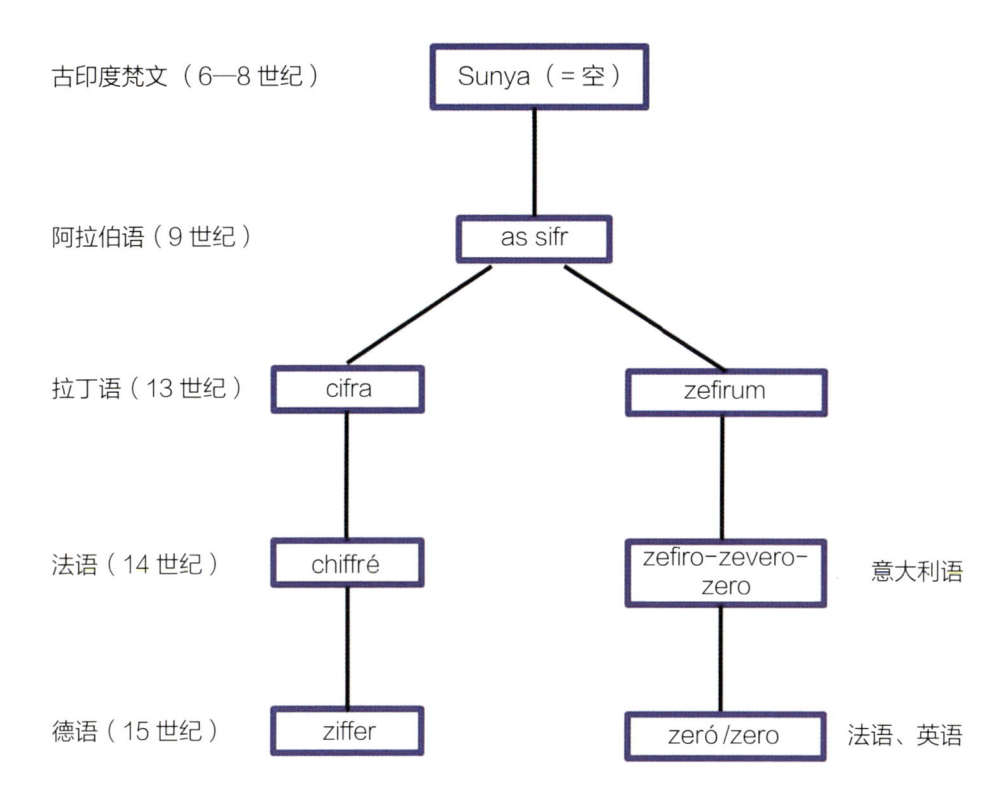

```
古印度梵文（6—8世纪）         Sunya（＝空）

阿拉伯语（9世纪）              as sifr

拉丁语（13世纪）        cifra          zefirum

法语（14世纪）         chiffré      zefiro-zevero-zero    意大利语

德语（15世纪）         ziffer         zeró/zero          法语、英语
```

图3.1 古文明的"0"的演变

许多古文明，包括古巴比伦、古埃及、中国和古印度，都有位值制记数法的概念。在位值制记数法中，数字符号的值取决于其在字符串中的位置，例如，符号4在45和54中的值不同。位值制记数法之后的一个重要发展是区分405和45，这只有在具备了表示"没有"的符号后才有可能实现。发展到这一步似乎要晚得多，在不同的阶段发展出各种表示"没有"的方式，如使用空格、点等。确定的零最早出现在公元870年刻在印度瓜廖尔附近一座小寺庙墙壁上的文字中。这段铭文罗列了当地国王赠送给寺庙的各种礼物，其中包括"一块长270哈斯塔斯、宽187哈斯塔斯的土地"。这个被称为"sunya"的符号是在印度发展起来的，后来通过阿拉伯人传到了西方，在此过程中演变成了"zero"。上图显示了从（印度）"sunya"到（现代）"zero"的演变。

这个人就是欧几里得（Euclid，约前300—前275）。

公元前323年，亚历山大大帝去世后，马其顿帝国一分为三，埃及地区由托勒密·索特尔（Ptolemy Soter）统治，他统治的王朝延续了近250年，到克莱奥帕特拉（Cleopatra）结束。他定都于亚历山大，亚历山大大学[①]的大门，使这座城市在几个世纪中均成为世界各地学者的学术活动中心。数学家欧几里得就是亚历山大学派的一位学者。

人们对欧几里得的个人生活了解不多，只知道他在亚历山大大学任教过几年。欧几里得最重要的成就是编写了一部13卷的专著，名为《几何原本》（*The Elements*），在过去两千多年里一直主导着几何教学，这无疑让他在科学史上备受瞩目。

欧几里得时代《几何原本》所有的现代版本都是基于亚历山大的席恩（Theon）编写的版本，或基于在梵蒂冈图书馆发现的匿名汇编。在中世纪的不同时期，分别有三位阿拉伯学者将欧几里得的希腊语评注翻译为阿拉伯语（见图3.2），后来又由阿拉伯语翻译成拉丁语，第一个拉丁语译本是在公元1120年由巴斯的阿德拉德（Adelard）翻译的。当时阿德拉德为了获得一份阿拉伯语译本，不得不乔装打扮成阿拉伯学生的样子前往西班牙！在以上所有版本中，《几何原本》均由13卷组成，共包含465条定理。

《几何原本》的第1卷从基本公理出发，研究关于三角形、平行线和直线图形的同余定理（其中定理47即毕达哥拉斯定理，本书第2章介绍过）；第2卷研究了毕达哥拉斯几何结构的代数思想；第3卷涉及圆、切线和割线的几种计算结果；第4、5、6卷讨论各种几何结构和图形的相似性；最后3卷（11、12和13）是关于立体几何的定理。可能最引人注目的——也是最鲜为人知的——是第7卷至第10卷的内容。这几卷讨论的不是纯粹的几何问题，而是数论的基本结果！事实上，这几卷中包含了数论学科中一些最基本的结果。

[①] 此处的亚历山大大学并非1938年成立的亚历山大大学，而是欧几里得曾学习和任教的学校。——编者注

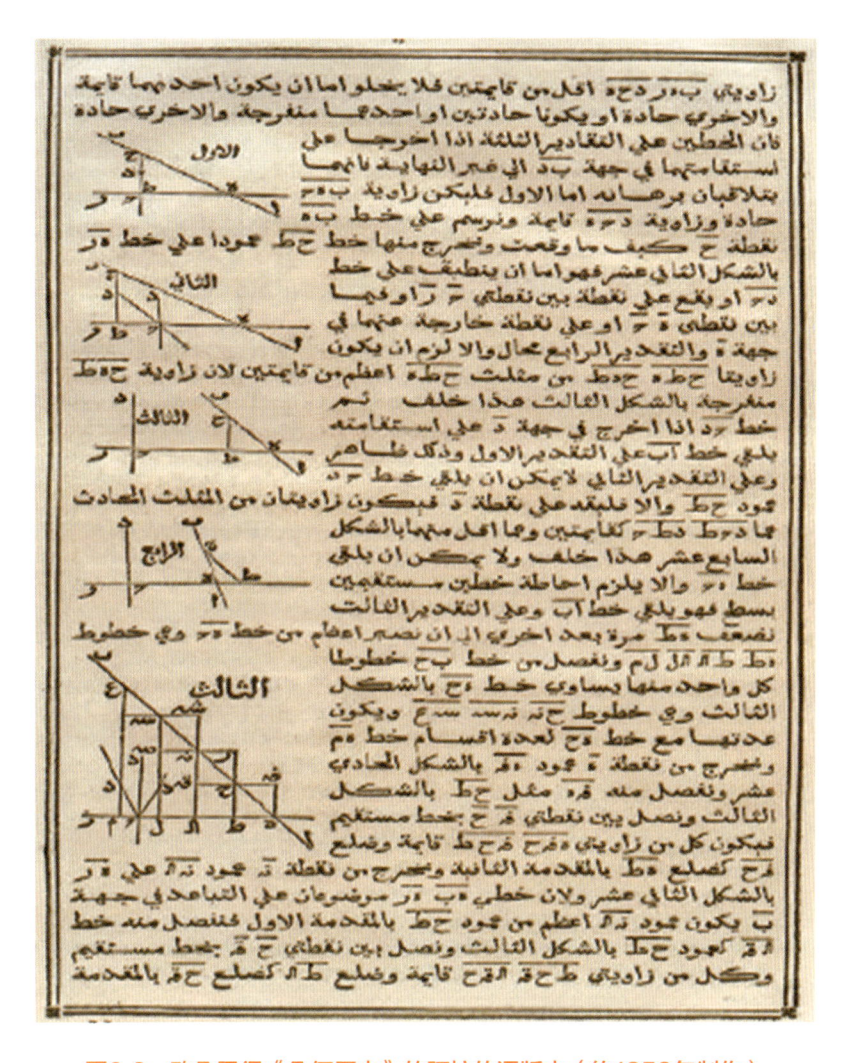

图3.2 欧几里得《几何原本》的阿拉伯语版本（约1258年制作）

亚历山大的欧几里得，生活在公元前300年左右，编纂了一部由13卷书组成的几何学巨著，名为《几何原本》。在过去的两千多年里，这部著作一直主导着几何教学。欧几里得时代的原始版本已不可得，但在欧几里得时代将近700年后，希腊学者、亚历山大的席恩，就《几何原本》写了一篇评注，成为后人可参用的两个来源之一，另一个来源是梵蒂冈图书馆的匿名汇编。在中世纪的不同时期，三位阿拉伯学者将希腊评注翻译成了阿拉伯语。1120年，阿拉伯语版由巴斯的阿德拉德翻译成拉丁语。很多希腊人的作品都是这样通过阿拉伯文明保存下来，在几个世纪后又重新出现在欧洲。

当然，《几何原本》是在前人贡献的基础上汇编而成的。在欧几里得之前，亚历山大大学使用的是特尤迪乌斯（Theudius）编写的教材。欧几里得在其基础上进行扩充，大量借鉴了特尤迪乌斯、欧多克索斯（Eudoxus）[①]和科斯的希波克拉底（Hippocrates，约前460—约前377）在几何学和数论方面的研究成果。事实上，一些历史学家质疑，欧几里得的出色仅表现在他掌握了充分资料的领域。但《几何原本》即便是作为汇编，也堪称一流，其中的逻辑和顺序应完全归功于欧几里得，而这本身就是对学科发展所做出的杰出贡献。欧几里得可能并不是一流的数学家，但他绝对是一流的老师，他的著作在后来2000多年的时间里一直被人们当作教材使用，几乎没有任何改动。欧几里得可能是有史以来最成功的教科书编写者，在印刷术发明后，《几何原本》已经出版了1000多个版本！

知识框3.2：来自古代东方的两颗瑰宝

还有两本古代数学书，均来自东方，其中写到了几个非常有趣的结论。这两本书分别是印度的《绳法经》（Sulvasutras），历史学家认为其写作的年代在公元前800至公元前100年之间；以及中国的《九章算术》，可能写于公元前250年左右。

《绳法经》内容包括但不限于以下几个方面：（1）关于毕达哥拉斯定理的清晰表述（以矩形的长度、宽度和对角线为例）；（2）关于毕达哥拉斯三元数组——使 $a^2 + b^2 = c^2$ 成立的整数（a，b，c）的几个例子；（3）建立一个正方形构造，使其面积等于给定的矩形的面积（顺便提一句，这是一个在制作猎鹰形祭坛时出现的问题）。在《阿帕斯坦巴·绳法经》（Apastamba Sulvasutras）中，有一个同样重要的问题，是关于

[①] 原文为"Exodus"，疑为有误。——译者注

底边分别为24、30，腰为36的梯形面积的讨论。在这本古代文献中，不仅正确计算出了面积，而且还为结果提供了纯粹的几何（欧几里得式）证明！

中国的《九章算术》基本解决了所有的简单数学问题。

第4章 阿基米德：古代伟大的科学家

20世纪60年代初，在意大利锡拉库萨全景酒店的庭院进行挖掘工作的人发现了一块墓碑。据说这是阿基米德（Archimedes，约前287—前212年）的墓碑，因为阿基米德曾希望自己的墓碑上能刻有如图4.1左上部分所示的形状。阿基米德是有史以来最伟大的科学家之一。自阿基米德之后，能和他相提并论的人寥寥无几，只有伽利略、牛顿和爱因斯坦等人。

有趣的是，这样一位科学家并非来自当时的智慧中心——亚历山大（见第2章）。大约公元前287年，阿基米德出生于叙拉古（今意大利锡拉库萨）。他的父亲是一位颇有才华的著名天文学家。阿基米德曾在亚历山大受教于欧几里得的学生，但很快他就返回自己的家乡，这可能是因为他与叙拉古国王希伦二世（Hieron Ⅱ）之间的亲密友谊。

阿基米德的才智在叙拉古得到了充分发挥。没有哪位古代科学家（即使是泰勒斯）为后世留下如此多的传说，其中最有名的是"尤里卡"（Eureka）[①]

[①] 尤里卡，希腊语意思是"找到了"。相传国王请阿基米德想办法检验工匠所打造的皇冠是否纯金所制，阿基米德苦思冥想，有一天他在洗澡时，一边坐进澡盆，一边看到水往外溢，突然想到，可以用测定固体在水中排水量的办法，来确定皇冠的体积，于是跳出澡盆，连衣服都顾不上穿，一路往王宫跑去，边跑边大喊"找到了，找到了"。——译者注

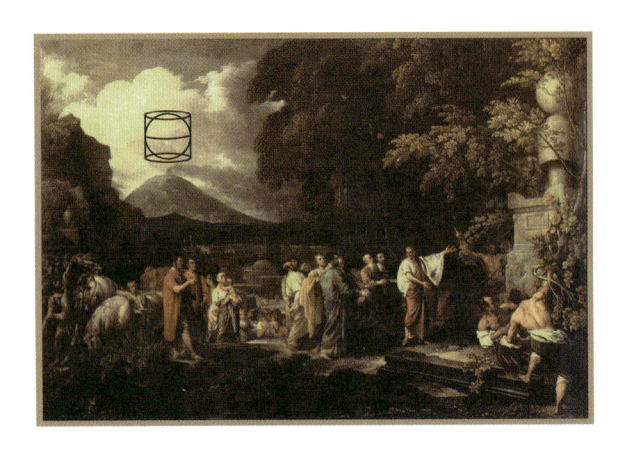

图4.1　西塞罗找到阿基米德的坟墓并重建

传说阿基米德希望在他的墓碑上刻一个圆柱容球的图案，象征他关于证明半径为R的球体体积为$4\pi R^3/3$，表面积为$4\pi R^2$的好方法——这在论文《论球和圆柱》（*On the Sphere and the Cylinder*）和《方法》（*Method*）中有记述。为了得出上述结果，阿基米德需要把一个大小有限的固体想象成由无数个无限小的小块组成。无穷小量是微积分的核心（见知识框20.1），阿基米德差一点就发明了这种方法！公元前75年，即阿基米德去世约137年后，在西西里担任基层执法官的罗马雄辩家西塞罗（Cicero）希望能找到阿基米德的坟墓。据称，西塞罗最终在叙拉古的阿格里真托门附近发现了已经破败不堪的坟墓，对它进行了重建。上图为艺术家对该事件的描绘，这幅画是1805年英美历史画家本杰明·韦斯特（Benjamin West，1738—1820）所作。

的故事（见图4.2）。阿基米德的发明和发现遍布于科学的各个分支，包括人们现在所说的力学、流体力学、光学和纯粹数学。阿基米德的研究成果在九篇希腊语论文中有详细解释，人们有幸保存下来了这些论文。

关于杠杆原理，在阿基米德之前，还有几个人曾对杠杆现象进行过推测，但阿基米德用严谨的数学语言解释了杠杆原理："二重物平衡时，它们离支点的距离与质量成反比。"这引发出静力学和物体重心的概念。

阿基米德在两部著作《论平面图形的平衡》（*On the Equilibrium of Planes*）和《论浮体》（*On Floating Bodies*）中，详细解释了这些概念。在这些著作中，阿基米德使用了相当多的篇幅来确定各种形状的浮体的平衡位置，这些研究对造船工程意义重大。

图4.2 "尤里卡"的故事

阿基米德在爬进浴缸时意识到,如果将一个物体放在液体中,它会排开与其自身体积相等的液体,这就是著名的"我找到了"的故事。传说阿基米德充分利用了这个原理为叙拉古国王确认其金王冠的纯度。这个故事是由罗马作家维特鲁威(Vitruvius)讲述的。维特鲁威在公元前1世纪左右,也就是这一事件发生近200年后,将这个故事写进了他的建筑著作导言中(许多历史学家怀疑这个故事的真实性)。

阿基米德确实在一些实用设备中运用了这些原理。他改进过一个螺旋形的空心圆筒,旋转起来可以起到水泵的作用。他还设计过一个天球和一个可以模拟行星运动的天象仪的原始模型。然而,阿基米德的内心深处认为自己是一个纯粹主义者,不太在意这些应用设备。阿基米德自己最得意的贡献,是在纯粹数学分支中,确定了几何形状的面积和体积计算结果。他在论文《论球和圆柱》和《方法》中,非常巧妙地证明半径为R的球体体积为$4\pi\frac{R^3}{3}$,表面积为$4\pi R^2$。为了计算出这些结果,阿基米德必须用到固体是由大量极小碎片组成的概念,以及人们现在所说的函数极限。如果他当时使用了更紧凑一致的符号,可能就发现积分了!阿基米德另一个贡献是计算π数值的方法,这也为后来人所采用(见知识框4.1)。

知识框4.1：圆周率一瞥

每个古文明在开始建设重大工程之前，都需要知道如何计算出给定直径的圆的周长。他们都已经知道圆周长和直径的比是一个常数，约等于3，问题是怎样做到更精确。

一些文明地区的人（比如古希伯来人）对3这个值已经很满意，而另一些文明地区的人则想得到更精确的值；例如，埃及人使用π=22/7，而中国人使用π=355/113。正是阿基米德设计了一种系统性方法，让人们可以按任何所需的精度计算 π 的值（见知识框20.2）。

阿基米德的设想是测量圆内接和圆外切正多边形的周长，这是一个相当简单直接的过程。多边形的边数越多，其周长和楔入它们之间的这个圆的周长就越接近，见图（A）和（B）。阿基米德非常耐心地将正多边形的边数增加到96，得出π的值为（3123/994）=3.14185……与正确值仅差1/12500！

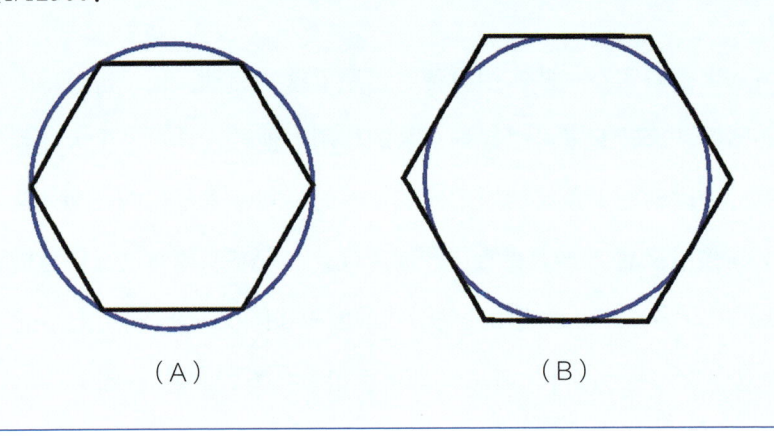

（A）　　　　　（B）

不幸的是，阿基米德自己却未得善终。在希罗尼穆斯（Hieronymu）统治叙拉古期间，罗马（似乎是因为受到了挑衅，见知识框4.2）派遣了一支由马塞勒斯（Marcellus）指挥的舰队，围攻了叙拉古。一场奇怪的持续了三年的战争开启了。战争的一方是强大的罗马军队，另一方的军队只有一个人，即阿基米德。三年后，城池沦陷，阿基米德也死于（公元前212年）一名罗马士兵之手（见图4.3），这显然让马塞勒斯非常失望，因为他并不想杀死阿基米德。据说，马塞勒斯为阿基米德举行了一场非常正式而隆重的葬礼，并遵照阿基米德的愿望为其修建了一块墓碑。

图4.3 阿基米德死于罗马士兵之手

阿基米德死于罗马士兵之手，一位不知名的艺术家在16世纪的马赛克作品中所描绘。马塞勒斯指挥的罗马军队包围了叙拉古，三年战争后城市沦陷，遭到洗劫，阿基米德被一名罗马士兵杀害（公元前212年）。据称，马塞勒斯为阿基米德举行了隆重的葬礼，并按照阿基米德的意愿为他竖立了一块墓碑。

公元前75年，即阿基米德去世约137年后，在西西里担任基层执法官的罗马雄辩家西塞罗听说了阿基米德墓碑的故事，他到处寻找阿基米德的墓碑，最终在叙拉古的阿格里真托门附近找到了。墓碑疏于打理，杂草丛生。

西塞罗把这个地方收拾了一下,据说他可以看到墓碑上的雕刻,还读到了一些碑文。但随着时间推移,墓碑又一次消失在人们的视线中。

阿基米德开启的工程传统在其同时代以及后代中产生了广泛影响。生活在阿基米德时代的克特西比乌斯(Ctesibius,约前285—前222)就是其中一位。克特西比乌斯设计了一个实用性很强的水钟,他在一种更古老的被称为"漏壶"的埃及装置的基础上进行了改进。在漏壶中,水以稳定的速度滴入容器,从而让指示时间的指针发生移动。克特西比乌斯设计的水钟比漏壶更加实用,体积更小,准确度更高。事实上,他的水钟的准确度已经达到了中世纪的水平,中世纪的钟是由重物带动运行的。直到钟摆发明后,时间测量的准确度才显著提高(见第19章)。

知识框4.2:阿基米德的战争机器

关于阿基米德的最有戏剧性的故事之一,是来自普鲁塔克(Plutarch)作品中对马塞勒斯的描述,故事发生在叙拉古被围攻期间。

叙拉古国王希伦二世曾与罗马结为同盟。希伦二世死后,他的孙子希罗尼穆斯(Hieronymus)夺取了王位。希罗尼穆斯统治期间,罗马在与迦太基(Carthage)的战争中惨遭失败。看到罗马失势,希罗尼穆斯转而投入获胜方迦太基的阵营,后来的事实证明,他误判了当时形势。罗马当然对希罗尼穆斯的做法非常不满,从战败中恢复元气后,就派出一支舰队,由马塞勒斯指挥,围攻叙拉古。

如果普鲁塔克的作品可信,这开启了一场奇怪的三年战争,战争的一方是强大的罗马舰队,另一方军队却只有一个人,那就是阿基米德。阿基米德在这场战争中使用的机械发明,可能是先进技术知识在战争中首次大规模应用。据说，阿基米德制造了巨大的镜子和透镜，用于烧毁罗马的船只。他还建造了巨型机械起重机，用于将船只从海中吊起（见图4.4）。这个故事最初是波利比乌斯（Polybius）在其著作《通史》（*Universal History*）中记述的，这本书写于阿基米德死后大约70年后，后来被普鲁塔克引用。

然而，关于阿基米德是否真的做到了这一切，还存在争议。其主要原因是没有人能成功重建可对船只造成严重损害（与当时的其他武器相比）的镜像系统。

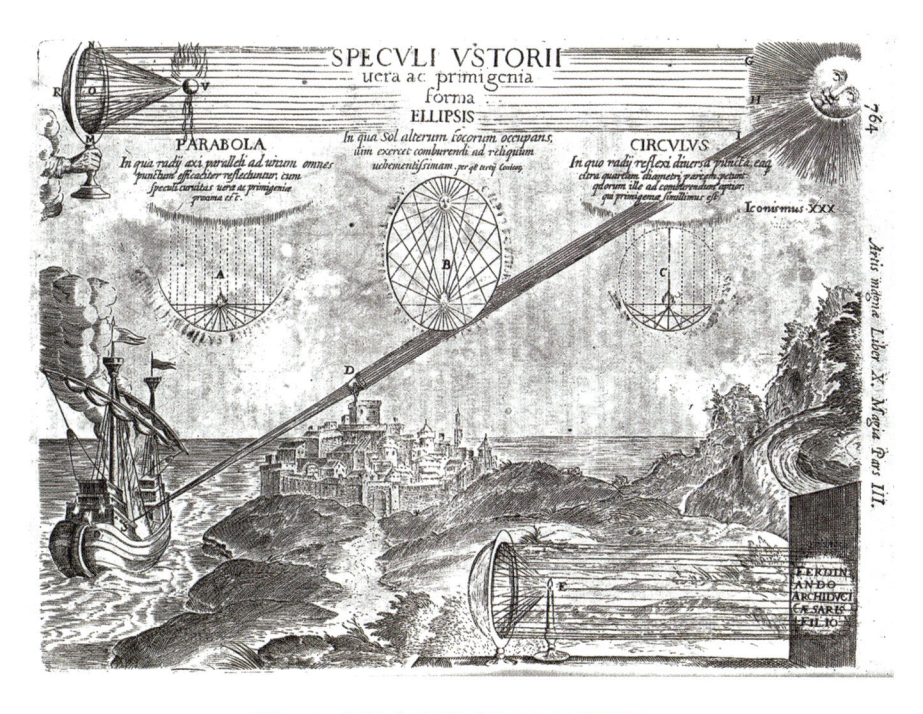

图4.4 阿基米德利用镜子和透镜的版画

这幅17世纪的版画，描绘了阿基米德在锡拉库萨被围攻期间，利用巨型镜子和透镜焚烧罗马船只的装置。据称，阿基米德还建造了巨型机械起重机，将船只从海上吊起。这些故事来自普鲁塔克作品中对马塞勒斯的记述，关于阿基米德是否真的做了这些，存在相当多的争议。

科学的曙光

　　大约在公元前120年之后，托勒密王朝①所统治的古埃及开始衰落，到公元前30年，它已经沦为罗马的一个行省。希腊的科学辉煌几乎结束，只是偶尔出现一个天才。亚历山大的希罗（Hero，10—70）就是其中一位。希罗最著名的发明是一个空心球体，上面有两根管子，当球体中的水被煮沸产生蒸汽时，蒸汽通过管道逸出，让整个装置旋转起来。这其实是第一台蒸汽机，但不幸的是，它只被当成玩具，或被牧师用来欺骗容易上当的人。希罗还写了大量关于力学的文章，详细阐述了杠杆原理，并讨论了几个涉及斜面、滑轮和杠杆的简单机械问题。

　　直到数学史学家在一张古代羊皮纸（见图4.5）上有了新的发现后，人们对阿基米德及其作品的了解显著增加。这张羊皮纸上的内容在约一千年前被僧侣重写，称为"重写本"，即把纸上的墨迹刮掉重新使用，这在中世纪是常见的做法，尤其是当用作书写媒介的特制牛皮纸供不应求时（见知识框8.1）。

　　1906年，丹麦教授约翰·卢德维格·海伯格（Johan Ludvig Heiberg，1854—1928）访问君士坦丁堡，检查一本174页的羊皮纸文献，内容是最初写于13世纪的祈祷文。令海伯格惊讶的是，他发现重写本中被覆盖的作品是10世纪阿基米德以前尚不为人所知的论文。这本羊皮纸文献在君士坦丁堡的一家修道院图书馆里保存了数百年，直到20世纪20年代才卖给一位私人收藏家。1998年10月29日，它在纽约佳士得拍卖会上以200万美元的价格卖给了一位匿名买家——这一交易登上了报纸头条！该重写本目前由马里兰州巴尔的摩市沃尔特斯艺术博物馆保管，利用一系列现代手段识别被覆盖的文本。

　　重写本中有7篇论文，其中包括《论浮体》的希腊语原文，这应该算是

---

① 古埃及王国先后历经了：前王朝、早王朝、古王国、第一中间期、中王国、第二中间期、新王国、第三中间期、晚王朝、托勒密王朝，共10个时期，33个王朝的统治。——译者注

第4章 阿基米德：古代伟大的科学家

图4.5 《论浮体》重写本

阿基米德《论浮体》重写本中的一页。一种常用的古代书写工具是特制的动物皮。（关于这种做法是如何开始的，有一个有趣的故事，见知识框8.1。）由于这种纸相当珍贵，人们习惯于刮去上面的墨迹，再写上新内容，重复利用，因此称为"重写本"。

1906年，丹麦教授约翰·卢德维格·海伯格在君士坦丁堡发现了一本174页的羊皮纸文献，内容主要是祈祷文。仔细检查后发现，这些祈祷文覆盖之下，竟然记述的是阿基米德的研究成果！被覆盖的早期条目可以追溯到10世纪，包含了以前从未被发现过的阿基米德的论文。这份羊皮纸文献在君士坦丁堡的修道院图书馆中保存了数百年，后来在20世纪20年代卖给了一位私人收藏家。1998年10月29日，纽约佳士得拍卖行以200万美元的价格将其拍卖给一位匿名买家，这件事还登上了报纸头条！该文献目前在巴尔的摩的沃尔特斯艺术博物馆进行研究。

仅存的一本了。羊皮纸文献中还提到了一个名为"stomachion"的拼图。这个术语的来历尚不清楚，但它涉及数学分支中一个相当先进的概念，如今被称为"组合数学"。该拼图提出的问题是，把一组14个形状各异的平面图形组成正方形，有多少种方法？2003年，数学家们得出的答案是：17152种！

菲尔兹奖被认为相当于数学界的诺贝尔奖。菲尔兹奖章正面印有阿基米德的头像以表纪念。环绕阿基米德头像的铭文是一句他的格言"Transire suum pectus mundoque potiri"，意思是"超越人类极限，做宇宙的主人"（见图4.6）。

科学的曙光

图4.6 菲尔兹奖章

数学界的最高荣誉菲尔兹奖通常被认为与诺贝尔奖相当。奖牌的一面印有阿基米德的头像，环绕阿基米德头像的铭文来自他的一句格言"Transire suum pectus mundoque potiri"，意思是"超越人类极限，做宇宙的主人"；奖章的另一面是一个嵌在圆柱体中的球体，这是阿基米德最喜欢的图形。

第5章　治疗艺术及其科学

当原始部落的人们以各种植物和植物制品为食时，他们一定意识到，其中一些有毒，一些可以治病。部落中有些聪明人首先发现了这个秘密，利用它对其他人使用权力，成为最早的"巫医"，号称拥有魔力。治病很快就与魔法、神灵等交织不分，而药物则掌握在神汉和巫医手中（直到今天在某些地区也依然如此，只不过程度有所减轻）。早期的医疗人员为了维持他们的特殊地位，有必要让他们的工作细节笼罩在神秘之中。

因此，令人惊讶的是，在印度和希腊这两个古文明中，尽管存在根深蒂固的超自然信仰，医学还是得到了高度发展。印度医学理念最早出现在《阿闼婆吠陀》（*Atharva-veda*）中，它是神圣的印度文本四部《吠陀》之一，可能写于公元前2000年。《吠陀》中提到了几种常见疾病（如发烧、咳嗽、腹泻、脓肿等）以及它们的草药疗法。不幸的是，这些治疗方法与魔法混杂在一起，因此人们很难对其进行客观评估。

印度医学在后吠陀时期迎来了黄金时代，这大约在公元前800年至公元100年之间。这一时期诞生了两部重要的医学专著——《遮罗迦本集》（*Charaka Samhita*）和《妙闻本集》（*Sushruta Samhita*）。书中详细论述了几方面的医学内容：症状、诊断和疾病分类、从植物中制备药物、饮食和患者护理等。

查拉卡（Charaka）大概生活在公元前6世纪至公元前2世纪，被称为"印度医学之父"。他是阿育吠陀的主要贡献者之一，阿育吠陀是古印度发展起来的医学体系（以及健康生活方式）。查拉卡编写了一部很有影响力的专著（时间可能在2世纪之前），名为《遮罗迦本集》［更早的时候，有位学者名叫阿格尼维萨（Agnivesa），在公元前8世纪写了一部百科全书式的专著，但直到经查拉卡全面修订后，这部专著才广为流传，后来即被称为《遮罗迦本集》］。《遮罗迦本集》由八卷书共一百二十章组成，涉及阿育吠陀实践的基本原则。

阿育吠陀的基本观点是，所有的疾病均因体内三种重要能量之间的不平衡引发，这三种能量是：风、黏液和胆汁。人类身体的7种成分——血、肉、脂肪、骨骼、骨髓、乳糜和精液——由这三种能量的作用产生。大多数治疗方法都是通过饮食和草药恢复这三种能量之间的平衡。查拉卡列举了近500种药用植物，苏什鲁塔则列举了760种。此外，一些动物制品和矿物质也被用于治疗。作为治疗的一部分，印度医生可以使用催吐剂、泻药、灌肠剂、喷嚏粉和草药烟雾。

《遮罗迦本集》的独到之处在于强调合理的疾病诊断和治疗方法。查拉卡还将预防各种疾病的方法置于主导地位，包括调整生活方式，使其与自然变换和四季交替相协调。近两千年来，这部专著一直是医学领域的标准参考书，并在中世纪被翻译成阿拉伯语和拉丁语。

虽然所有这些都是医学知识的重要进步，但印度医学在外科领域取得的成就最为突出。到公元100年左右，印度人已经掌握并实施了好几种外科手术，包括肿瘤切除术、脓肿切开术、积液清除术、瘘管探查和开放性伤口缝合（见图5.1）。经典文献中详细说明了手术方法和仪器的选择。例如，苏什鲁塔介绍了20种利器和大约100种非切割工具，包括各种类型的刀、剪刀、套管针（用于组织穿刺）、锯、针、镊子、杠杆和钩子。这些器械大多为钢制品，做手术时还会使用酒精制品作为麻醉剂。

图5.1 印度人的外科手术

古印度医学在外科领域取得的成就最为突出。印度学者苏什鲁塔（Sushruta）在其著作（约公元100年出版）中对各种外科手术——如肿瘤切除术、脓肿切开术、开放性伤口缝合术等，以及各种手术器械的正确选择——做了非常详细的说明。这些工具包括各种刀、剪刀、套管针（用于组织穿刺）、锯子等，大多为钢制。

几乎在同一时期，治疗的艺术在希腊也得到蓬勃发展。希波克拉底似乎是第一个明确指出疾病是由自然原因引起，而不是被神诅咒的人——这在当时是一个重大突破！人们对希波克拉底的生活和工作知之甚少。一些历史学家认为，大部分署名为希波克拉底的著作可能是很久以后其他人写的。因为希波克拉底的名字在希腊具有相当大的影响力，人们可能更愿意将自己的想法冠以希波克拉底之名！不管真相如何，这些被汇编为《希波克拉底全集》（*Corpus Hippocraticum*）的著作为他赢得了"现代医学之父"的称号。在这部著作中，希波克拉底简洁明了地描述了几种疾病的症状和病程。希波克拉底反复强调疾病是由自然原因造成的，并试图以有条不紊的方式治病（见图5.2）。

图5.2 希波克拉底行医

希波克拉底被人们尊称为"西方医学之父"。希波克拉底在理念上取得的重大进展是认识到并强调疾病是由自然原因引起的，而不是因为神的诅咒！以他的名字署名的整套著作称为《希波克拉底全集》（尽管历史学家怀疑是否所有的书都是他写的），清楚地描述了几种疾病的症状和病程。希波克拉底还为医疗从业者制定了一套行为准则，直到今天世界各地的医学毕业生仍在使用，这就是"希波克拉底誓言"。

例如，《希波克拉底全集》中有一篇关于癫痫的论文。当时，人们普遍认为癫痫与超自然力量相关。在写于公元前400年左右的《论神圣疾病》（*On the Sacred Disease*）一书中（这本书可能是希波克拉底本人写的，但不幸的是，作者身份一直没有得到证实），作者强烈驳斥了上述观点。希波克拉底拒绝将任何疾病归因于神圣原因，癫痫也不例外。希波克拉底认为癫痫和所有其他疾病一样，是自然原因导致的，应得到合理治疗。希波克拉底认为，即使病因不明，治疗方法不清楚，也应遵循同样的原则。生物学和医学的诞生可能与这本创作于公元前400年左右的《论神圣疾病》有关。

希波克拉底还相当重视饮食、职业、气候和环境对健康的影响，这听起来相当现代！他最大的遗产也许是制定了医疗从业者的行为准则——被称为

第5章 治疗艺术及其科学

"希波克拉底誓言"[①]——直到今天还在全世界的医学生毕业典礼上使用。

公元前300年左右，第一所正规医学院在亚历山大（又是在这里！）成立，在希腊解剖学家赫罗菲卢斯（Herophilus，前335—前280）的带领下蓬勃发展。赫罗菲卢斯是第一个打破传统，公开解剖人体的人。赫罗菲卢斯详细描述了大脑、眼睛、卵巢和子宫；他还识别并命名了视网膜、十二指肠和前列腺。后来，伊拉斯特拉图斯（Erasistratus，前304—前250）继续进行这些研究。至此，医学家对身体的各个器官都有了详细的了解，尽管人们对它们的功能还知之甚少。

在伊拉斯特拉图斯之后不久，由于宗教势力反对人体解剖，西方对解剖学的研究就偃旗息鼓了。后来的医疗从业和研究人员，以盖伦（Galen，约129—200）为代表，只能通过动物解剖来研究解剖学。尽管受到这种限制，盖伦还是取得了一些进展（见图5.3）。他可能是第一个注意到动脉输送血

图5.3 盖伦"拔火罐"

盖伦约140年在罗马写成的著作，直到16世纪仍是欧洲最有影响力的学说。这幅画展示了盖伦使用一种叫作"拔火罐"的技术，即在加热的杯子中形成小真空来"拔出毒素"，这一方法直到20世纪初还在民间使用。盖伦发现动脉输送血液，并表现出有节律的运动，和心跳同步。事实上，盖伦差一点就发现了血液循环！

---

① 也称"希波克拉底誓词"。——编者注

液，并通过心脏的搏动产生有节奏的运动的人。他还通过脉搏进行诊断（见知识框5.1）。尽管如此，他还是没能发现血液循环（见第15章）。

知识框5.1：中医

中医起源于中国，有着悠久的历史。在公元前500年至公元300年期间，有几部中医学著作诞生了，其中最著名的是《黄帝内经》和《脉经》。《黄帝内经》是一部古老的中医文献，两千多年来一直被认为是古代中医的基础。《黄帝内经》分为两部分，每一部分都有八十一篇，以神话中的黄帝和他的六位传奇大臣之间的问答形式呈现。第一部分《素问》（即"基本问题"），涵盖了医学和诊断方法的理论基础；第二部分《灵枢》详细讲述了针灸疗法。

中国的传统医学实践以阴阳学说为基础，认为阴、阳是自然界的两大基本原理，疾病是由体内阴阳失衡引起的。同时，中国在诊断方面取得了很大进步。例如，《脉经》提供了解读脉搏的详细指南，脉搏不仅要在手腕上测量，还要在身体的某些其他部位测量。

第6章　阿拉伯地区的遗产

3世纪，罗马帝国日渐衰落，一分为二。其中，东部地区繁荣发展，并随着时间的推移发展成为拜占庭帝国；但西部地区愈发衰落，直到476年灭亡。由此开始了西欧多年的不稳定和无政府状态。如果希腊人早期的科学贡献在世界上彻底消失，那么这将是一场灾难。事实上，如果没有阿拉伯文明的崛起，这一切都会成为现实，幸亏有阿拉伯文明保存了人类早期的知识成果。

公元632年后的几年时间，阿拉伯人迅速征服了小亚细亚、波斯、北非和西班牙。在9世纪到11世纪期间，阿拉伯文明是地中海地区的主导力量，科尔多瓦、巴格达、大马士革和撒马尔罕逐渐成为学术和文化中心。科尔多瓦有一座藏书约40万册的图书馆，街道完成铺设后还有路灯照明——直到七个世纪之后伦敦和巴黎才配置了这些设施！

阿拉伯人吸收了希腊科学中的精华，并将他们从波斯、印度和中国学到的知识融入其中。巴格达的哈里发鼓励将所有重要的科学著作都翻译成阿拉伯语。之后几个世纪中，科学在一些学者对这些阿拉伯语文本研究的基础上发展起来，有学者将这些著作翻译成拉丁语。这个阿拉伯知识库几乎囊括了古代所有的科学分支——医学、化学、天文学、数学和物理学。

在医学领域，有两个名字在阿拉伯地区脱颖而出——阿尔-拉齐斯（Al-Rhazes，854—925，见图6.1）和阿维森纳（Avicenna，980—1037，见图6.2）。

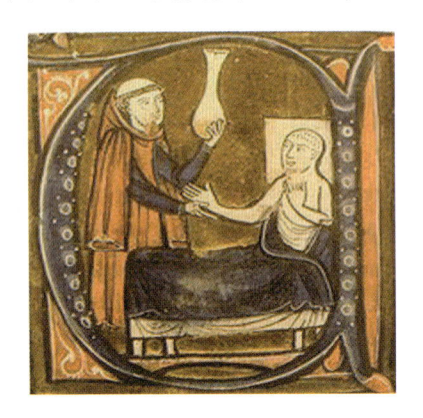

图6.1　阿尔-拉齐斯

欧洲人对波斯医生阿尔-拉齐斯的描绘，摘自克雷莫纳的格拉尔杜斯（Gerardus）的《医学条约汇编》（*Recueil des traités de médecine*，约成书于公元1250—1260年）。拉齐斯是巴格达一个医学院的学生，也是一部重要的医学著作《医学全集》的作者。拉齐斯还是一位优秀的化学家，他还发明了"巴黎石膏"，用来固定骨折的骨头。

（A）　　　　　　　（B）

图6.2　阿维森纳小画像及阿维森纳纪念碑

（A）图：阿维森纳的小画像。阿维森纳是个神童，为阿拉伯地区的医学做出了巨大贡献。他有上百本著作，其中许多著作都非常权威，其拉丁语翻译版本直到公元1650年还在欧洲使用！（B）图：位于杜尚别的阿维森纳纪念碑。

第6章 阿拉伯地区的遗产

拉齐斯出生在德黑兰附近，在巴格达的一所学校学习医学。除了在文本翻译方面的贡献，拉齐斯还编写了一本医学巨著（见图6.3）——《医学全集》（*Kitab-al-hawi*），全方位解读了整个医学主题。拉齐斯还是位优秀的化学家，他发明了"巴黎石膏"，用来固定骨折的骨头。

（A） （B）

图6.3 古医学著作

（A）图：阿尔–拉齐斯《医学全集》的版权页。（B）图：1052年出版的阿维森纳的《医典》阿拉伯文版第5卷（现藏于多伦多阿加汗博物馆）。几个世纪以来，这些著作在医学领域产生了巨大的影响。

阿维森纳出生于富裕的税务员家庭，除了是个神童，他还有一大优势，就是有足够的资金能获得当时最好的教育。阿维森纳一生写了一百多本书，其中许多是关于医学的。他的作品非常权威，其拉丁语翻译版本直到公元1650年还在欧洲使用！阿维森纳的著作《医典》（*Canon of Medicine*），直到17世纪（甚至更晚）还是欧洲的标准医学教科书，并且至今仍然被中东地区一些传统治疗师当作权威参考资料。《医典》分为五卷，第一卷综合概述了医学和解剖学的背景；第二卷探讨了医疗物质的特性；第三卷介绍特定的局部疾病；第四卷介绍影响全身的一般疾病，如发热等；第五卷是药物学。阿维森纳的医学体系建立在希腊罗马传统的基础之上，尤其借鉴了盖伦的研究成果。

这一时期另一位著名的阿拉伯学者是伊本·阿尔–纳菲斯（Ibn al-Nafis，1213—1288），他为阿维森纳《医典》中解剖学的部分做了详细评注。在评注中，纳菲斯清晰描述了发现血液循环的过程（见第15章），以威廉·哈维（William Harvey，1578—1657）结尾。除了这个重要贡献，纳菲斯还创作了一部被认为是有史以来以一人之力编写的最全的医学百科全书，名为《医学综合》（Al-Shamil fi al-Tibb），计划写300卷，但在他去世前只出版了80卷。尽管如此，这本书还是对当时阿拉伯地区的所有医学知识进行了全面总结。纳菲斯将他的百科全书和其他藏书遗赠给了自己生前工作过的曼苏里医院。随着时间流逝，这部百科全书的许多卷丢失或散落在世界各地。目前，埃及只保存了其中的两卷。

阿拉伯人对医学的另一个重要贡献是药物的实际制备。人们今天使用的许多药物以及其蒸馏和升华等过程都源自阿拉伯。阿拉伯人与聂斯脱利派（独立于君士坦丁堡的东方教会）合作，在君迪沙普尔（波斯西南部）建立了一家大型医院，将患者治疗、医学教育和医学文献翻译汇聚在同一个屋檐下，开启了学术研究和临床实践相结合的模式。

与医学相比，人们现在称之为"化学"的科学分支，在古希腊和阿拉伯地区的发展却相当缓慢。化学的起源可追溯至名为"khem"的古埃及科学，主要用于木乃伊的保存。关于化学的古埃及著作知之甚少，大部分信息来自希腊科学家佐西姆斯（Zosimus，约公元300年）编写的一部28卷的百科全书。不幸的是，这部书中的内容神秘色彩过浓。

第6章 阿拉伯地区的遗产

早期和中世纪大多数炼丹术士的主要目的是找到将基本金属转化为黄金的方法。中世纪有许多科学家一方面进行了非常有价值的实验和准确的观察，另一方面，他们也浪费了大量时间寻找一种可以将基本金属转化为黄金的神秘物质——al-iksir。后来，al-iksir在拉丁语中演变为"elixir"，即灵丹妙药。

吉伯（Geber，721—815）就是这样的一位科学家，他与《一千零一夜》（*Arabian Nights*）中著名的哈伦·阿尔–拉希德（Harun–al-Rashid）生活在同一时期。吉伯成功地制造了好几种化合物，如白铅、氯化铵、硝酸和醋酸，大概是真的希望能找到al-iksir！不幸的是，后来的炼金术士跟随吉伯的错误理论走向了更加荒谬的泥沼，反而忽略了吉伯真正重要的贡献。虽然经历了这些曲折，甚至有些好笑，阿拉伯人还是在"日常"实用化学方面有出色的表现。例如，阿拉伯人是制作香水的先驱。在阿拉伯上层社会，制作香水是一门家喻户晓的技艺。

在造纸术和火药制造这两项重大的化学技术发明从中国传播到西方的过程中，阿拉伯人也发挥了重要作用。

几乎就在希罗设计机械装置的同时（见第4章），一位名叫蔡伦（约62—121）的中国人在造纸术上取得了突破性的进展。中国历史学家认为蔡伦在公元105年左右用树皮、破布等为原料发明了造纸术。根据汉朝的正史记载，蔡伦向汉和帝（88—105年在位）献纸，并因此获得封赏。可惜好景不长，因宫廷斗争，汉安帝（106—125年在位）下令将他监禁，蔡伦最终服毒自杀。

在接下来的几个世纪里，造纸术向西方传播。阿拉伯人在撒马尔罕战役（公元751年）中俘虏了一些中国工匠，从他们那里学会了造纸技术。到公元800年，这项技术在巴格达得到完善。在接下来的50年里，第一批阿拉伯造纸商在巴格达开展了新的贸易。然而，造纸术向欧洲的渗透经历了一个缓慢的过程，又过了四个世纪，欧洲直到十字军东征后（13世纪）才获得这门技术。图6.4是关于中国古代造纸过程的中国图画。

图6.4　关于中国古代造纸过程的中国图画

阿拉伯人从在撒马尔罕战役（公元751年）中俘虏的一些中国工匠那里学到了这门技术。在接下来的50年里，第一批阿拉伯造纸商在巴格达全面开展贸易。但又过了四个世纪，造纸术才在欧洲推广。

关于火药的发展脉络就不是那么清晰了。中国汉代时期发现火药可能是一次意外，和炼丹术有关。中国的炼丹术士和其他国家的炼金术士一样，试图炼金或炼丹制备长生不老药。他们使用的是硫黄和硝石，和火药的成分更为接近。晚唐时期有一本书（但其中可能包含年代更早的材料）明确提醒炼丹术士在处理硫黄、硝石和木炭时要格外小心。

东汉时期的炼丹术士魏伯阳曾写到过一种与火药性质非常相似的物质。魏伯阳在其著作《周易参同契》（道教关于炼丹术的著作）中，描述了三种粉末的混合物会"狂飞乱舞"。在中国，火药最初只在娱乐、宗教活动和仪式上使用，后来用于军事（见图6.5）。

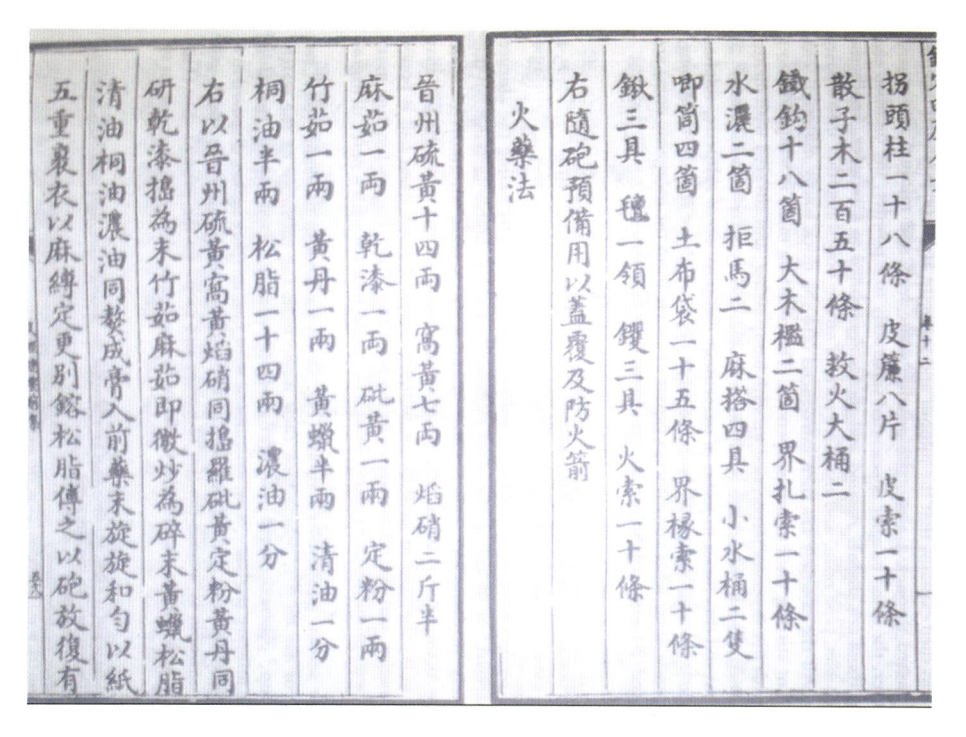

图6.5 《武经总要》内页

中国古书《武经总要》（1044年）的这几页上写了已知最早的火药配方。火药是中国人发明的，13世纪后半期，火药通过阿拉伯人传入欧洲。

在10世纪之前，没有在战场上使用火药的记录。12世纪初，火药的知识传到了女真族在中国北方建立的金朝（1115—1234年）。1232—1233年，蒙古军打败了金军，获得了他们的火药，俘虏了他们的火器技术人员。后来蒙古军进入欧洲时，就部署了火器。

与此同时，阿拉伯人在开罗建立了马穆鲁克哈里发政权，并于1260年在叙利亚进行的一场战斗中击败了蒙古人。火器和技术人员再次被获胜的一方——阿拉伯人从被俘的蒙古人手中获得。阿拉伯人将火器引入战场，并在后来的战争中使用，如十字军东征。在接下来的几个世纪里，欧洲人也学会了使用火器（见知识框6.1）。

知识框6.1：希腊火

尽管化学从来都不是希腊人的强项，但在需要的时候，希腊人还是在这一领域表现出了非凡的创造力。其中一项发明是被称为"希腊火"的一种化学混合物，由希腊炼金术士卡利尼科斯（Callinicus）在7世纪时发明。

卡利尼科斯在阿拉伯军队入侵之前从叙利亚逃到君士坦丁堡，在那里发明了希腊火来对抗阿拉伯人。这种混合物很可能由一些易燃的石油化合物、供氧的硝酸钾和与水反应时产生热量的生石灰组成，在与水接触时会发生剧烈燃烧，因此可以用于烧毁木制的船只（见图6.6）。

拜占庭帝国的希腊人在673年就用希腊火击退了阿拉伯海军对君士坦丁堡的进攻。如果没有这种"出其不意"的武器，阿拉伯人很有可能就占领了君士坦丁堡，世界历史则会往截然不同的方向发展了。

图6.6 希腊火

《马德里的思利特扎》(*Madrid Skylitzes*)手稿中描绘的"希腊火"。这种混合物可能是7世纪希腊炼金术士卡利尼科斯为了对抗阿拉伯人而发明的。它包含三种基本成分：易燃石油化合物、硝酸钾和生石灰。这种混合物接触到水就会剧烈燃烧，因此可以用来烧毁由木材制造的船只。公元673年，拜占庭帝国的希腊人用希腊火击退了阿拉伯海军对君士坦丁堡的进攻。据称，这件"出其不意"的武器在那场战斗中发挥了关键作用。

阿拉伯学者将波斯和印度文本、托勒密的《天文学大成》(*Almagest*)以及欧几里得和阿基米德的作品翻译成阿拉伯语，推动了天文学的发展。阿尔巴塔尼（Albategnius，858—929）也被称为巴塔尼，是研究托勒密的阿拉伯天文学家之一，他在几个方面改进了托勒密的研究成果。例如，巴塔尼注意到，当地球离太阳最远时，太阳看上去最小，但这个位置不是固定的，而是有周期性变化。巴塔尼还算出了更精确的一年长度、春分的精确时间以及地轴相对于旋转平面的倾斜度。七个世纪后，在将儒略历变为格里历的改革中，改革者使用的就是巴塔尼提出的年份长度值（见第21章）。

巴塔尼指出了早期学者在绘制行星运动图时犯的一些错误，还在其中添加了全面的恒星目录，太阳、月球和行星表，三角表和示意图。巴塔尼的发现和著作对后来的天文学家产生了重大影响，包括开普勒、伽利略和第谷·布拉赫。巴塔尼指出托勒密关于行星运动的观点（见图6.7）是错误的，但他同时表示行星运动背后的真正原理尚未被发现。在学术史上对托勒密理论的驳斥成为在几个世纪中反复出现的一个主题，但未能发展到日心说。巴塔尼在数学，尤其是三角学方面做出了重大贡献，并在计算中使用了三角学方法（而不是像托勒密那样使用几何学）。这些数学方面的进步不仅能够应用于天文学，也在工程上有许多应用（见知识框6.2）。

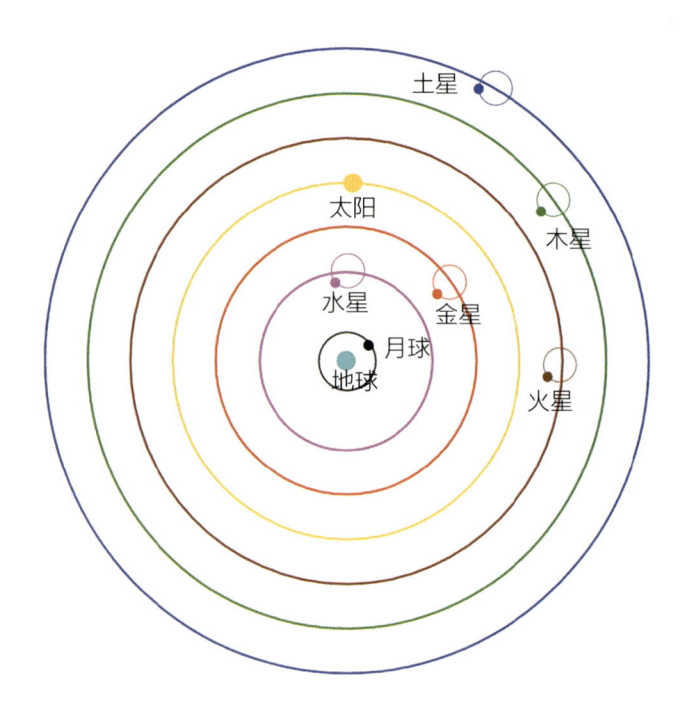

图6.7 巴塔尼的行星运动观点

托勒密的地心说认为地球位于中心，行星、月亮和太阳围绕地球运动。托勒密的《天文学大成》是众多被阿拉伯学者翻译为阿拉伯语的著作之一。有些阿拉伯学者，尤其是阿尔巴塔尼在评注中纠正了托勒密的几个错误。尽管阿拉伯学者对托勒密的观点表示怀疑，但《天文学大成》及其提出的地心说后来继续在欧洲产生重大影响。

知识框6.2：地球在自转吗？

日心说和地心说的核心分歧在于是否认为地球每年绕太阳运动一周。但是地球同时会绕其轴线自转吗？当然，即使是非常古老的文明也会注意到太阳和星星每天从东方升起，从西方落下，这又是如何发生的？

毕达哥拉斯学派的许多成员，最早可能是菲洛劳斯（Philolaus，前470—前385），确实认为地球绕着一条轴线旋转，导致天体每天升起、落下。然而，亚里士多德反驳了菲洛劳斯的观点，认为是有一个由围绕着地球旋转的恒星组成的天球。后来的天文学家——特别是托勒密——也认同亚里士多德的观点，认为如果地球自转的话，人们就会感受到持续的大风。这个想法在欧洲流行了几个世纪。

印度著名天文学家阿耶波多（Aryabhata，476—550）明确主张：地球绕其轴线旋转，从而造成天体明显的日常运动。在阿耶波多写于公元500年左右颇具影响力的教科书《阿耶波多文集》（*Aryabhateya*）中，有一段内容明确指出："人在乘船行进时，会看到岸上静止的东西在向相反方向移动，同样，对于身在兰卡（Lanka）的人们来说，恒星也似乎在向西移动。"

阿拉伯学者可能接触过这本教科书，但历史学家对此并不确定。无论如何，阿拉伯学者确实在10世纪前后获得了这方面的知识，即地球绕着它的轴线旋转，这与托勒密的观点明显不同。天文学家艾尔·森加辛（Al Sijzi，945—1020）设计天文仪器的实际依据是："我们看到的运动是由于地球在运动，而不是天空在运动"。

又过了几个世纪，这个观点才在欧洲流行起来。哥白尼可能是第一个清楚地理解和说明地球每天绕地轴旋转一圈的人。哥白尼不接受托勒密和亚里士多德提出的反对意见，即这样的旋转会引起大风，因为哥白尼认为恒星的运动可能会造成更剧烈的影响。在这方面，哥白尼也承认毕达哥拉斯学派的贡献。

第7章　阿拉伯数字

773年，在阿拉伯文明的鼎盛时期，一名来自遥远印度的男子出现在巴格达哈里发阿尔–曼苏尔（Al-Mansur）的宫廷，带来了一些来自印度的著作。阿尔–曼苏尔意识到这些著作的重要性，让人尽快将其翻译成阿拉伯语。于是，在几十年时间里，一些阿拉伯学者对这些书籍的内容有了充分的理解。

其中一位学者是阿尔–花剌子米（Al-Khwarizmi，780—850），其中的"花剌子米"是指波斯的花剌子模地区。花剌子米是阿拉伯地区最伟大的数学家之一，他很快就意识到印度著作中使用的数字系统的重要性。花剌子米在820年左右写了一本小册子，对如何使用这些数字做了详细介绍。

这本书的原著已经遗失，但有大量证据表明它在1100年左右传到了西班牙。在那里，被一位英国人——切斯特的罗伯特（Robert）翻译成拉丁文。这可能是已知的最早将印度数字引入西方的版本。后来，粗心的读者开始将书中描述的计算过程归因于一个叫"Algoritmi"（"Al-Khwarizmi"在拉丁语中被音译为"Algoritmi"）的人。这就是如今所有计算程序都被称为"algorithm"（算法）的由来。

一些学者学会了使用印度数字，并在主要城市进行授课，因此"0"的使用得到了广泛认可（见图7.1）。花剌子米本人曾明确表示："当什么都不剩的时候，用一个小圆圈表示，这样该数位就不会留空，数字就不会混淆。"

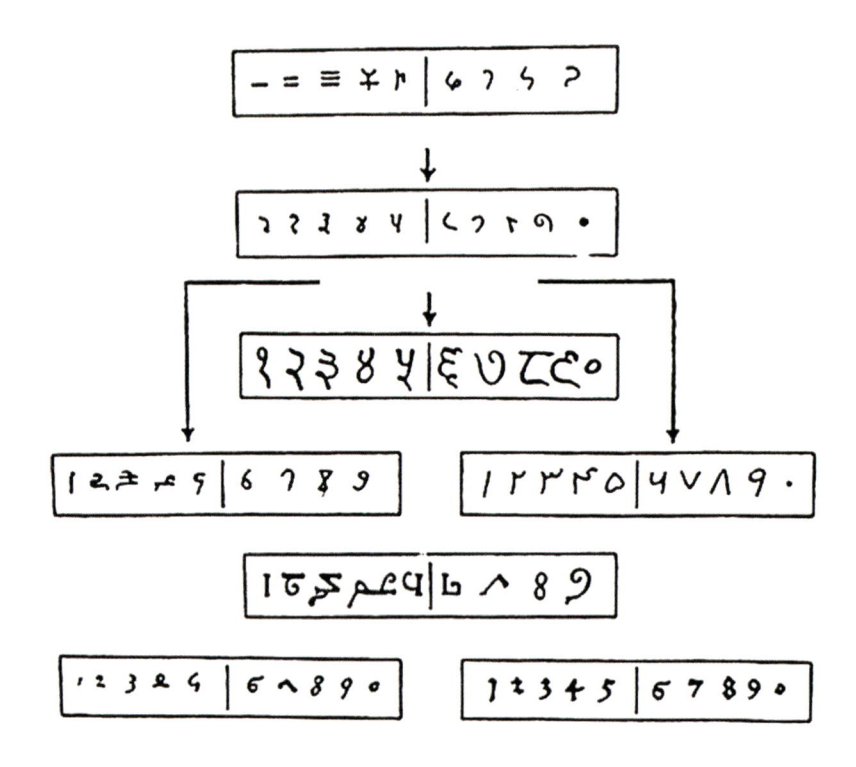

图7.1　现代数字的起源与发展

现代数字谱系起源于印度，经阿拉伯人传入西方。公元773年，印度的几部学术著作传到了巴格达哈里发曼苏尔的宫廷。哈里发安排将其翻译成阿拉伯语，一些阿拉伯学者吸收理解了这些书的内容，其中就有花剌子米，他是阿拉伯地区重要的数学家之一。在理解了印度著作中所描述的数字系统的重要性后，花剌子米摹写了一本小册子（约成书于820年），解释了其方方面面的用法。1100年左右，这本小册子传到了西班牙；在那里，它被一位英国人——切斯特的罗伯特翻译成拉丁文。这可能是将印度数字引入西方的最早记录。

然而，让普通大众接受新的数字系统并不是那么容易。最终，让天平向有利方向倾斜的，不是因为学术论述，而是出于纯粹的商业考虑。到10世纪结束时，意大利已成为地中海沿岸的商业大国，船只用于十字军东征，银行家成为主要的放债人，威尼斯、热那亚和比萨崛起为著名城市。贸易商和商人很快意识到阿拉伯数字系统的优势。之后，该系统得到推广——这种熟悉的模式在历史上出现了一次又一次。在这一时期，修士格雷戈尔·赖施（Gregor Reisch，1467—1525）编写了《玛格丽塔哲学》（*Margarita Philosophica*，书名字面的意思是"哲学珍珠"），这是一部插图精美的百科全书（见图7.2），在16世纪早期作为大学教科书得到广泛使用，书中还讨论比较了阿拉伯数字与计数板在算数运算中的使用。

图7.2 格雷戈尔·赖施的著作《玛格丽塔哲学》（成书于1503年）的扉页

赖施致力于编写一部百科全书式的著作，旨在能够将所有知识汇集起来。这部关于艺术和科学的著作共有12卷，作为教科书使用。图中，三头人像位于中心，周围环绕着七门"人文科学"（指的是大学里普遍教授的七门课程：逻辑、修辞和语法等"三学科"以及算术、音乐、几何和天文学等"四学科"）。"算数"手持计数板坐在她们的中间。

花剌子米还有另外一部有影响力的著作,即《对消与还原》(*Al-jabr-wa'l Muquabala*)。在这本书中,花剌子米详细阐述了后来被称为"代数"这门学科的基础知识,系统性地讨论了线性和二次代数方程的解等问题。因为这些贡献,花剌子米被后人尊称为"代数之父"。

与算术相比,代数的核心是用符号来表示数学结构和运算(见知识框7.1)。事实上,这也随着时间的推移发生了演变。无论是在东方还是在西方,关于代数问题的早期讨论,使用的语言都相当复杂,以对话的形式一问一答,不使用任何符号。最早认识到符号运算能力的两位数学家是希腊的丢番图(Diophantus,约201—285)和印度的布拉马古普塔(Brahmagupta,598—668)。丢番图用符号表示未知量、未知量的各种幂、倒数和等式,还用希腊字母来表示不同的数字;而布拉马古普塔使用的系统更为复杂,他把两个单词并列放在一起表示加法,在被扣除的单词上标一个点表示减法,用梵语字母"bha"(意为"乘积"的单词"bhavitha"的第一个音节)表示乘法,用前缀"ka"(来自单词"karana")来表示平方根;在问题中出现的第一个未知变量用"ya"表示,其他未知变量用各种颜色的首音节表示。

人们今天使用的许多为人熟知的数学符号是历经几个世纪逐渐演变而来的。等号(=)在罗伯特·雷科德(Robert Recorde,1512—1558)的《砺智石》(*The Whetstone of Witte*,成书于1557年)中首次出现(见图7.3)。加号(+)和减号(-)最早出现在约翰内斯·威德曼(Johannes Widmann,1460—约1498)于1489年出版的一本算术教科书中。乘和比例的符号由威廉·奥特雷德(William Oughtred,1574—1660)引入。笛卡尔(Descartes,1596—1650)则引入了目前还在使用的带指数的紧缩记法,如a、a^2、a^3等。圆周长与直径之比的符号 π 由英国作家威廉·琼斯(William Jones,1675—1749)在1706年首次使用。

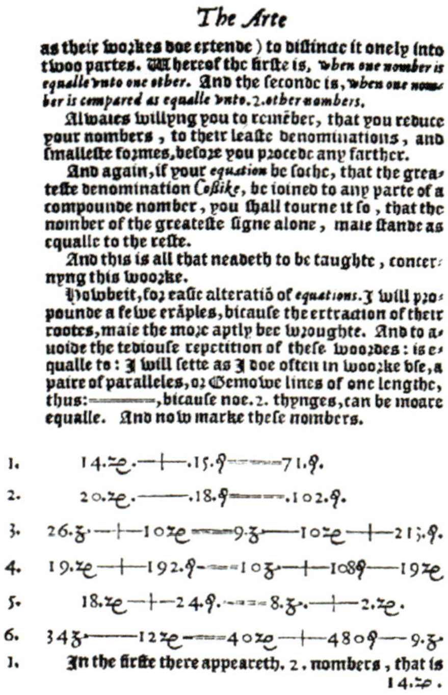
The Arte

as their woorkes doe extende) to distincte it onely into twoo partes. Whereof the firste is, when one nomber is equalle vnto one other. And the seconde is, when one nomber is compared as equalle vnto .2. other nombers.

Alwaies willyng you to remeber, that you reduce your nombers, to their leaste denominations, and smalleste formes, before you procede any farther.

And again, if your equation be soche, that the greateste denomination Cosike, be ioined to any parte of a compounde nomber, you shall tourne it so, that the nomber of the greateste signe alone, maie stande as equalle to the reste.

And this is all that neadeth to be taughte, concernyng this woorke.

Howbeit, for easie alteratiō of equations. I will propounde a fewe exāples, bicause the extraction of their rootes, maie the more aptly bee wroughte. And to auoide the tediouse repetition of these woordes: is equalle to: I will sette as I doe often in woorke vse, a paire of paralleles, or Gemowe lines of one lengthe, thus: ═════, bicause noe .2. thynges, can be moare equalle. And now marke these nombers.

In the firste there appeareth. 2. nombers, that is 14.ȝe.

图7.3　《砺智石》中首次出现“等号（=）”

人们现今使用的许多为人熟知的数学符号是历经几个世纪逐渐演变而来的。最早认识到符号运算能力的两位数学家是希腊的丢番图和印度的布拉马古普塔。等号（=）在雷科德的《砺智石》中首次出现，如图所示。加号（+）和减号（-）最早出现在约翰内斯·威德曼编写的一本算术教科书中，乘和比例的符号是在这之后由奥特雷德引入的。

知识框7.1：三角函数和鼻窦

在三角函数中，角与正弦、正切和正割的比率相关联。（还有三个比率，余弦、余切和余割，作为补充。）在这三个术语中，“正切”和“正割”具有明确的几何意义，并与欧几里得几何中的标准定义相对应。那么“正弦”这个词语是怎么来的？

在这背后有一个有趣的故事。让人意想不到的是，它竟然来自梵语名词"jya-ardha"（"半根弦"）！当然，"jyaardha"和"sine"的发音一点都不一样，这一演变再次归功于阿拉伯人对文献的翻译和保存。

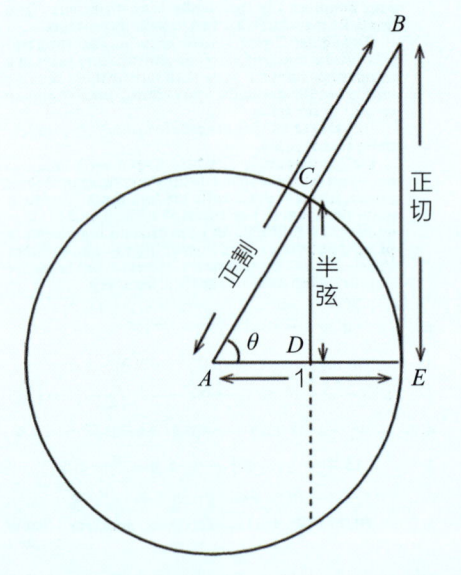

在半径为1的圆中，从外部B点画正切线BE和正割线BA。BE和BA的长度分别为$\tan\theta$和$\sec\theta$的值。同理，半弦CD的长度等于$\sin\theta$。

印度数学家阿耶波多（476—550）用"jya-ardha"表示人们现在称之为正弦的比率，这里面当然有完整的几何意义。这里所说的比率实际上是指单位圆中半弦的长度。"Jya-ardha"可缩写为"jya"，由阿拉伯人音译为"jiba"，并按阿拉伯语的标准方法，书写时删除了元音，这个词仅保留为"jb"。除此之外，"jiba"一词在阿拉伯语中没有任何含义。

后来一些作家看到"jiba"的缩写"jb"时（他们当然认为这个拼写毫无意义），决定将其"纠正"为"jaib"——他们把错误的元音加在了错误的地方。"jaib"是一个阿拉伯语单词，意思是"海湾"。后来，意大利翻译家，克雷莫纳的杰拉德（Gerard，1114—1187），在将阿拉伯语

第7章　阿拉伯数字

> 中的技术术语翻译成拉丁语时，把"jaib"翻译成了拉丁语中与其对应的"sinus[①]"，后来在英语中变成了"sine"。这就是鼻窦和三角比在语言学上同源的原因。

阿拉伯文明有种把各类知识综合起来的力量，这在几个方面对三角学产生了影响。在天文观测的刺激下，三角学在印度和希腊都得到了良好发展，并在阿拉伯人手中获得了统一的形式。在希腊，阿里斯塔丘斯、喜帕恰斯，以及后来最著名的托勒密推动了三角学的发展。尤其是托勒密，他编制了一张"弦表"，相当于现代的三角函数表。托勒密用一种非常优雅的几何方法，以半度的间隔计算所有角度。当然，这项工作在阿拉伯学者的推动下进一步发展。例如，阿布·阿尔–瓦法（Abu al-Wafa，940—998）以 1/4 度的间隔制作了正弦和正切表，这些表被后来的学者广为应用。在印度，学者兼著名天文学家阿耶波多也制作了类似的表格。正如第6章中所描述的，阿耶波多在其颇具影响力的教科书《阿耶波多集》中也明确指出，地球绕其轴线旋转。阿拉伯学者大约在10世纪认识到了这一点，但直到哥白尼研究之后，欧洲才明确承认这一点。

[①] sinus 在英文中有"鼻窦"的意思。——译者注

第8章 印刷

11—15世纪，亚洲和欧洲的大部分地区出现了严重的动荡。阿拉伯人开始相互争斗，他们的帝国开始分裂。在欧洲，几个小国从西罗马帝国的废墟中崛起，但它们之间从来没有和平相处过。此外，为了达到政治目的，它们一心要发动十字军东征。这个时期也是成吉思汗（1162—1227）统治下的蒙古族在亚洲崛起的时期（约1220—1250），他的后代征服了布哈拉、撒马尔罕和巴格达。这个时期最重大的事件是在14世纪发生了一场"大瘟疫"（鼠疫），这场瘟疫蔓延到欧洲、北非、俄罗斯，甚至中国的部分地区，大量人口因此死亡。

显然，这不是适合科学繁荣发展的氛围，科学的发展也确实受到了影响。然而，有一项发明彻底改变了人类的历史，这就是中国人毕昇（972—1051）发明的活字印刷术，它始于唐朝的雕版印刷术，经宋仁宗时代的毕昇的完善，产生了活字印刷术。后来，约翰斯·古腾堡（Johannes Gutenberg，1400—1468）在1430年左右发明印刷机，比毕昇发明的活字印刷术晚了约400年。印刷术的发明对科学革命的影响，比中世纪几个科学家的所有学术成果加在一起还要大！

然而，就古腾堡本人而言，印刷机的故事就是一个悲剧。古腾堡生在德国美因茨一个贵族之家。他加入了当地的金匠公会，学会了几种金属加工技能。不幸的是，古腾堡的同事嫉妒他日益增进的技能和财富，设法将他赶出了美因茨。

早在古腾堡时代之前，就已经存在用于复制文本的机械装置了。所有古文明都使用某种形式的印章和徽章，这是最早的印刷形式。早在2世纪，中国人就具备了印刷所需的三个基本要素：纸——他们知道造纸的方法；墨——其基本配方已流传了几个世纪；以及可以方便地在其表面雕刻文字的材料。

事实上，早在7世纪初，中国就已经开始使用雕版技术印刷书籍了，如在木板上刻出高于其表面的字块，在上面涂墨汁，再把纸覆盖上去，这样字迹就保留在纸上了。现存最早的印刷品是公元868年印制的《金刚经》。1900年，王圆箓在敦煌手稿中发现了《金刚经》的中文本，可能是唐代的版本。但这种雕版印刷工艺使用起来较为费力，所以无论是在阿拉伯地区，还是后来在西欧，都没能流行起来。

15世纪左右，欧洲的书籍基本上都是手工复制的。这意味着书很少（而且很贵），只有修道院、大学和非常富有的人才能拥有书籍。更重要的是，每一本书中都有可能出现错误，尤其是如果宗教文本中出现错误，后果不堪设想。

知识框8.1：仅供记录

现存最早有文字记录的物品是小型带标记的黏土币，代表了古代的记账方式。这些记录可以追溯到公元前9000年的史前美索不达米亚。后来，大约在公元前3000年，有证据表明苏美尔人以象形文字的形式进行书写。埃及的象形文字（希腊语意为"神圣雕刻"）有700多种不同的符号，均属于同一类别。后来，苏美尔人发明了楔形文字，用楔形笔在潮湿的黏土板上写字，随后将其烤干以便保存文字。苏美尔人制作了大量这类的黏土版，用以记录他们的法律、交易和文学作品。

虽然埃及人用于书写的材质和苏美尔人相同（黏土、石头、骨头、金属等），但他们最喜欢的是用芦苇笔写在纸莎草卷轴上。纸莎草是一种生长在尼罗河边的高芦苇，有了这种材料，书写的过程就变得相当简单了。考古学家发现的最长的埃及卷轴超过133英尺①。

几个世纪以来，纸莎草一直是最流行的书写媒介，希腊人和罗马人都使用它。在3世纪的某个时候，罗马人开始把折叠的纸莎草纸缝在一起，然后用两块木板夹起来作为封面——第一本书就这样诞生了。之后，这种书被称为"手抄本"，在拉丁语中最初的意思是"一块木头"。

到了4世纪，动物皮制成的羊皮纸取代纸莎草纸成为主要的书写材料。罗马作家老普林尼（Pliny the Elder，23—79）讲述了一个与此相关的有趣传说：由于大多数纸莎草生长在埃及的尼罗河地区，埃及人就垄断了这种资源。埃及国王托勒密非常嫉妒小亚细亚帕加马国王的图书馆，下令禁止向帕加马出口纸莎草。这项禁令迫使帕加马②人不得不使用精细的兽皮作为代替品。羊皮纸有这样三个优点：第一，正反两面都可以使用；第二，可以保存更长时间；第三，也是最重要的一点，羊皮纸

---

① 1英尺约为30.48厘米。——编者注
② 羊皮纸（parchment）一词来自拉丁语中的"pergamena"，可能就是因帕加马（Pergamum）而得名。——译者注

在刮除其上的墨迹后还可以重复使用。经重复使用的羊皮纸就是"重写本"（笔者在第4章中提到过一本这样的书）。

在亚洲，"书"是用竹子、树皮和棕榈叶制成的。薄薄的棕榈叶被切成条状，边缘钻孔，用绳子穿起来。棕榈叶通常放在两块木板或树皮之间进行保存。在纸开始流行之前，中国人也在丝绸卷轴、薄竹片和木片上写字。然而，5世纪之后，中国人用的就几乎全部是纸卷轴了。到了14世纪，纸从中国经阿拉伯地区传到欧洲，到了15世纪末，纸已经在实用性方面完全取代了羊皮纸。

显然，在中世纪，对文本进行抄写复制是一项非常耗时的任务。文本经过抄写后，还要检查是否存在抄写错误，经更正后，有专门的人员[1]负责在章节中添加标题、将首字母改为大写、添加段落标记。考虑到这项工作需要花费的时间和精力，这些书只能由图书馆（古代时期）和修道院（中世纪欧洲）保管，普通人不得拥有书籍。这意味着在危机时期，知识有可能遭到大规模毁坏。如亚历山大图书馆在5世纪的政治冲突中被彻底损毁；君士坦丁堡的图书馆先后于1204年十字军攻占君士坦丁堡、1453年土耳其人洗劫君士坦丁堡的时候遭到损毁。

活字印刷术的发明彻底改变了这种情况，类似的灾难再也不会发生了。现在，一本书可以印刷成百上千册，普通人也可以获得书籍。单单这一项发明，就让知识得以实现大范围传播。

古腾堡的天才之处在于，他意识到，制作一套小而耐用的金属印章，每

---

[1] 叫作"rubricator"，意思是"加红字标题者"。Rubric 一词来自拉丁语中的 red（红色），因为标题通常是红色的。——译者注

个印章只需刻上一个字母，印刷效率就能得到大幅提高。把这些字母排列组合成一页书的内容（见图8.1），这一页印刷出来后，就可以把字母按照顺序重新排列出下一页书的内容。如此这般，同一本书就可以使用同一套基本设备印刷出无数份来。

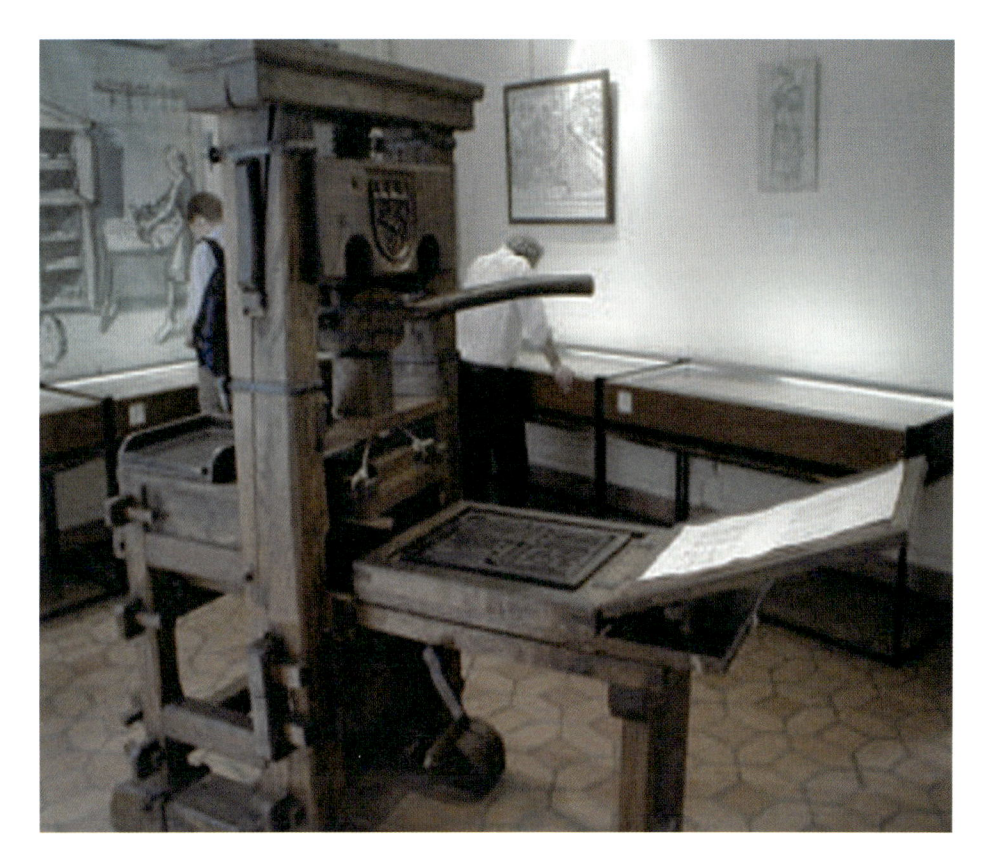

图8.1 法国里昂印刷历史博物馆展出的古腾堡印刷机的复制品

尽管这是一个简单的设想，但实际操作起来却困难重重。为了让想法变成现实，古腾堡首先需要开发出一种技术，用金属制作出非常小的字母，更重要的是，字母的质量规格要达到统一标准，还需要生产出高质量的油墨。为做到这一切，古腾堡花了将近20年的时间。

然而，在这期间，古腾堡还与他的合伙人和出资人打了好几场官司，大部分都败诉了。古腾堡自然希望将自己的项目保守秘密，以防止别人利用自己的想法赚钱。但法律诉讼却偏偏把他正在秘密筹备中的项目公之于众，他的许多出资人迅速利用他的想法获利。其中最值得注意的一个人是约翰·福斯特（Johann Fust，1400—1466），他在针对古腾堡的一场重要诉讼案件（1450年左右）中获胜。法院判定古腾堡没有能力通过正常途径偿还债务，因此，古腾堡不得不把自己所有的印刷机和工具都给了福斯特。

尽管古腾堡去世时负债累累，身无分文，但他的发明改变了世界。印刷技术迅速传遍了整个欧洲。到了公元1470年，印刷机在意大利、瑞士和法国投入使用。公元1476年，威廉·卡克斯顿（William Caxton）建立了英国第一个印刷厂。到了公元1535年，印刷术跨越了大西洋，人们在墨西哥也建起了印刷厂。

虽然最初的印刷品只有宗教读物，但不久后一些学者和其他人也开始使用印刷物来传播他们的思想（见图8.2）。举个例子，马丁·路德（Martin Luther，1483—1546）就是因为印刷和分发了大量小册子，其反抗教会的事业才能够成功。由于印刷业的发展，书籍更便宜了，人们的识字率从而得到提高，受过教育的人群也更壮大了。这反过来又为科学革命做了准备。

古腾堡发明的印刷机及其对后世产生的影响，与和他同时代更为著名的达·芬奇（1452—1519）所做的贡献，形成了有趣的对比。达·芬奇以其艺术创作而闻名，常被称为"文艺复兴时期最完美的代表"，他在自己的素描本中绘制了很多极富想象力的发明。达·芬奇的作品收录于《大西洋古抄本》（*The Codex Atlanticus*）——目前保存在米兰的安布罗西亚纳图书馆。《大西洋古抄本》共有十二卷，既有图纸，又有文字，包含了各种各样的主题，如飞行器、武器、乐器等。达·芬奇的主要兴趣在于飞行，他"设计"

第8章 印刷

图8.2 印刷版的《中世纪星盘论》（*Medieval Instruction Manual on the Astrolabe*）

作者是杰弗里·乔叟（Geoffrey Chaucer, 1343—1400），这本专著以英文散文的方式写作而成，其中还有关于一台科学仪器的描述，本书也因此而著名。很多人认为这是最古老的英文著作，其中描写的科学仪器可追溯到1392年。在当时，这本书因为能够清晰地解释出晦涩难懂的概念而备受推崇。乔叟的确切资料来源不得而知，但他的大部分描述都可以直接或间接地追溯到《星盘的组成和运算》（*Compositio et Operatio Astrolabii*），这是梅撒哈拉（Messahala）写于8世纪的阿拉伯语专著的拉丁文译本。

了同样只存在于素描本中的仪器，如飞行器、直升机、降落伞和测量风速的仪器。不幸的是，这些想法中的许多想法都很不切实际，而且均没有发展成熟到他那个时代的人可以实际使用的程度。

第9章 探索"七海"

忽必烈（1215—1294）建立元朝后，中国与欧洲的联系变得更加密切。

贸易和商业不仅给探险家和他们本国带来丰厚回报，而且人们对陆地和海洋路线的探索，也让地理科学得到迅速发展。

其中一位在历史上占据一席之地的商人，是来自威尼斯的马可·波罗（Marco Polo，1254—1324）。马可·波罗十几岁时，他的父亲和叔叔前往中国游历，受到忽必烈的热情款待，忽必烈希望他们回到欧洲后，能带着传教士一起再来中国，但他们未能如愿带神职人员来中国。他们在第二次旅行中带上了马可·波罗，于1275年抵达中国。马可·波罗与忽必烈关系十分融洽，最终成为忽必烈非常信任的外交官。在东方生活了近二十年之后，马可·波罗于1295年回到威尼斯。这是欧洲人对中亚地区的第一次近距离观察。

在1298年的一场海战中，马可·波罗负责指挥威尼斯舰队，不幸被敌人俘获，被丢进热那亚的监狱关了一年。在监狱囚禁期间，马可·波罗写下了自己的游记并起名为《马可·波罗行纪》[1]（*The Travels of Marco Polo:*

---

[1] 一说是马可·波罗口述，狱友出狱后整理成文字，起名为《马可·波罗行纪》。——编者注

Description of The World），详细描述了中国及其周边地区的情况（见知识框9.1）。这本书很受欢迎，但当时一些欧洲人对其中的内容持将信将疑的态度。考虑到马可·波罗走过的路线和去过的地方（见图9.1），这本行纪成为畅销书不足为奇！

图9.1 马可·波罗在忽必烈的朝堂上

这幅微型画出现在《马可·波罗行纪》（The Travels of Marco Pole）的一个意大利语版本中，最初这本书在他生前获得了出版，经常再版，并被翻译成多种语言。马可·波罗在中国任职近20年后，从中国返回意大利。他在《马可·波罗行纪》一书中详细记述了自己的所见所闻。这本书中记录了许多关于中国及其周边地区的城市、运河、河流、港口和工业的细节。

然而，有一个欧洲人对马可·波罗写下的每一句话都深信不疑，他就是另一位意大利探险家，克里斯托弗·哥伦布（Christopher Columbus，1451—1506）。哥伦布想得到印度群岛和中国的财富，他认为如果从欧洲出发一直向西航行，就能到达这两个地方。

同时由于一些其他原因，这样一条西部航道变得令人非常向往。15世纪末，从欧洲通往亚洲的陆路变得越来越危险，因为有可能会在途中遭遇敌人的军队。葡萄牙探险家为解决这个问题，选择走海路绕道非洲，即沿着西非海岸一路向南航行，绕过好望角。这是一条非常古老的航海路线。第一个绕道非洲的人可能是公元前500年左右的腓尼基航海家汉诺（Hanno）。汉诺注意到，在非洲的南端，正午的太阳位于北方。但记述这个故事的希腊历史学家希罗多德对此很是不以为然。当然了，如果汉诺从来没有亲眼看到过这番景象，他应该永远无法想象太阳在天空的"错误"位置照耀大地。哥伦布认为向西横渡大西洋就可以到达亚洲。

> ### 知识框9.1：马可·波罗谈中国纸币
>
> 在发行纸币之前，把一种特制的纸张裁成不同大小的形状……纸币的形式和流通制度经过了正式授权，其价值与真正的纯金银货币无异，每张纸币不仅要经过许多特命官员签署，而且还要加盖他们的印章。完成这些流程之后……最后由皇帝委任的一名长官将沾满朱砂的玉玺盖到纸币上，于是在纸币上就留下了朱红色的御印。经多道工序处理后，纸币便获得了流通货币的功能。任何伪造纸币的人都会被处以死刑。纸币经大批印制后，便可在大汗所有的领土范围内流通，没有任何人敢冒着丢了身家性命的危险拒绝使用这种纸币。大汗的所有臣民都毫不犹豫地接受这种纸币，因为无论他们在任何地方做生意，都可以用这种纸币购买到他们所需的商品，如珍珠、宝石、黄金或白银。
>
> ——摘自：《马可·波罗行纪》，人人书库①，1950年。

传说当时所有人都认为地球是平的，而哥伦布却提出地球是圆的。这

---

① 即Everyman's Library，1906年始建于英国伦敦，现为企鹅兰登旗下的一家出版社。——译者注

个传说与史实相去甚远。事情的真相是，当时的欧洲学者已经接受地球是圆的这个观点，经验丰富的水手当然也都知道这一情况。促使哥伦布扬帆起航的，其实是一个有趣的计算错误。

早在2世纪，托勒密就已经绘制了一张已知世界的地图，并估算出地球上各个点之间的距离。这张地图和后来以它为基础制作的版本都显示，1度的长度约为56.6意大利英里，1意大利英里约等于1477米。这种单位转换让赤道的长度缩短了大约四分之一。由意大利地图制作者托斯卡内利（Toscanelli）制作的一张带有这种错误标记的地图，后来到了哥伦布的手中。哥伦布计算出西班牙和印度之间的陆地距离为282度，海上距离约为78度[1]。将度数（错误地）换算成英里[2]数，哥伦布估计印度距离大西洋中的加那利群岛大约3900英里，而这恰是美洲所在的位置！

哥伦布试图让各位王公贵族资助他的旅行，却到处碰钉子。有趣的是，葡萄牙国王约翰二世（John Ⅱ）还就哥伦布的航海计划咨询了地理学家的意见，地理学家指出了哥伦布使用的地图肯定有问题。他们认为通往亚洲的航线必然要绕过非洲的最南端，而哥伦布向西走肯定是错的。当然，地理学家的意见是正确的，但他们（或哥伦布，或其他任何人）所不知道的是，在欧洲和亚洲之间，大约在3600英里之外，竟然存在一块未知的大陆（美洲大陆）。

哥伦布最终设法从西班牙王室费迪南德（Ferdinand）和伊莎贝拉（Isabella）那里获得了一些资金，终于在1492年8月3日从西班牙启航。1492年10月12日，哥伦布登上了一座他认为位于亚洲的岛屿，并将其命名为圣萨尔瓦多。为了寻找"东方的珍珠、宝石、黄金、白银和香料"，哥伦布在邻近的岛屿进行了为期数月的探索，最终还是一无所获。1493年3月，哥伦布返回

---

[1] 根据地球表面任意两点的经纬度可以计算出这两点间的地表距离。——译者注
[2] 1英里约等于1.61千米。——编者注

巴塞罗那，他让一些部下留在伊斯帕尼奥拉岛的一个临时定居点。

有趣的是，第一次航行归来时，哥伦布和剩下的船员受到了英雄般的欢迎。哥伦布向王室展示了他这一番远航的收获，包括从当地人那里偷来的金块、珍珠和金首饰，甚至还有一些被他绑回来的当地人。哥伦布献给君主一些金块、珍珠和金首饰，以及他们以前从未见过的烟草植物、菠萝和火鸡。然而，哥伦布没有带来任何令人垂涎的东印度群岛香料，如极其昂贵的黑胡椒、生姜或丁香。哥伦布在日志中写道"还有很多'aji'，是当地人吃的胡椒，非常有益健康，比黑胡椒还值钱，他们不吃其他东西"。直到今天，"aji"这个词在南美人所使用的西班牙语中仍然指代辣椒。

哥伦布的说法确实有些夸大其词。他坚称自己登陆了中国沿海的一个岛屿（其实是伊斯帕尼奥拉岛）。他的描述部分是事实，部分是虚构："伊斯帕尼奥拉岛简直是个奇迹。上面有山脉和丘陵，平原和牧场，肥沃而美丽。……港口好到令人难以置信，还有许多宽阔的河流，其中大部分都含有黄金。……有许多香料，还有黄金和其他金属的巨大矿藏……"但哥伦布的英雄地位并没有维持多久。

哥伦布于1493年9月开始了第二次航行。他发现自己在伊斯帕尼奥拉岛的定居点已被摧毁，于是让他的同伴留下来负责重建，他则继续向西航行，仍然继续寻找印度群岛的财富。哥伦布又登陆了一个岛屿（他将其命名为多米尼加），他不顾当地人的恐惧，把他们抓回去当奴隶，作为他向西班牙君主许下的物质财富的替代品。1498年5月30日，哥伦布开始了他的第三次航行，并在特立尼达岛和南美大陆登陆。当哥伦布回到伊斯帕尼奥拉岛定居点时，发现当地居民对哥伦布部下的管理不善和残暴行径进行了血腥反抗。情况变得如此糟糕，西班牙君主不得不另派一位新的总督接任了他的位置。哥伦布则被逮捕，锁链加身，被遣送回了西班牙。

1502年，年迈的哥伦布设法摆脱了对他的大部分严重指控，并恳求西班牙国王再资助他横渡一次大西洋。在王室的严令禁止下，哥伦布不得在伊斯帕尼奥拉岛停留，他一路前往巴拿马——距离太平洋只有几英里——在那里，因遭到了当地人的袭击，哥伦布不得不放弃了四艘船中的两艘。1504年，这位年迈的探险家两手空空，失望而归，两年之后就去世了。

哥伦布的航行激发了欧洲人民的热情，全面开启了一个热衷于航海探索的时代。诚然，在哥伦布之前，已经有很多大名鼎鼎的水手，如葡萄牙王子航海家亨利（Henry，1394—1460），甚至在葡萄牙建立了一所航海学校。但哥伦布的航行提升了海洋探索的魅力，这正是当时那个时代缺乏的。哥伦布探险的另一个动机其实是攫取美洲大陆蕴藏的丰富矿藏和财富，事实上，正是这种贪婪促使王公贵族从一开始就为哥伦布的远航提供资金。

哥伦布的航行还产生了一个有趣的后果。1496年，哥伦布一次航行归来，在塞维利亚遇到了来自佛罗伦萨的商人亚美利哥·韦斯普奇（Amerigo Vespucci，1454—1512）。韦斯普奇与哥伦布的会面，极大地鼓励了韦斯普奇开展几次类似航海旅程的热情，他的航海旅程同样也由西班牙的费迪南德和伊莎贝拉提供资金。在名望和荣耀的吸引下，韦斯普奇彻底放弃了自己的经商事业，改行做探险家。

1497年5月10日，韦斯普奇开启了他的第一次航行。这样的航行很可能还有三次，其中有两次（第二次和第三次）似乎是可以确定的，可从含有四次航行记录的信件中得到证实，但一些历史学家对此表示怀疑。在第三次航行中——可能是最成功的一次，韦斯普奇发现了人们现在所知的里约热内卢和拉普拉塔。

韦斯普奇坚信他发现了一个"新世界"（美洲大陆），事实上这是完全正确的。在航行中，韦斯普奇还发现了亚马孙河和特立尼达的河口。韦斯普奇在观察南半球的天空时，对恒星进行了分类，包括当时尚不为欧洲人所知的半人马座阿尔法星和贝塔星，以及南十字星座（见知识框9.2）。

知识框9.2：人们为什么称之为美洲？

显然，这些大陆被人们称为美洲，是为了纪念亚美利哥·韦斯普奇。但为何这些大陆以他的名字命名，本身就是一个相当有趣的故事。

韦斯普奇一生的名声大起大落，被视为企图窃取哥伦布荣耀的人。实际上，情况似乎并非如此：韦斯普奇似乎并不苛求以他的名字命名美洲大陆。事实上，美洲大陆的命名是德国牧师和业余制图师马丁·瓦尔德泽米勒（Martin Waldseemuller，1470—1520）促成的。

1507年，瓦尔德泽米勒和一些学者正在制作大型地图，他建议将韦斯普奇探索过的巴西部分地区命名为"美洲"（America），这是韦斯普奇的名字——亚美利哥（Amerigo）的女性版名字。瓦尔德泽米勒的地图在欧洲各地售出了数千份。后来，在1538年，另一位著名的地图制作人杰拉德·墨卡托（Gerardus Mercator，1512—1594）用"美洲"这个名字来指代美洲大陆的南北两半部分，这个名字一直沿用至今。

有人认为，以韦斯普奇的名字命名美洲大陆，对哥伦布有些不公平。事实上，情况似乎并非如此。哥伦布直到去世之前，都认为自己登陆的是亚洲。但在韦斯普奇看来，这完全是不可能的。韦斯普奇很清楚，哥伦布探索的这个地区，与马可·波罗的著作中描述的亚洲完全不同，就连天空中的星图也无法匹配。因此，是韦斯普奇正确地宣布，"新世界"不是亚洲，而是欧洲人完全不知道的美洲大陆，而且在美洲大陆和亚洲之间，一定存在另一个大洋。这一主张也推翻了古希腊的世界观。韦斯普奇因为发现了这一令人震惊的事实,以他的名字命名美洲大陆可谓实至名归。

  故事到这里还没有结束。到了1513年,当瓦尔德泽米勒和孚日圣迪耶的学者出版了托勒密的新版《地理学》,以及在1516年瓦尔德泽米勒本人所著的《卡塔码头》(Carta Marina)出版时,"美洲"这个名字都没有出现在他的地图上!在1507年的地图上,"美洲"地区被称为"Terra Incognita",意思是"未知之地",南美洲被称为"Terra Nova",即"新世界"。也许瓦尔德泽米勒是在重新考虑,是否只因为韦斯普奇发现了这片大陆,就以命名的方式向他致敬。然而,在1515年约翰尼斯·斯科纳(Johannes Schoner)和1520年彼得·阿皮安(Peter Apian)制作的地图中,这一做法得到了恢复,后者将西半球这块大陆命名为"美洲"。1538年,制图师墨卡托将这块大陆的北部和南部都统一命名为"美洲",这个名字一直延续到今天。

  人们现在称之为"哥伦比亚"的国家,才是以哥伦布的名字命名的,尽管颇具讽刺意味的是,哥伦布从未踏上过哥伦比亚的土地。1499年第一个踏上这片土地的欧洲人,是哥伦布第二次航行的同伴之一,阿朗索·德·奥杰达(Alonso de Ojeda)。

  正如所料,在哥伦布启程后不久,西班牙和葡萄牙就如何分享美洲大陆的战利品发生了争执。一如往常的做法,1494年,亚历山大六世(Alexander Ⅵ)介入并通过谈判达成妥协。亚历山大六世在佛得角群岛以西一百法里[①]的大西洋上画了一条线,然后把这条线以西的所有土地"赠予"西班牙,

---

[①] 法里为法国从前的长度单位,1法里约合1.624米。——编者注

以东的所有土地"赠予"葡萄牙。这一安排的界限非常不清晰，以至于两国之间开始了一场控制贸易路线的竞赛，贸易路线的分界线不断向有利于其中一方的方向变化。1506年，两国签订《托德西拉斯条约》（Treaty of Tordesillas），达成和解，朱利叶斯二世（Julius Ⅱ，亚历山大六世的继任者）再次颁布了一项法令，规定贸易路线分界线向佛得角群岛以西移动了270里格[①]。

这条分界线现在位于大西洋中部，大致在佛得角群岛和加勒比海的伊斯帕尼奥拉岛之间，这使葡萄牙人可以进入东部的非洲大陆和西部新发现的巴西（突出部分）。然而，由于无法确定经度（不得不再等上两百年），该法令无法定位这条分界线在地球上的准确位置。这条分界线环绕地球的方式是未知的，巴西西部和南部的陆地和海洋的位置也是未知的，但费迪南德·麦哲伦（Ferdinand Magellan，1480—1521）在西班牙国王（尽管麦哲伦最初是一位葡萄牙探险家）的庇护下，巧妙地利用了这些不足之处。麦哲伦打算沿着人们现在称之为南美洲的东海岸航行到巴西南部，直到大陆的尽头，然后继续向西航行（因此始终保持在教皇分界线的右侧），到达香料群岛[②]的东端。

麦哲伦原本是葡萄牙国王约翰二世的宫廷侍从，这位国王曾拒绝资助哥伦布的航行。麦哲伦还参加过葡萄牙对东印度群岛的远征，并在摩洛哥加入了葡萄牙军队的战斗，他的腿就是在这场战斗中遭受了永久性的创伤，变成了跛足。后来，麦哲伦与摩洛哥人之间的交易被人发现，这相当于犯下了叛国罪。麦哲伦在1517年被开除军籍，且未得到任何抚恤金。愤愤不平之下，

[①] 里格（League）是陆地及海洋的古老的测量单位。1里格相当于3.18海里，但在海洋中通常取3海里，相当于5.556千米。——译者注
[②] 香料群岛一般指东印度群岛，是15世纪左右欧洲国家对马来群岛等东南亚盛产香料的岛屿的命名。——编者注

麦哲伦转而投奔了西班牙军队，还身居高位。麦哲伦向西班牙的查尔斯五世（Charles V）指出，如果西班牙人继续向西航行，他们会始终处于教皇分界线的右侧，但最终还是可以抵达印度群岛的。根据教皇的法令，印度群岛已交由葡萄牙人去探索。麦哲伦基本上沿用了哥伦布的设想，但他的方法是正确的，因为他意识到美洲次大陆并不是他们要寻找的印度群岛。

西班牙君主很喜欢这个想法，在他的资助下，麦哲伦于1519年8月10日带着五艘船启航了。这些船只横渡了大西洋，在南美洲的最南端找到了一条进入太平洋的小通道（现在称为"麦哲伦海峡"），并于1521年3月6日抵达瓜尼亚尔岛（现在的菲律宾），当时船上的人几乎快要饿死了。麦哲伦后来在与菲律宾人的争执中被杀害，但他的五艘船之一——"维多利亚"号穿越了印度洋，绕过非洲最南端，于1522年9月8日返回西班牙。准确地说，是胡安·塞巴斯蒂安·德尔卡诺（Juan Sebastian del Cano）——麦哲伦遇害后担任探险队指挥的西班牙航海家成为全球第一位环球航海家。"维多利亚"号带着满船的香料返回西班牙，其价值远远超过了整个船队的成本！

这次环球航行毫无疑问证明了三个事实。第一，托勒密对地球大小的估计是错误的，而埃拉托色尼（Eratosthenes，约276—194）早期的估计是正确的。第二，环绕地球表面的只有一片海洋——而不是希腊人所认为的"七海"。第三，地球上存在着广阔的陆地，还有新发现的动物和植物，亚里士多德和其他"思维深邃"的思想家对此一无所知。所有这些都反映出古代知识的不足，也成为哥白尼革命的肥沃"土壤"。

第10章　现代医学的起步

欧洲的"黑暗时代"（约500—1200年）以人们对神学的关注为标志。尽管古希腊的诸多医学著作问世了，但人们普遍认为疾病是对罪恶的惩罚，应该通过祈祷和忏悔来治愈疾病。人们还认为，身体是神圣的，解剖尸体是一种罪恶；任何与此相反的观点都被认为是对神明的亵渎，应提交至宗教裁判所进行裁决。这样的风气严重影响了医学的进步（见知识框10.1）。

毋庸置疑，如果没有通过人体解剖准确了解人体结构，医学就不可能取得进步。研究人体解剖与结构的主要障碍来自社会习俗和宗教态度。英国历史学家鲁思·理查森（Ruth Richardson）表示："即使在理性思维的深处，也潜藏着一种恐惧，那就是对尸体的切割可能会产生末世影响。"

事实上，不同的文明对这个问题采取了迥异的态度。在公元前4世纪——亚里士多德和希波克拉底时代人体解剖是可以被人们接受的。盖伦应该说过这样一句话：亚历山大——盖伦曾经求学的地方之所以是唯一可以学习解剖学的地方，可能就是这个原因。但是到了罗马时期，人体解剖又被禁止了，在接下来的1000年左右的时间里，科学家们只能解剖动物。

因此，直到13世纪末，人们对古希腊人的作品——科学的作品和非科学的作品的兴趣才逐渐恢复。学者们试图复兴古代的思维方式，在此基础上产生了现代西方科学。对人文学科的兴趣在某种程度上间接地再次促进了人体解剖学的研究，意大利两个重要的医学院分别在萨勒诺和博洛尼亚成立。

13世纪，在中世纪最伟大的大学之一——博洛尼亚大学，重新开始了人体解剖。13世纪初发生的几起事件为淡化解剖禁忌奠定了基础：第一，弗雷德里克二世（Frederic Ⅱ）在公元1238年颁布了一项法令，授权对死刑犯的尸体可以进行以学术研究为目的的解剖；第二，那时出现一种做法，人们对十字军战士的尸体进行肢解，以便将骨头带回欧洲，供战士的家人为其下葬——这使得解剖不再是一个大问题；第三，历史学家声称，博洛尼亚大学拥有一所著名的法学院，其中的法律学者为能更好地确定死因，也希望能够恢复人体解剖。所有这些都有助于人体解剖学的发展。

在最早的解剖学家中，有一位来自博洛尼亚的蒙迪诺·德·卢齐（Mondino de Luzzi，1270—1326）。在蒙迪诺所处的时代，解剖尸体哪怕只是有此打算都被认为是有损教师尊严的行为。因此，医生只能在高高的讲台上讲授解剖知识，同时由地位低下的仆役完成尸体解剖操作。当然，要充分协调医生和仆役的活动几乎是不可能的。另外，仆役毕竟不懂科学，操作起来也不尽如人意。

蒙迪诺改变了这种普遍做法，开始亲手解剖尸体，他的讲座也因此更受欢迎，并很快为他赢得了"解剖学的重建者"这个称号。1316年，蒙迪诺编写了自己的主要著作《人体解剖学》（*Anothomia corporis humani*），这是第一本基于蒙迪诺自己对人体解剖的经验专门讨论解剖学的教科书。《人体解剖学》于1487年在帕多瓦出版，共有39个版本和译本。

蒙迪诺的学生继续推进人体解剖学的发展，解剖行为也变得更加普遍。1341年，他们在帕多瓦进行了一次公开解剖。之后，相关法令分别于1366年在蒙彼利埃大学、1368年在威尼斯、1388年在佛罗伦萨颁布。1445年，人们在帕多瓦修建了解剖手术室。

不幸的是，蒙迪诺开创的解剖传统并没有持续下去。他的继任者恢复了旧有做法，继续神圣化亚里士多德和阿维森纳的早期著作，认为这些著作才是终极真理。这之后又过了将近两个世纪，关于人体解剖的限制才得以放松。

医学科学"理性复兴"的主要贡献者是瑞士内科医生兼炼金术士帕拉塞尔苏斯（Paracelsus，1493—1541）和佛兰德解剖学家维萨里——这是两个在气质、天赋和观点上都截然不同的人。

帕拉塞尔苏斯（图10.1是其肖像）的原名是西奥弗拉斯托斯·邦巴斯托斯·冯·霍恩海姆（Theophrastus Bombastus von Hohenheim）——难怪他要给自己改名！名字的选择充分体现了帕拉塞尔苏斯的性格特征：帕拉塞尔苏斯的意思是"比塞尔苏斯（Celsus）更优秀"。塞尔苏斯是罗马著名的内科医生，他的作品在当时刚刚被翻译成其他语种，对当时的思想家产生了巨大的影响。事实上，帕拉塞尔苏斯认为自己比所有人都优秀，并对此毫不讳言。在很小的时候，帕拉塞尔苏斯就掌握了采矿、冶金和化学方面的知识，

图10.1　帕拉塞尔苏斯的肖像画

他曾在巴塞尔大学任教，是一位直言不讳、极具魅力的医学讲师。在帕拉塞尔苏斯的诸多贡献中，还包括编写了世界上第一本关于"矿工病"的书，研究了人们现在称之为"职业病"的问题。

并且对炼金术士将铅变成黄金的活动非常感兴趣。帕拉塞尔苏斯还曾在欧洲的几所大学中接受了医学教育。他经常搬家，原因通常是不管他在哪里，总是会卷入某种争斗。帕拉塞尔苏斯很快意识到，化学可以在治疗疾病的药物生产方面发挥作用。在某种程度上，这也标志着从炼金术到化学转变的开始。

在外漂泊了近10年之后，帕拉塞尔苏斯于1524年回到自己的家乡，被任命为当地的镇医和巴塞尔大学的医学讲师。帕拉塞尔苏斯在大学门口公开焚烧了盖伦和阿维森纳的著作，以此开启了他的系列讲座。尽管当局对此非常愤怒，学生们依然为这位性格古怪而富有魅力的老师欢呼。帕拉塞尔苏斯的课程是深刻见解和愚蠢错误的奇妙结合。例如，他清晰地描述了梅毒的临床特征，并仔细测量汞化合物的剂量来为患者提供治疗。他认为"矿工病"（现在所说的矽肺）是因为吸入了金属粉尘，而不是因为触怒了山神，他还编写了世界上第一本关于我们现在所说的职业病的书——《矿工病》（*Miners' Sickness*）。帕拉塞尔苏斯强调保持清洁对健康的重要性。他制作出数十种有用的医用化合物，其中含有汞、硫、铁和硫酸铜。然而，在取得这一切成就的同时，帕拉塞尔苏斯对希腊的四元素说深信不疑，并继续不知疲倦地寻找长生不老药！

知识框10.1：人身保护令？

阻碍人体解剖学进步的，不仅仅是来自社会和宗教的禁忌。即使是在消除了这些禁忌之后，连续几个世纪医生们都没有足够的人类尸体用于解剖！

在早期欧洲的文化中，人们都认为死后处置肉体的方式会对其来世产生影响，因此绝不容许自己的肉体在死后遭到毁坏。（更倒霉的是，有一次维萨里在西班牙准备开始解剖尸体的时候，那具"尸体"竟然大叫了一声"哎哟"，把维萨里吓得不轻！）

在获取可供解剖使用的尸体的过程中，欧洲的科学家们发现自己需要接触各种阴暗角落里的角色，包括盗墓者。虽然亨利八世（Henry Ⅷ）曾颁布了一项法令，其中规定死刑犯的尸体应捐赠给医学院使用，但即便如此，尸体仍然供不应求，有利可图的黑市便应运而生。18世纪，威廉·伯克（William Burke）和威廉·黑尔（William Hare）在苏格兰经营的寄宿公寓，实际上就是个尸体工厂。他们将房客残忍地杀害，然后把尸体卖给解剖学校，每具尸体售价约10英镑。在当时，这相当于一个普通工人近五个月的工资。

到了19世纪30年代中期，美国的许多州都通过了《解剖法》（Anatomy Act），这部法案结束了提供罪犯尸体的做法，取而代之的是那些付不起常规葬礼费用的穷人的尸体。不幸的是，这并没有给盗墓行为画上句号，穷人对这个法案自然也感到非常不满。总而言之，医生和政府发现这个问题并没有一个简单的解决方案。

过了很长时间之后，公众逐渐认识到医学的进步需要建立在解剖学基础之上，渐渐接受了对尸体的需求。随着时间的推移，人们对死亡及其身后事的态度也发生了变化，医学院开始获得合法捐赠的尸体的稳定供应。

和帕拉塞尔苏斯相比，维萨里则过着平淡无奇的生活，但他的研究硕果累累。维萨里出生于一个富有且有权势的家庭，于1533年至1536年在巴黎的一所医学院学习。作为学习的一部分，维萨里对盖伦和拉齐斯进行了详细的研究。起初，维萨里对这些人的著作并没有任何质疑。在帕多瓦大学获得学位后，维萨里被任命为帕多瓦大学的外科讲师。在备课时，他花了相当多的时间进行尸体解剖。随后，维萨里清楚地意识到，盖伦和其他人的作品并不是基于对人体的实际解剖（这在罗马时代确实是被禁止的）写成的，而是基于对动物身体研究所作的推断。维萨里鼓起勇气公开发表了自己的结论，并着手编写基于正确认知的人体解剖学教科书。

维萨里的专著《人体构造》（*De Humani Corporis Fabrica Libri Septem*）于1543年出版，分为七卷。其中的插图十分精美，很有可能是由文艺复兴时期艺术家提香（Titian）的画室制作（见图10.2）。这部著作代表了医学中

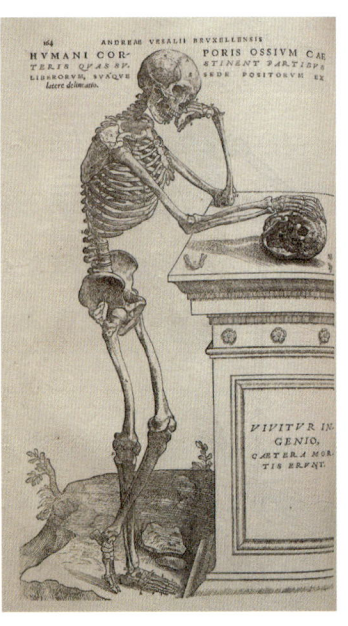

（A）　　　　　　　　　　　（B）

图10.2　维萨里的著作《人体构造》（1543年）中的两幅插图

（A）图所示为人体肌肉群。（B）图所示为书中的一幅木刻画插图，是一具抚摸着头骨沉思的骷髅。石柱基上刻着的文字是"只有天才永垂不朽"。这部医学经典的插图十分精美，据说是由文艺复兴时期艺术家提香的画室制作的。

几个重要趋势的发展顶峰，尤其是对古代学术进行了复兴，并让人们更加注重将人体作为研究对象的严肃性。书中还对人体进行了大量的准确描述，为解剖学开创了一种新的描述性语言。因此可以认为，解剖学由维萨里发展完善。（《人体构造》与哥白尼关于日心说的著作是在同一年出版的，后者是科学史上的另一个里程碑，笔者将在第11章中详细介绍。）

作为解剖学家，维萨里掌握了非常准确的解剖学专业知识，但他对医学其他分支的看法并不总是那么准确。维萨里认为情绪是由大脑和神经系统控制的（这一点相当正确），断然否定了早期亚里士多德的观点，即这些功能由心脏控制。这个观点得到了当时人们的认可。同时，维萨里认可盖伦关于血液循环的观点，认为血液在心脏内经由某种神秘过程从一个心室流向另一个心室。

1543年，维萨里的著作《人体构造》出版后，他决定放弃对解剖学的研究，转而从事医学实践。凭借其家族长期为王室服务的传统，维萨里当上了查尔斯五世（Charles V）的专用御医。这并不是一个明智的决定。维萨里发现他的大部分时间都花在了倾听贪吃的查尔斯五世的抱怨上。正如维萨里写道，"高卢病、胃肠道疾病和慢性病，这就是我的患者经常抱怨的问题"。维萨里的工作包括陪同皇帝出访，治疗战伤，进行尸检，管理药物等。在当时，一旦进入王室工作，就不可能再轻易离开了。因此，维萨里担任查尔斯五世的御医长达13年之久，直到查尔斯五世退位。之后，维萨里接着为查尔斯五世的儿子菲利普二世（Philip Ⅱ）服务，并搬到了位于西班牙的新王宫。这一举动甚至比1543年开始在查尔斯的宫廷中服务更让维萨里感到懊悔！在西班牙，连找到一块头骨都很困难，更别说人体解剖了。这时的维萨里非常渴望回到帕多瓦！

不幸的是，当维萨里终于有机会得以恢复帕多瓦大学的教授职位时，命运跟他开了个玩笑。在从耶路撒冷朝圣回来的路上，维萨里决定接受帕多瓦大学的教授职位，但在离希腊海岸不远的扎金托斯岛遭遇了海难。维萨里死在了那里，负债累累，被埋在岛上的某个地方。

维萨里遭此不幸时还很年轻，才50岁。如果他有机会回到帕多瓦重新开始研究生涯，医学的发展可能又会突飞猛进若干年，医学史也会有另一番景象。

第11章 让地球转起来

1500年，欧洲对自然的了解程度，还不如公元前212年去世的阿基米德。

——A. N. 怀特海（A.N. Whitehead，英国科学史学家）

1543年5月24日，哥白尼（肖像见图11.1）躺在床上，由于脑溢血奄奄一息。这时有人将《天体运行论》（*De Revolutionibus Orbium Coelestium*）带到他的病榻前，让他看一眼，这本著作推迟了近30年才出版。在这本书中，哥白尼详细描述了一个以太阳为中心，行星以固定轨道围绕着太阳运行的天体系统。实际上哥白尼认为太阳是静止的，地球是在转动的（见知识框11.1）。

这一事件的背后有一个堪称整个科学史上最引人入胜的故事。这是一个关于非同寻常的错误、不负责任的行为以及宗教压制对科学的破坏性影响的故事。要正确看待这个故事，人们必须追溯到2300多年前。

大约在公元前3世纪，有一位希腊天文学家，名叫阿里斯塔丘斯（Aristarchus，约前310—前230）。他写了一部专著名为《论日月的大小和距离》（*On the Sizes and Distances of the Sun and the Moon*）。在此书中，阿

科学的曙光

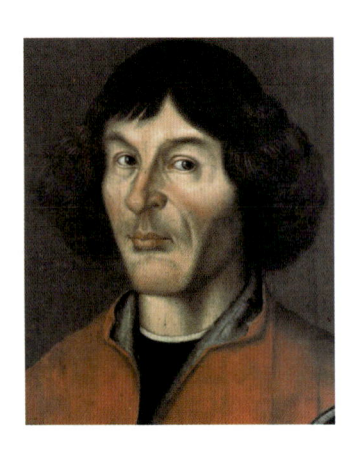

图11.1　哥白尼的肖像

哥白尼在其著作《天体运行论》中描述了一个以太阳为中心，行星以固定轨道围绕太阳运动的天体系统。事实上，这个日心模型是由生活在公元前3世纪的阿里斯塔丘斯早于哥白尼1800年前首次提出的！阿里斯塔丘斯的著作《论日月的大小和距离》，明确指出是太阳——而不是地球位于中心位置，所有的行星都围绕着太阳旋转。这部著作是古代经典，阿基米德和普鲁塔克都在他们的作品中提到过。对于科学界来说可悲的是，阿里斯塔丘斯被世界遗忘了！托勒密的地心说是一个比日心说复杂得多的体系，早在2世纪和3世纪（主要是受亚里士多德的影响）就占据了主导地位，并在文艺复兴后重新被提起。所以，可怜的哥白尼不得不从头再来一次！

里斯塔丘斯明确指出位于宇宙中心的是太阳而不是地球，所有行星都围绕太阳旋转。这本书成了古代的经典著作，阿里斯塔丘斯被认为是那个时代最重要的天文学家之一。阿基米德（公元前3世纪）和普鲁塔克（1世纪）都知道阿里斯塔丘斯的著作，并在自己的作品中提起过他。"因为，阿里斯塔丘斯认为固定的恒星和太阳是不可移动的，是地球围绕着太阳旋转……"阿基米德写道。"……天空是静止的，但地球在倾斜的轨道上旋转，同时也绕着自己的轴线旋转"，普鲁塔克在书中也引用过希腊天文学家阿里斯塔丘斯的观点。

　　令人难以置信的是，阿里斯塔丘斯被世界遗忘了！托勒密的地心说是一个更为复杂且没有任何审美吸引力的体系，早在2世纪和3世纪就占据了主导地位。之后，在"黑暗时代"，阿里斯塔丘斯的学说更加没有复兴的希望。后来，当欧洲经历文艺复兴时，人们希望正确的思想能重新浮出水面。但连续几个世纪，亚里士多德的思想在宗教教条和神学解读的助力下，完全压制了真理。虽然从逻辑上讲，从阿里斯塔丘斯到哥白尼（或者从希波克拉底到维萨里，甚至从阿基米德到伽利略）都只有一步之遥，但欧洲花了几个世纪的时间才迈出了这一步。正如英国科学史学家A. N. 怀特海所言："1500年，欧洲对自然的了解程度，还不如公元前212年去世的阿基米德。"教条思想对科学发展的影响如此强烈。

哥白尼的著作出版也是一个有趣的故事。1473年哥白尼在波兰东部的托伦出生，他的父亲在他很小的时候就去世了。此后，哥白尼的叔叔把他抚养成人，给哥白尼提供了良好的教育。1496年，哥白尼搬到意大利，学习了十年的医学和教会法。他就是在这期间开始对天文学感兴趣的！

当时，行星的位置是用托勒密开发的体系计算出的。尽管这个体系的细节性很强，但由于这个体系的复杂性（以及数学计算的痛苦程度），计算出的结果并不准确。尽管后来的天文学家进行了几次专门修正，但行星的预测位置与观测位置还是相去甚远。哥白尼想到，如果采用日心体系，即以太阳为中心的体系，计算过程就可以大为简化。

哥白尼的天才之处在于他最终将这个想法付诸实践，并精心设计了新模型的各种细节。但哥白尼因为不擅长观测，只能依靠别人的观测结果。（哥白尼的观测仪器还不如 2000 年前亚历山大港使用的仪器准确，甚至连自己观测点的地理坐标都能弄错！）

哥白尼立即意识到，他的模型可以解释托勒密所不能解释的几个问题。哥白尼一定意识到了，可能他的模型才是正确的——如果是地球在移动，那么与此相关的一切问题便都能解释得通了（见图11.2）。但哥白尼犹豫是否要将这一发现公之于众，因为他很清楚这可能会让他在教会中惹上麻烦。

哥白尼亲自分发的一份私人手稿引起了欧洲学者的极大兴趣，最终哥白尼的崇拜者和学生——德国数学家乔治·莱提库斯（Georg Rheticus，1514—1574）——说服哥白尼将手稿整理出版。莱提库斯还提出了一个相当聪明的想法，即在出版时声明此书为献给教皇保罗三世（Pope Paul Ⅲ）而作，以防遭到教会的反对。哥白尼同意了，并委托莱提库斯去做这件事。

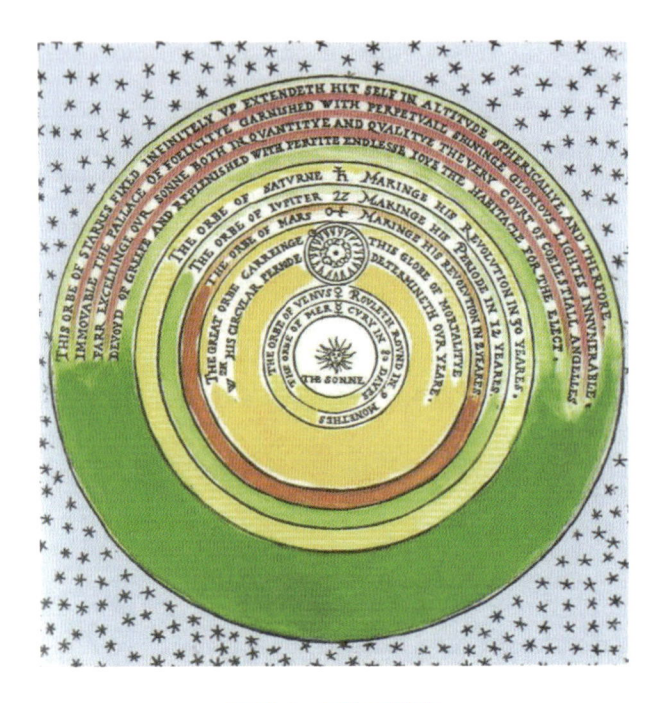

图11.2　哥白尼宇宙

在哥白尼宇宙［由托马斯·迪格斯（Thomas Digges）绘制于1576年］中，太阳位于中心，月亮绕地球运行。恒星不是位于一个固定的球体上，而是分布到无限远的地方。

不幸的是，莱提库斯不得不提前离开小镇，他将印刷工作委托给了路德教会的奥西安德（Osiander，1498—1552）。早些时候，马丁·路德曾表示强烈反对哥白尼——这说明宗教改革者并不总是支持科学进步，奥西安德于是决定谨慎行事，建议在书的前面增加一篇序言。这篇序言表达的观点是，书中描述的体系仅仅只是一个数学设想，并不一定能代表事实。其中明确写道:"……这些假设不一定是真的,甚至不一定是可能的。"历史学家至今仍不能确定哥白尼本人是否同意添加这篇序言。但如果哥白尼真的同意这个方案,那也不足为奇,因为他一直是个识时务的人。另外,最后出版的书中没有任何地方提到对莱提库斯的感激——这深深地伤害了莱提库斯的感情。终于,这本著作在添加序言后,得以出版。

知识框11.1:线索、掩盖和高潮

在天体的运动中,有明显的迹象表明存在一个日心体系。不幸的是,托勒密及其追随者都没有足够的勇气沿着这些线索追踪下去。

自阿里斯塔丘斯时代(大约公元前3世纪)起,就可以估算出太阳(相对于地球)的大小。虽然阿里斯塔丘斯得出的实际数字是错误的,但很明显,太阳比地球大得多。因此,认为太阳绕着地球旋转,而不是地球绕着太阳旋转,这个想法是相当奇怪的。

此外,在对行星轨迹的观察中,发现了一些奇怪的现象。水星和金星总是在日落后或日出前,在靠近太阳的地方出现,而在夜间从未在头顶上出现过。其他三颗行星,火星、木星和土星,每隔一段时间就会呈现出不规则的运动模式。它们朝一个方向移动一段时间,就会在轨道上停下来,然后变为向后移动(称为"逆行运动")!如果行星是围绕着静止的地球移动,这些特征就很难以自然的方式去理解。

众所周知,金星的亮度和视大小[①]会发生周期性的变化——如果金星

[①] 即视直径,也就是肉眼看见的物体的视角。单位为度、分、秒。视直径越大,就说明我们眼睛看到的物体就越大。物体视直径的大小和物体到我们眼睛的距离以及物体的真实大小有关系。物体越大距离眼睛越近,视直径就越大,反之就越小。天文学中可通过视直径和星体的实际直径来计算星体的距离。——译者注

是以恒定的距离绕地球运行,则不应该发生这种情况。

假设行星按水星、金星、地球、火星、木星和土星的顺序围绕太阳旋转,所有这些问题都会立即迎刃而解。因为水星和金星的轨道比地球的轨道更接近太阳,所以它们永远不会在夜间出现在头顶上。其他三颗行星的逆行运动也很容易解释:如果地球围绕太阳旋转的速度比这三颗行星快,那么地球每隔一段时间就会"超过"它们一次,这时站在地球上观测时,这些外行星[①]看起来就是在倒退了(见图11.3)。此外,由于地球和金星之间的距离变化很大,金星的外观自然会周期性地改变。

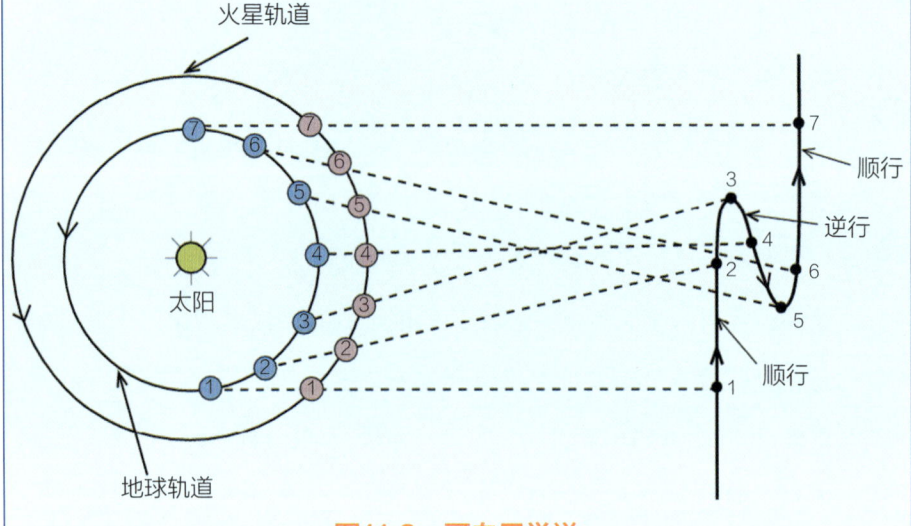

图11.3 哥白尼学说

一些行星"逆行"运动的起源,以火星为例。由于地球绕太阳旋转的速度比火星快,地球的轨道运动有时会超过火星。从地球上看,火星似乎会在天空中相对于地球"向后"移动。

希腊人拥有这张拼图的所有小碎片,但是却拒绝把它们拼凑成完整的一块。亚里士多德关于圆周运动的概念是如此根深蒂固和教条化,以

[①] 外行星就是在地球运行轨道外的其他行星,如火星、木星、土星等。——译者注

> 至于托勒密最终表示："我们相信天文学家的目标……是为了证明天空中的所有现象都是通过匀速圆周运动产生的。"为了证明这一点，托勒密不得不调用一个非常复杂的本轮体系，在这个体系中，天体围绕圆周运动，其中心本身也在其他圆周中运动，周而复始。
>
> 哥白尼的学说可以一举解决上述所有问题，他唯一的错误是仍然顽固地坚持圆周运动，因此，哥白尼的模型依然需要靠本轮来运转。历史学家似乎对不同的人使用的本轮数量看法不一。作为复杂性的衡量标准，托勒密体系中的本轮数为80，哥白尼的模型中的本轮数仅为34。最多的本轮数量出现在20世纪60年代出版的《大英百科全书》（*Encyclopedia Britannica*）中的天文学部分：每个行星都被认为需要40—60个本轮来代表其轨道。这让天文学爱好者卡斯蒂利亚国王阿方索十世（Alfonso X）感到非常震惊。他评论道，如果当时他在场，可能会给出更好的建议。计算本轮的一个主要困难是，历史学家查阅了中世纪和文艺复兴时期关于托勒密天文学的书籍，没有发现任何关于一个行星使用多个本轮的明确记录。这一特征一直保留到开普勒将圆形轨道改为椭圆形轨道，才终于结束了亚里士多德教条学说的深远影响。

哥白尼的这本著作非常难读懂，销量也很差。同时期其他几本关于行星理论和天文学的著作，在德国轻松达到100次再版，而哥白尼的书仅在印刷一次后就停印了。尽管如此，人们也不能否认它是科学上的一个重要事件。哥白尼的学说立即被制作行星表、希望理顺天体秩序的人所采用。更为重要的可能是，哥白尼的学说至少影响了一些后来的思想家，让他们得以摆脱宗教教条，重新思考。正是这种自由思想的复兴最终引领了欧洲的科学革命。

第12章 对数：幕后英雄

"尊敬的阁下，我不远千里特意来到此处拜访您，我非常佩服您的聪明才智，您不愧是推动天文学发展的第一人。"这是苏格兰贵族亨利·布里格斯（Henry Briggs，1561—1630）第一次见到对数的发明者约翰·纳皮尔（John Napier，1550—1617，见图12.1）时，对他的问候。对数的确是一项非常有实用价值的发明，不仅在天文学领域，在其他需要大量计算的科学领域也是如此。在电子计算设备出现之前，对数给科学家带来了很大的帮助。然而，意识到这一点的人并不太多。

图12.1 对数的发明者约翰·纳皮尔的肖像

对数用加法代替了乘法，用减法代替了除法，这为科学工作者节省了大量时间和精力。特别是那个时期的天文学家往往将大部分时间花在常规的枯燥计算上，而这些又是计算行星轨道所必需的。对数的出现大大减轻了他们的负担。拉普拉斯评论说，对数的发明实际上"使天文学家的寿命延长了一倍"！

这个高明工具的发明者约翰·纳皮尔是一个相当神秘的人物（见知识框12.1）。他出生于苏格兰贵族阶层，年轻时曾广泛游历欧洲各地。当时，欧洲处于完全混乱之中，被分裂为不同的交战阵营。这影响了纳皮尔，他写了一本书，名为《圣约翰启示录的一个简单发现》（*A Plaine Discovery of the Whole Revelation of Saint John*），长篇大论地抨击罗马教会。这本书大受欢迎，纳皮尔也因此坚信他将因为自己的宗教观点在历史上拥有一席之地。幸运的是，人们现在能记得纳皮尔，是因为他还做出了更有意义的贡献。

知识框12.1：约翰·纳皮尔的另一面

1593年，纳皮尔写了一本名为《圣约翰启示录的一个简单发现》的书，表达他反对罗马教会的反天主教观点。在这本书中，他猛烈抨击天主教会，并敦促苏格兰国王詹姆斯六世（James Ⅵ，后来成为英格兰国王詹姆斯一世）清除其宫廷中所有的"天主教徒、无神论者和新教徒"。

这本书一夜之间成为畅销书，被翻译成多种语言，出版过21个版本，其中10个版本在纳皮尔生前出版！纳皮尔对宗教事业如此狂热，他坚信将靠这本书在历史上——留名。

大约在这个时期，苏格兰天主教伯爵试图在反对苏格兰新教的过程中获得西班牙国王的支持。纳皮尔则花了相当多的时间设计各种精密的战争机器，用来对付西班牙的菲利普二世，以防他攻击苏格兰！一份日期标为1596年6月7日的文件，题为《有助于保卫本岛、抵御外来入侵的秘密发明》，于1596年7月转交给英格兰王国，其中描述了纳皮尔正在研究设计的4种武器。

第二支西班牙无敌舰队从未起航驶向英格兰海岸，约翰·纳皮尔的

> 武器也一直停留在了图形绘制和文字描述阶段，按照他的指示，在他死后不久就销毁了。

考虑到纳皮尔花在宗教事务上的时间，他居然还能有时间和精力去思考数学问题，这令人相当惊讶。纳皮尔特别关注乘法和除法所涉及的运算量。事实上，他那个时代的大多数科学家都把工作中的大部分时间花在了常规的枯燥计算上，对于制作行星表等涉及天文计算的尤其如此。对数的发明彻底改变了这种局面；它用加法代替乘法，用减法代替除法！正如拉普拉斯（Laplace，1749—1827）多年后指出，对数有效地"使天文学家的寿命延长了一倍"。

伟大发明背后的概念往往非常简单，对数也是如此。要理解其基本概念，请思考：$2^0=1$、$2^1=2$、$2^2=4$、$2^3=8$、$2^4=16$、$2^5=32$，依此类推。例如，计算数字4和8相乘的结果时，因为4是2^2，8是2^3，所以乘积可以表示为$4 \times 8 = 2^{2+3} = 2^5$。已知$2^5$等于32，这样立刻就能得出答案。其中最关键的一点是，两个数字4和8的乘法被简化为上标2和3的加法。

现在假设你有一个查找表，所有数字都用2的幂来表示。例如，数字17可以非常准确地表示为$2^{4.087}$，19可以表示为$2^{4.248}$（4.087是以2为底17的对数）。因此，要计算17乘以19，你只需要将两个幂相加（4.087+4.248），得到8.335。19×17 的结果是 $2^{8.335}$，即 323。当然，为了实现这个想法，你需要一个详细的表格，将所有的整数都表示为2的幂。一旦有了这样一张表格，你就可以轻松计算出任何两个数字相乘或相除的结果，只需要用一个指数加上或减去另一个指数就可以了。这节省了人们大量的时间和精力。

以上说明使用数字2作为底数来表示所有其他整数。你也可以用其他任何正数来替换2。出于相当复杂的数学原因，纳皮尔使用了一个常数的倒数，通常用字母 $e \approx 2.718$ 来表示。这个常数在高等数学的所有分支中都起着至关重要的作用，事实上，它被称为"自然对数的底"。

一种理解数字e的方法如下：假设你在一家银行存入1欧元，且该银行愿意给你令人难以置信的100%年利率（没有一家银行会给出这么高的利率，这是为了让计算变得简单），然后，到了年底，你的本金就会翻倍。也就是说，本金将变为之前的2倍。假设银行为了更好地帮助你，决定每半年计算一次利息，即每6个月计算一次，然后在6个月结束时，你将拥有 $[1+(\frac{1}{2})]$ 欧元，在一年结束时你得到的本金将增长到 $[1+(\frac{1}{2})] \times [1+(\frac{1}{2})] = [1+(\frac{1}{2})]^2$ 欧元。因此，你的本金将在年底增长到 $[1+(\frac{1}{2})]^2 \approx 2.25$ 欧元。现在想象一下，如果银行每4个月计算一次利息，你会得到 $[1+(\frac{1}{3})]^3 \approx 2.37$ 欧元。如果银行每三个月计算一次利息，你就会得到 $[1+(\frac{1}{4})]^4 \approx 2.44$ 欧元。如果每月计算利息，你会得到 $[1+(\frac{1}{12})]^{12} \approx 2.61$ 欧元，每周计算利息你会得到 $[1+(\frac{1}{52})]^{52} \approx 2.69$ 欧元，每天计算利息你会得到 $[1+(\frac{1}{365})]^{365} \approx 2.71$ 欧元（见表12.1）。

表12.1　自然对数的底数e

n	$\left(1+\frac{1}{n}\right)^n$
10	2.593742
100	2.704814
1000	2.716924
10000	2.718146

在计算复利时，对自然对数的底数 e 可以这样解释：如果一家银行给你100%的年利率，但在一年中多次结息，那么你的存款会显著增长，但不会无限增长。即使银行是即时计算利息的，你年底所收获的本息总和，最多也只会是你本金的e倍。

现在，这个模式应该很清楚了。如果将一年分成 n 等份，并在这 n 等份的每一阶段结束时计算复利，那么你将在年末得到 $[1+(\frac{1}{n})]^n$ 的金额。你会发现，n 的值越大，这个金额也会越大，但它会越来越接近一个特定的数值（图12.2）。当把 n 取为任意大时，得到的数字用 e 表示，e 被认为是自然对数的底数。这个数字的近似值为 $e≈2.718268$（精确到小数点后六位）。

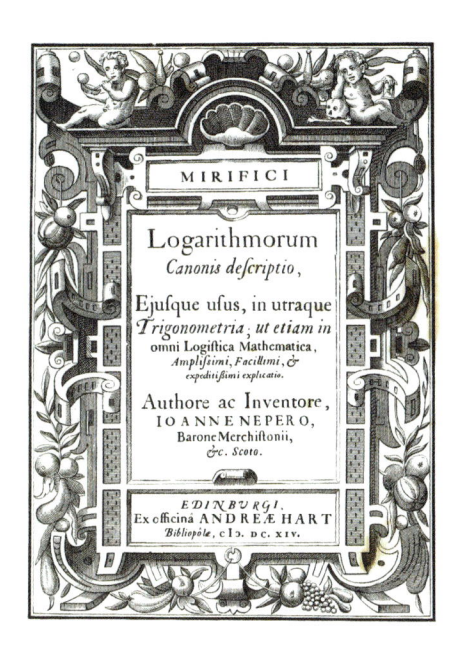

图12.2　纳皮尔出版于1614年的书《奇妙的对数定律说明书》的扉页

纳皮尔花了二十多年时间设计对数理论。在这本书中，纳皮尔发明了计算对数的方法，还提供了在天文计算中大量使用的弧长正弦、切线和割线的对数。这本书在科学界引起了极大的关注，并广为流传。

1614年，纳皮尔在一本名为《奇妙的对数定律说明书》（*Mirifici Logarithmorum Canonis Descriptio*）的小册子中公布了他的发明（见图12.3），其中还包含一个表格，给出了连续弧分的角度正弦的对数（这是天文计算所需的最重要的数值）。这本书一出版就引起了广泛关注。在科学史上，很少有其他新发现也能受到如此热烈的欢迎。纳皮尔的发明很快被科学家采用，不仅在欧洲，还一直传到了遥远的中国。开普勒就是采用对数的人之一，他在计算行星轨道时使用了对数。

消息传得很快，就在一年后，数学教授布里格斯不远千里从伦敦前往爱丁堡（那时候算是相当远距离的旅行了）拜访纳皮尔。他们见面后，布里格斯说服纳皮尔用10代替$\frac{1}{e}$作为对数的底数更为适合。换句话说，所有的数字都应该用10的幂来表示。因为$100=10^2$，$1000=10^3$，所以以10为底的100的对数是2，1000的对数是3；100到1000之间的任何数字的对数都可以用2和3之间的数字来表示。

布里格斯在返回伦敦后立即开始着手制作这样一个表格，并于1624年出版了他的《对数算术》（Arithmetica Logarithmica）一书，其中包含了从1到20000和从90000到100000的所有数字的对数（精确到小数点后14位）。后来，荷兰书商阿德里安·弗拉克（Adrian Vlacq，1600—1666）填补了20000到90000之间的空白。这些表格使用了近三个世纪，直到20世纪40年代左右才被精确至小数点后20位的表格所取代。

同时，在17世纪20年代，英国数学家奥特雷德意识到，通过制作一个简单的机械装置，甚至可以省去查找对数表的过程。这个装置由两个滑动标尺组成，其中数字的标记方式是：数字与标尺左端的距离在数值上等于该数字的对数。这样，只需在一个标尺上滑动另一个标尺，就可以对数字进行乘法和除法计算了。这个名为"对数计算尺"的简单小工具，为工程界和科学界人士提供了莫大的帮助（见图12.3）。

纳皮尔还对数学的其他分支做出了贡献。例如，纳皮尔完善了人们现在经常使用的十进制记数法；荷兰数学家西蒙·斯蒂文（Simon Stevin，1548—1620）早些时候就提出了小数的概念，纳皮尔将小数符号紧凑化，更加便于人们使用。

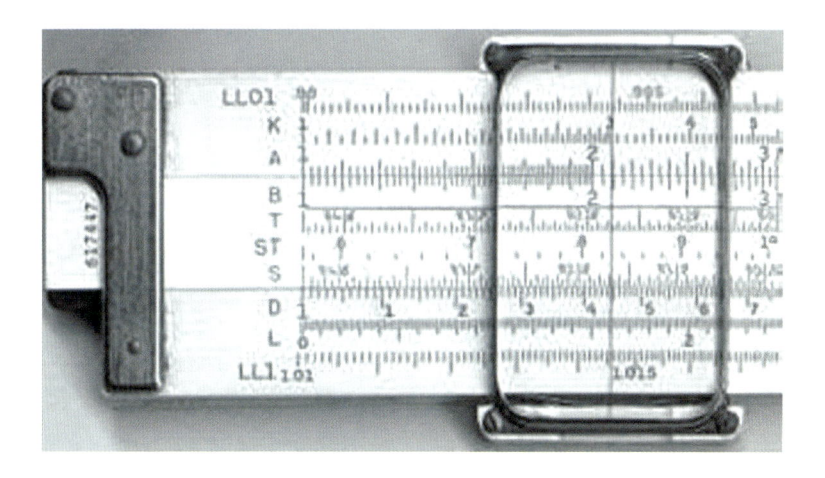

图12.3　对数计算尺

利用对数特性制作的计算尺在被计算器取代之前，一直是工程师和科学家的好帮手！

顺便一提，有证据表明，瑞士钟表制造商约斯特·布吉（Jost Burgi，1552—1632）早在1588年就发现了对数的概念，比纳皮尔开始研究对数还早了六年。布吉用一种不同于纳皮尔的方法制作了一张反对数表。但出于某种原因，布吉直到1620年才在布拉格匿名发表了这张表。开普勒在他的《鲁道夫星表》（*Rudolphine Tables*）导言中，毫不客气地批评了布吉的做法："……约斯特·布吉早在纳皮尔之前很多年就发现对数可作为数学计算的辅助工具，但作为一个懒散又沉闷的人，布吉非但没有为了公共利益考虑及时公布这一发现，反而从一开始就抛弃了它。"今天，除了科学史学家，没有人知道布吉的存在（见知识框12.2）。

知识框12.2：科学的好帮手

虽然让人感到不可思议，但曾经有一段时期人类没有任何电子计算设备可以使用！对数计算尺作为使用对数进行计算的得力工具，能够帮助工程师完成工作中所需进行的复杂计算——从双螺旋到波音飞机!

1622年左右,奥特雷德设计了第一款对数计算尺。他用了两个带有对数标记刻度的滑尺,通过在一个滑尺上滑动另一个,就可以进行乘法和除法运算。1675年,牛顿在这款计算尺上增加了一个玻璃游标,这个设计一直沿用了几十年。1683年,托马斯·埃弗拉德(Thomas Everard)又在牛顿设计的滑尺的基础上进一步改良,制作出"测量尺",主要用于酒桶容积的测量与计算,从而得出酒类应缴纳的关税金额!

虽然原理很简单,但计算尺经历了几番修改,设计出各种满足专门用途的样式。1625年至1800年,在纳皮尔发明出第一款计算尺后的175年内,有近40种不同的计算尺诞生,包括圆形和螺旋形计算尺。在接下来的100年里,后人又设计制作出250种不同的计算尺。技术史学家估计,仅在20世纪就制造了约4000万个计算尺。

计算尺作为一种机械装置,使用起来不用担心发生电力故障或电池耗尽,即便在今天,许多水手仍把计算尺作为海上导航的备用工具,尤其是在长时间航行的情况下!从人类建造帝国大厦到登陆月球,这些工作的背后都少不了计算尺的支持。

这一切都从根本上证明了对数的影响力。

第13章　漫游者之路

丹麦贵族奥特·布拉赫（Otte Brahe，1518—1571）是赫尔辛堡城堡的总督。1540年左右，布拉赫答应他的兄弟约尔根（Joergen），如果自己有了儿子，可以过继给约尔根来收养。1546年，布拉赫果真生了个儿子，但他却食言了。约尔根耐心等待，一直等到布拉赫的二儿子出生，约尔根立即绑架、"收养"了布拉赫的大儿子。

这个孩子就是第谷·布拉赫（Tycho Brahe，1546—1601，见图13.1）。在望远镜还没有发明出来的那个时代，第谷是观测天空最准确的天文学家。第谷很小的时候，养父约尔根就去世了，留给他一大笔遗产。[约尔根为了营救落水的丹麦国王弗雷德里克二世[1]（Frederick Ⅱ，1534—1588），跳入河中，虽然最后成功地把国王救了上来，自己却因此染上肺炎，因病去世了。]

---

[1] 原书此处为"Ferdinand Ⅱ（斐迪南二世）"（1578—1637），疑为有误。斐迪南二世为神圣罗马帝国皇帝；Frederick Ⅱ（弗雷德里克二世）才是奥尔登堡王朝的丹麦和挪威国王（1559—1588年在位）。后文"图13.1"注释以及将文岛赐予第谷的描述中提到丹麦国王时名字也是"Frederick Ⅱ（弗雷德里克二世）"。——译者注

科学的曙光

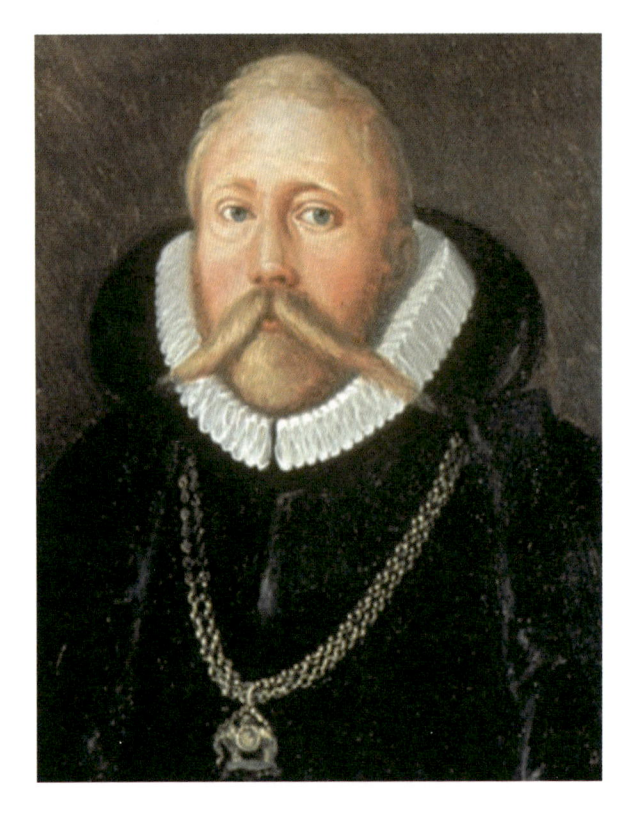

图13.1　第谷·布拉赫（1546—1601年）的肖像

第谷是一位天文学家，他对天空的观测在望远镜发明之前是准确度最高的。第谷在其出版于1573年的著作《论新星》中描述了一颗新的恒星——人们现在知道它是一颗超新星（见知识框13.1）。这颗新星位于仙后座附近，第谷发现它在众多恒星之中看起来比木星更明亮也更遥远。这沉重打击了当时人们普遍认为天空不会改变的陈腐观念，也让第谷获得丹麦国王弗雷德里克二世的赞助。除了必要的资金支持，国王还将文岛赐予第谷，让他在上面建造一座天文台。第谷充分利用了这座天文台。

1566年，第谷·布拉赫进入罗斯托克大学学习数学和天文学①。在校期间，第谷与丹麦贵族曼德鲁普·帕斯伯格（Manderup Parsberg）于1566年12月进行了一场决斗，结果第谷的鼻子被剑削掉一部分。在此之前，第谷曾两次与曼德鲁普发生争吵，最终决定以一场决斗解决问题——历史学家尚不清

---

① 原书此处为"medicine"（医学），疑为有误。根据罗斯托克大学官网上的介绍，1566年第谷入学后学习的是数学和天文学。——译者注

楚他们争论的问题究竟是什么。第谷在这场（在昏暗的光线中进行的）决斗中失去了鼻梁，额头上也留下了一道很粗的疤痕，但他事后还是与曼德鲁普和解了。第谷虽然获得了最好的治疗，但从此以后不得不戴个假鼻子。据说这个假鼻子由金银合成，用胶粘在脸上固定。（2010年第谷的遗骸出土，2012年11月丹麦和捷克的研究人员从他的假鼻子上取了一小块样本进行化学分析，发现其制作材料其实是黄铜！）

第谷虽然失去了鼻子，但获得了优质的教育，还迷上了天文学。从学生时代起，第谷就经常观测夜空，并做了详细的记录。1563年8月，第谷迎来自己人生中的关键转折点，他观测到了木星合土星[1]——即木星和土星看起来非常接近的现象。第谷沮丧地发现，当时所有的历书对这一现象的预测都大错特错。这让第谷确信，要想得到更精准的观测结果，就必须使用更好的仪器——他决心要完成这个任务。第谷游遍欧洲，寻得了必要的仪器，于1571年在斯堪尼亚建立了一个小型天文台。

1572年11月11日，第谷在仙后座附近发现了一颗新星，这绝对是他一生仅有一次的机会。这颗新星比木星还要明亮，在1572年11月16日左右达到最亮，一直持续到1574年年初仍然肉眼可见，之后逐渐暗淡下去，慢慢消失在视野中。第谷观察到这颗新的天体相对于恒星没有日运动[2]（称为"视差"[3]），说明它的距离至少与月球和有视差的行星一样远。所有的行星（包括无法观测到日视差的带外行星[4]）都会因其轨道运动，相对于恒星显示出位移，但第谷发现这颗新星的位置在几个月的时间内相对于恒星都没有

---

[1] 两个行星运行到同一赤经或黄经上，这一天象叫行星相合。由于木星的轨道靠内，土星的轨道靠外，木星更接近地球，因此木星在夜空中的视运动速度快于土星，就会发生木星合土星这一天文现象。——译者注
[2] 日运动——太阳系中的天体在天球上相对于恒星背景每天的位移。——译者注
[3] 视差——天体方向因在不同位置观测引起的差异。——译者注
[4] 带外行星——轨道在小行星带以外的行星。——译者注

科学的曙光

变化，这说明它并不是行星，而是一颗恒星。简言之，第谷通过严谨的观测发现这颗发光体距离地球非常遥远，位属恒星之列。

第谷将这个结论写在1573年出版的著作《论新星》（*De Nova Stella*）中［见图13.2（A）］，严重打击了当时占主导地位的教条学说。当时人们普遍接受的是亚里士多德学派的理论，认为所有的变化和衰变都只局限于地球，恒星的领域则是永恒不变的。因此一颗新恒星的出现给这个理论带来了沉重的打击。

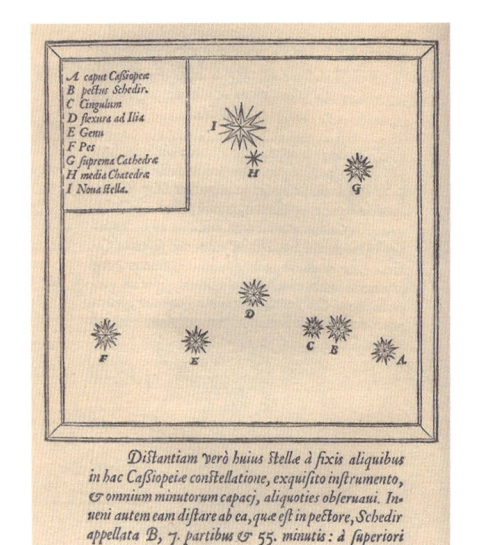

（A）　　　　　　　　　　　　　　（B）

图13.2　第谷超新星

图（A）为：第谷·布拉赫《论新星》中的恒星图，显示了1572年超新星在仙后座的位置（标记为I）。标记为A到H的物体是属于同一星座的已知恒星。第谷在他的著作《论新星》中描述了1572年的超新星（现在被称为"第谷超新星"或SN 1572）。这本书中既有第谷自己的观测，也有许多其他观测者的分析。第谷虽然可能不是第一个观测到SN 1572超新星的人，但他的观测可能是最准确的。超新星的观测也打击了亚里士多德关于恒星域中不会发生改变的教条学说。图（B）为美国国家航空航天局的广域红外探测器任务最新传回来的图像（2010年），在其中可以看到超新星遗迹。图（B）左上角的红色圆圈即表示SN 1572，又名"第谷超新星"。

我们现在已经知道了，那是一颗超新星，产生于大质量星[①]在其演化末期的大爆炸之中。超新星爆炸是天空中最明亮的事件之一。截至目前有历史记录的肉眼可见的超新星共有8颗，仙后座的这颗就是其中之一，它于1572年11月初出现，地球上的几个大陆都能观测到。在英国，伊丽莎白一世女王（Queen Elizabeth Ⅰ）请数学家兼占星家托马斯·艾伦（Thomas Allen，1542—1632）"谈谈他关于仙后座中出现的新星的看法，艾伦很有学问地作出了判断"。约一个世纪后，约翰·奥布里（John Aubrey，1626—1697）在其备忘录中记述了这个故事。

知识框13.1：超新星——范式破坏者

大质量星的生命结束于一场壮丽的大爆炸，这就是"超新星"——天空中最迷人的视觉盛宴之一。银河系中的超新星可以达到极其明亮的程度，有时比金星还要明亮，有些在白天也能看到。超新星的出现往往出人意料，即使今天人们对超新星已经有了相当程度的了解，也难以对其进行准确预测。超新星的亮度在几个星期之内就能达到最高，然后逐渐消失。它们在银河系中出现的频率很小，大约每个世纪只有两次。

在银河系中，通过肉眼总共观测到过8颗超新星。追溯历史，关于超新星最早的书面记录是公元185年中国天文学家在夜空中发现的一颗"新星"，位于圆规座和半人马座之间，持续发光8个月。天文学家现在认为它可能就是超新星，其残骸被编号为 SN 185。

另一颗超新星SN 1006可能是有史以来最明亮的，SN1006于公元1006年出现在豺狼座，亮度峰值达到金星的16倍以上，全球各地的观察者对

[①] 大质量星——质量超过10～20倍太阳质量的恒星。——译者注

它都有记录，包括中国、日本、伊拉克、埃及和欧洲，可能还出现在北美岩画中。还有一个著名的超新星是SN 1054，其残骸被称为蟹状星云，是人们研究的最多的天体之一。1054年7月4日，中国天文学家首先观测到了它，在之后大约两年的时间里都一直可见。还有一件有趣的事值得一提：大自然可真是不偏不倚，让第谷和开普勒都观测到了超新星。在第谷发现超新星几十年后，开普勒也观测到了位于蛇夫座的SN 1604——这真是个罕见的巧合。

第谷发现的超新星打破了亚里士多德关于天空完美不变的范式。近400年后，天文学家通过哈勃望远镜对遥远的超新星进行观测，又引发了另一个重大的范式转换，即天文学家发现宇宙不仅在膨胀，而且膨胀的速度越来越快，也就是说，膨胀率本身在增加！宇宙的加速膨胀说明一定有宇宙学家称之为"暗能量"的物质存在，暗能量的性质至今依然令人费解。

第谷也因发现超新星获得了王室的赞助。丹麦国王弗雷德里克二世给了他必要的资金支持，还将文岛赐予第谷，让他建造一座天文台。天文台的建造工艺非常高超（见图13.3），第谷充分利用这座天文台进行了非常准确的观测。可以这样比较——托勒密的观测值精确到了10弧分，而第谷的观测值则精确到了2弧分！

1577年，一颗巨大的彗星划过天空，第谷仔细追踪了它的轨迹。他的测算结果再次证实了以下两个事实：（1）彗星与地球的距离比月球与地球的远得多；（2）彗星的路径明显不是圆形。这些结果进一步打击了亚里士多

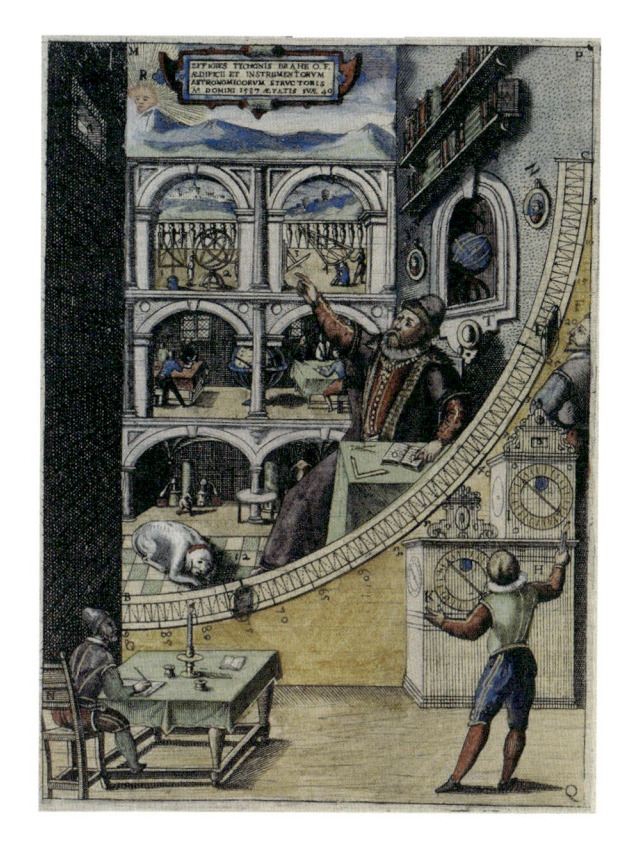

图13.3　第谷的天文台

第谷在文岛上的天文台采用的工艺水平非常高,有助于对天体进行非常精确的观测。第谷对他那个时代几乎每一项天文测量都作了改进。例如,第谷以非常高的精确度观测了天空中行星的运动,尤其是火星的运动。这对开普勒来说非常重要,他利用第谷的数据发现了行星运动的正确规律,制作出正确的模型。第谷还确定了一年的长度,几乎精确到秒,这在后来的历法改革中派上了用场(见第21章)。

德学说的权威。

第谷对他那个时代所有已知的天文测量结果进行了改进。例如,他以前所未有的精准度对行星的运动进行了观测,尤其是火星。他还将一年的长度几乎精确到了秒,这对历法改革有重大影响。

1588年弗雷德里克二世去世后,第谷的好运也随之而去。他与新国王、贵族以及神职人员发生冲突,不得不放弃天文台去国离乡,最终在鲁道夫二世①（Rudolf Ⅱ）的庇护下定居布拉格。正是在布拉格，第谷完成他一生中最重要的发现——开普勒。

开普勒和第谷的生活背景完全不同。开普勒出生于德国，父亲是个一无是处的雇佣兵，母亲总是爱吵闹，晚年还差点被当成女巫烧死在火刑柱上。开普勒本人体弱多病，性格忧郁，多亏当地公爵发现他智力超群，给他提供了奖学金，开普勒才能接受到良好的教育。

开普勒在图宾根大学完成学业后，接受了路德教牧师培训，后来一次偶然的机会，他成了奥地利格拉茨一所路德教学校的数学老师（上一任教师去世后，图宾根大学推荐开普勒担任这项工作）。作为天文学的学生，开普勒深受哥白尼学说的影响。他早期尝试将行星轨道与柏拉图多面体联系起来，虽然并不成功，但这让他和第谷取得了联系。1597年，随着宗教纷争在德国愈演愈烈，开普勒移居布拉格，开始在第谷的天文台工作。1601年第谷去世后，开普勒继承了第谷多年来积累的大量天文观测资料。

开普勒开始研究行星尤其是火星的运动规则。这项工作进展得并不顺利，一些简单的模型（使用圆形轨道，见图13.4）都以失败告终，开普勒（肖像见图13.5）最后得出以下结论："行星沿着椭圆轨道绕太阳运行，太阳位于椭圆轨道的一个焦点上"。开普勒根据第谷精准的观测数据排除了几个简单的模型，其中一些预测的位置与椭圆轨道模型仅相差8弧分——这种差异在托勒密时代是无关紧要的。

开普勒虽然以不太对称的椭圆轨道取代了圆形轨道，但他在行星运动中发现了另一种对称性。还是利用第谷精准的观测数据，开普勒得出以下结论"太阳和行星的连线在相等的时间内扫过相等的面积"（见图13.6）。开普

---

① 鲁道夫二世（Rudolf Ⅱ，1552—1612）是哈布斯堡王朝的神圣罗马帝国皇帝，文艺复兴艺术的忠实爱好者，促进了科学革命的发展。——译者注

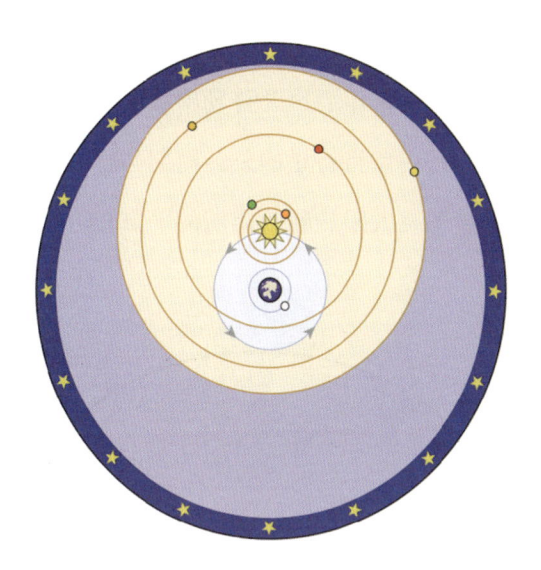

图13.4 在第谷的太阳系模型中，太阳围绕地球旋转，其他行星则围绕太阳旋转

图13.5 开普勒的肖像

开普勒在第谷极其精确的观测数据的基础上，发现了关于行星运动的三大定律。人类因为喜爱对称性，产生了很多关于天空的迷思，开普勒则打破了这样的一个迷思，他特别提出行星的运动轨迹应该是椭圆形，而不是圆形。1609年，开普勒在《新天文学》一书中发表了关于行星运动的前两大定律，这是科学史上的一个里程碑。关于行星运动的第三大定律，将行星的运动周期与它们和太阳之间的距离联系起来，这条定律发表在开普勒约1619年出版的一本著作里。

勒在1609年出版的著作《新天文学》（见图13.7）中发表了这两大定律，奠定了他在科学史上的地位。十年后，开普勒出版了一部充斥神秘主义色彩的著作，其中最有价值的是一条将行星的公转周期与它们和太阳之间的距离联系起来的定律："行星围绕太阳旋转的周期的平方和行星与太阳之间距离的立方之比是一个常量。"

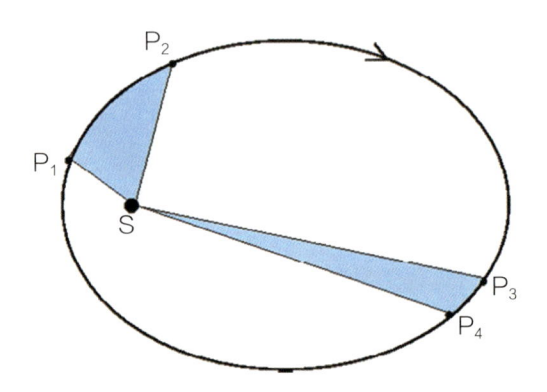

图13.6　开普勒行星运动第二定律示意图

两块蓝色区域的面积相等，行星从P_1到P_2的时间与从P_3到P_4的时间相等。

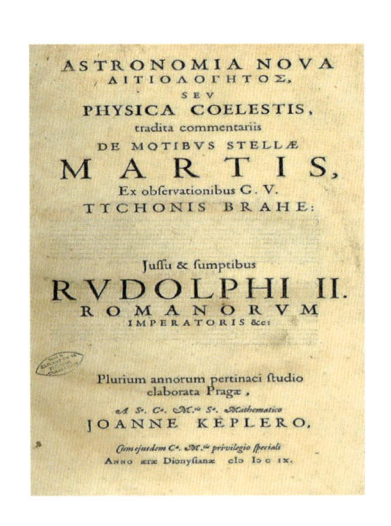

图13.7　开普勒于1609年出版的著作《新天文学》的封面

这本书中包含开普勒关于行星运动的三大定律中的前两个。

知识框13.2：椭圆轨道

行星运动的椭圆轨道属于一类被称为"圆锥曲线"或"圆锥截面"的曲线，最早研究这类曲线的是希腊几何学家阿波罗尼奥斯（Apollonius，活动于公元前3世纪）。阿波罗尼奥斯指出，当平面与圆锥体相交时，可以形成三种曲线，椭圆是其中唯一的闭合曲线（圆可以看成是椭圆的一种特殊情况）。

以下是对椭圆的一种更为直观的描述。如果一个人在移动时与点F和点S（如图）距离之和保持不变，其轨迹将形成一个椭圆。这两个固定的点被称为椭圆的"焦点"。当两个焦点重合时，椭圆就会变成圆；两个焦点距离越远，椭圆相对于圆来说就会越加扁长。

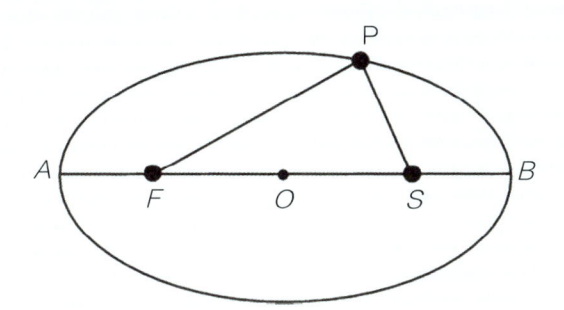

根据开普勒的定律，行星在椭圆轨道上围绕太阳运行，太阳位于椭圆的一个焦点之上。请注意，开普勒第二定律表明，行星从P_1移动到P_2所需的时间与从P_3移动到P_4所需的时间相等，说明行星在离太阳近时移动得更快，再次证明太阳对行星轨道有影响。

开普勒第三定律向一个新的方向迈出了重要的一步。通过将行星的轨道特点与中心物体太阳联系起来，几乎可以立即看出，太阳一定是导致行星运动的原因。这个线索虽然处处隐含在开普勒的著作中，但仍需要牛顿的才智，才能从中得出一个通行的定律。

1620年至1627年，开普勒根据第谷的观测数据和自己的行星轨道理论，制成了新的行星运动表。尽管财务困难、战乱频仍、宗教环境动荡，这些图表最终仍得以在1627年出版，被命名为"鲁道夫星表"，以此纪念开普勒的第一位资助者，同时也向第谷致敬。顺便提起：如果开普勒没有使用对数（见第12章），这些图表中数据的计算将花费他更长的时间！鲁道夫星表中也包含了一组对数。就这样，天空中的轨迹终于被理顺了。

第14章　伽利略与动态世界

几乎就在开普勒完善行星运动定律的同时，有一个人正在为理论力学奠定基础，他就是伽利略（见图14.1）。

1564年2月15日伽利略出生于意大利的比萨。伽利略的父亲想让他成为一名医生——主要是因为在当时医生的收入很高。伽利略是因为偶然听到的一场几何讲座，决定转而学习数学，后来又学了物理。

伽利略的第一个发明是比重秤，关于这个发明他在1586年写过一篇小论文，随后又在1589年出版了一本关于固体重心的著作。伽利略因为这些著作在意大利学术圈享有一定的声誉，还获得了托斯卡纳公爵费迪南德·德·美第奇（Ferdinand de Medici）的资助，以及比萨大学数学讲师的职位。后来，他于1592年成为帕多瓦大学的数学教授，在那里一直工作了18年。（顺便提一下，伽利略在帕多瓦大学任教时，有一个学生名叫哈维，他于1602年在帕多瓦大学获得医学学位，后来发现了血液循环，参考第15章。）

科学的曙光

图14.1 伽利略（1564—1642年）的肖像

伽利略的贡献与另外三位物理学家齐名：阿基米德、牛顿和爱因斯坦。

可能正是在这段时间内，伽利略对运动的性质和起因等基本力学问题进行了研究（尽管发表研究结果的时间比他研究完成要晚得多）。当时，亚里士多德关于物体运动的理论仍然占据主导地位，认为需要一定的外力来维持物体的运动状态，即便匀速运动也是如此。亚里士多德的追随者认为，开弓射箭后箭之所以能够向前移动是因为受到其背后空气推动的作用。人们还认为物体以稳定的速度从高处坠落，也就是说，物体在坠落的过程中在相同的时间内经过的距离相等。物体越重，坠落的速度就越快，即较重的物体会比较轻的物体更快地落到地面。

伽利略用实验证明以上结论全部错误。几百年前其实任何人都可以做这样的实验，但他们没有。事实上，伽利略发现物体的位移与运动时间的平方成正比。也就是说，如果物体在第一秒内下降5米，那么它在第二秒结束时下降的距离是20米，而不是仅仅10米。

伽利略的所有发现中，最了不起的一点是他使用的方法。伽利略认为解决问题最好的方法是直接观察！但当时并没有精准的计时设备，很难获得准确的观察数据。伽利略通过一个巧妙的设计解决了这个问题。他让物体沿一个平滑的斜面滚动，而不是垂直下落。物体运动的速度在斜面上大幅减慢，这样伽利略就可用自己的脉搏跳动作为时钟来计时了！（奇怪的是，伽利略虽然知道钟摆是一种可以保持稳定周期的仪器，但不知为何，他从未想到过用钟摆来设计时钟。）伽利略还发现，如果不受空气阻力的影响，那么所有的物体从给定高度落到地面的时间都是相等的。

稳定的力持续作用在物体上可提高物体的运动速度，由此直接产生了一个问题：如果要让物体保持匀速运动，还有必要对其施加外力吗？伽利略给出了正确答案：物体保持匀速运动不需要外力。这一原理在现在被称为"惯性原理"，曾在动力学和相对论的发展中发挥了关键作用。伽利略还利用惯性原理计算出了地面抛射物的运动轨迹。

尽管这些发现都非常重要，但让伽利略声名鹊起的却另有原因。1608年左右，荷兰眼镜制造师约翰·李普希（Johann Lippershay，1570—1619）发明了一种光学镜筒，其两端各安装一个透镜，可以让远处的物体看起来更近，经生产之后在欧洲各地销售。伽利略在1609年春天得知这项发明，在了解其设计原理之后，伽利略很快就制作了一架能将物体放大30倍的望远镜（见图14.2），并将其用于观测天空。由此，伽利略开启了望远镜天文学时代。

科学的曙光

图14.2 格里菲斯天文台展出的伽利略设计的望远镜的复制品（这是现存的最早的望远镜）

伽利略用望远镜对大自然进行的一些观测是在此之前人们通过肉眼无法察觉的。他发现月球上有山脉，太阳上有黑点，再次证明亚里士多德关于只有地球才存在不规则和扭曲形式的瑕疵这个观点是完全错误的。

恒星和行星在望远镜的观测下呈现出另外一番样貌，可观测到的恒星的数量也比肉眼可见的多许多。伽利略基于这些发现得出结论：恒星到地球的距离比行星到地球的距离远得多，更令人惊奇的发现是木星有四个卫星围绕它有规律地转动。经过几个星期的观测，伽利略计算出了每颗卫星的周期，并将其命名为木卫一（Io）、木卫二（Europa）、木卫三（Ganymede）和木卫四（Callisto）。木星卫星的存在有力证明了并非所有的天体都只围绕地球或太阳运行。伽利略还通过望远镜发现金星像月亮一样也有相位变化，土星周围则有一些环状结构。〔伽利略看不清这些环状结构的细节，无法确定其具体性质。克里斯蒂安·惠更斯（Christiaan Huygens，1629—1695）和乔瓦尼·卡西尼（Giovanni Cassini，1625—1712）在几十年后完成了这项工作，见第19章。〕

当然，同时期除了伽利略之外，也有其他天文学家在使用望远镜探索天空。例如，天文学家舍纳（Scheiner）就是第一个报告发现太阳黑子的人。诸如此类的天文发现究竟是谁第一个发现的？关于这个问题存在不少争议，伽利略长期深陷于这样的纷争之中，还因此树立了一批劲敌。

伽利略曾在一本名为《星际使者》（*Sidereus Nuncius*）的刊物上使用巧妙而出色的写法公布了他的一项初步发现，引发了极高的大众关注度。然而最初他的科学界同行甚至不愿意用望远镜去观测，直到当时著名的天文学家开普勒对伽利略发现的表示大力支持，他们的态度才有所改观（见知识框14.1）。

知识框14.1：伽利略的字谜

在伽利略时代有两种宇宙学说，即托勒密的地心说（2世纪）和哥白尼的日心说（1543年提出）。根据托勒密的地心说，金星的运动轨道是圆形（本轮），本轮的中心点位于地球和太阳之间。而在哥白尼的日心说中，金星则是围绕着太阳旋转的。

1610年，伽利略（以前）的一位学生贝内代托·卡斯泰利（Benedetto Castelli）向他指出，根据托勒密的地心说，金星因为只有一侧能接受到太阳光照，所以从地球上看应该总是呈新月形；根据哥白尼的日心说，金星在太阳近侧时应呈新月形，但在太阳远侧时应几乎呈现出满月形。

1610年10月，伽利略通过望远镜观测到了金星的"凸月"[1]相位。他立刻意识到这个结果的重要性。他还知道任何有望远镜的人都有机会得出同样的结论，即这一观测结果可以为哥白尼的日心说提供支持。伽利略既想要首先公布这一发现，同时又想争取更多时间进一步观察金星。

到了1610年12月，金星已经减弱为"半月"形，伽利略决定不再等待。按照当时的策略，伽利略用一个字谜[2]"公布"了他的观测结果，并承诺日后会公布字谜的答案。这个字谜是这样写的：

---

[1] 凸月——天文学术语，指满月前后的月相。——译者注
[2] 原文中的anagram意思是变位词，指变换某个词或短语的字母顺序构成的新词或短语，比如，"triangle"是"integral"的变位词。——译者注

> *Haec immatura a me iam frustra leguntur o.y.*
>
> 意思是"太年轻，读不懂"。到了1611年年初，金星已经移动到了太阳的近侧，并呈现出"新月"相位。伽利略也随之将字谜中的字母顺序调整为：
>
> *Cynthiae figuras aemulatur mater amorum*
>
> 这可以翻译为"爱之母模仿辛西娅的体态"。更直白一点解释：它的意思是金星（爱之母）展示出了月亮（辛西娅）的所有相位。这当然只有在金星经过太阳的两侧作轨道运动的情况下才有可能实现。

1611年，伽利略访问罗马，当地人对他极为尊重。罗马学院为他举行的各种仪式整整持续了一天。学院中有些天文学家不仅全盘接受伽利略的发现，而且还在他观测的基础上作了改进，尤其是在金星的相位方面。在这个阶段，教会和伽利略之间并没有公开的敌意。

科学与教会之间是如何从一开始的友好走向最终的决裂，这在科学史上是一个让人极为关注的故事。伽利略的行为方式导致一些人站在了他的对立面，其中还包括一些相当有影响力的人物。伽利略本人的个性加上一些同行的敌意，在他和教会发生冲突的过程中起到的作用不亚于教会本身（见知识框14.2）。

图14.3表现伽利略在展示望远镜。

第14章 伽利略与动态世界

图14.3 伽利略展示望远镜

1609年8月21日，伽利略向威尼斯总督安东尼奥·普利欧利（Antonio Priuli）和威尼斯参议院的其他成员展示了望远镜的威力，并赠送给参议院一台望远镜。在威尼斯的圣马可钟楼（圣马可大教堂的钟楼）上，伽利略向他们演示了望远镜的功能，让他们能够提前看到远方的船只，如果单凭肉眼观测，这些船要再过两个小时才能进入他们的视线范围。

知识框14.2：伽利略、开普勒和教会

伽利略的审判在科学史上引发了极大的关注，人们很好奇这些事件究竟是如何发生发展的。

1597年，伽利略收到了开普勒的一本书——《宇宙的奥秘》（*Cosmic Mystery*），书中在序言部分提出了支持哥白尼学说的详细证据。伽利略给开普勒写信说："我在很多年前就已经接受了哥白尼的学说……我写了很多文章来支持哥白尼，批判与他相反的观点——但我不敢将其公之于众……哥白尼的命运让我感到担忧……他……成了众人取笑和奚落的对象。"

开普勒给伽利略写了回信，请求伽利略公开支持哥白尼的日心说。伽利略非但没有这样做，反而停止了与开普勒通信。在接下来的16年时间里（虽然教会在此期间允许对哥白尼的日心说展开过几次讨论），伽利略在他的课程中教授的实际上是托勒密的理论！

在这16年中，开普勒曾多次将他的发现写信告知伽利略，但伽利略未对开普勒做任何回应。事实上，伽利略对开普勒的科学贡献（尤其是行星的椭圆轨道）视而不见，继续沿用哥白尼关于天体的圆形轨道和本轮运动的陈旧理念。尽管如此，开普勒对伽利略始终很大度，还在1610年公开写信支持伽利略使用望远镜所做出的新发现，他的支持在当时确实是伽利略所急需的。但即便如此，伽利略仍然拒绝回应这些友好的姿态。

1611年，天文学家对伽利略关于金星相位的研究作了改进，他们表示认同金星围绕太阳旋转这一观点，因为这是对金星相位的最简单的解释。在当时许多教会天文学家认同的宇宙体系中，行星围绕太阳运动，而太阳则围绕地球运动。

然而，关于证明地球围绕太阳运动，伽利略在接下来的几年时间里不得不与心怀妒忌的同事、教会天文学家、有权有势的贵族成员等人不断争论。

1614年至1615年间，伽利略发表了几封公开信支持哥白尼模型，提出了他认为可以证明地球运动的"证据"——而这个证据其实是他错误地以为海洋潮汐是由地球自转引起的。

从那时起，事态急转直下。教皇要求宗教法庭在这个问题上表明立场，宗教法庭于1616年2月23日表示坚决反对地球绕太阳运行的观点。

> 六天后，教皇接见了伽利略，明确告诉他不要逾越教会设定的限制。1633年，宗教法庭对伽利略进行了审判，主要是因为他在1632年出版的《两大世界体系的对话》（Dialogue Concerning the Two Chief World Systems）一书，内容违反了1616年的教令。伽利略被判有罪，但获准在软禁中度过余生。（顺便一提，1992 年，教皇为伽利略所受的处置道歉了！）

1611年到1632年间，伽利略完成了他的代表作《两大世界体系的对话》。在这本书中，他让两个人，一个代表托勒密，另一个代表哥白尼，对一个聪慧的外行人士陈述他们的观点。不用说，伽利略让哥白尼的学说在争论中占了上风。

伽利略于1642年1月8日去世，根据教会的裁决当时他仍处于软禁中。他的遗骨存放在有"佛罗伦萨的先贤祠"之称的圣十字教堂[①]，获得高度尊崇。伽利略的墓志铭是后人为他题写的：Eppur si muove（但地球仍在转动）。

[①] 圣十字教堂因安葬着米开朗琪罗、伽利略、罗西尼等意大利名人，被称为意大利的"先贤祠"。——译者注

第15章　心事

经脉流行不止，环周不休。心主身之血脉。（血脉运行）如环无端。[1]

——《黄帝内经》，中国古代医学著作

上面这段摘自中国古代文献的文字表明，自古以来，医者就知道心脏在人体中发挥着重要作用，而且与血液流动有着"某种"联系。但是，长期以来人们对这种联系的理解都十分有限，阻碍了生理学的进一步发展，其中还有一段有趣的历史。

人们现在已知的最早的关于循环系统的文字描述出自《埃伯斯伯比书》[2]（*Ebers Papyrus*，约成书于公元前16世纪），这是一本关于医药学的古埃及纸草书，其中记录了700多种处方和疗法（甚至包括一些精神疗法！），还有关于心脏与动脉相连的内容。古埃及人认为空气通过口腔进入肺部和心脏。从心脏开始，空气通过动脉传遍全身。虽然这不完全正确，但

---

[1] 这几句分别出自《黄帝内经》卷十一举痛论篇第三十九、痿论篇第四十四、邪气脏腑病形第四（法时）。——译者注
[2] 又称埃伯斯纸草文稿。——译者注

科学的曙光

它代表了关于这个问题的最早的科学思想。

大约在公元前6世纪，印度医生苏胥如塔（Sushruta）就意识到生命体液可在体内进行循环。苏胥如塔似乎对动脉也有所了解，将其称为"通道"。希波克拉底学派的医生在公元前4世纪左右就知道心脏瓣膜，但并不理解它们的功能。大多数早期的希腊科学家盲目崇拜亚里士多德，认为血管中既含有血液也含有空气，静脉主要输送血液，动脉主要输送空气。事实上，"动脉"这个词本身就起源于希腊语，意思是"空气管道"。

最终是2世纪的希腊医生盖伦证明动脉中只含有血液，并区分出了静脉血（暗红色）和动脉血（颜色更亮更浅），其功能各有不同。但盖伦认为空气是从肺部进入心脏的右侧，血液在血管中的流动就像大海中的潮汐，起起落落来回翻滚。他还认为让血液流动的力量来自动脉的收缩，无须心脏发挥任何重要作用。血液在肝脏中生成，从那里输送到右心耳[①]（心脏的两个上腔之一），然后到右心室（两个下腔之一），再之后以某种方式流到心脏左侧，在那里与动脉中的血液汇合，动脉中还有来自肺部的空气。以上关于血液循环和心脏的理论在长达14个世纪的时间里占据着主导地位。

16世纪时，第一个让这套血液循环理论显得并不十分完美的迹象出现了。意大利医生维萨里和阿维森纳等人通过解剖发现心脏分区的隔膜上并没有任何孔洞。因此，血液是怎么从心脏右侧流到心脏左侧的，就更加令人费解了。但其实阿拉伯学者纳菲斯早在公元1242年出版的著作中已经给出这个谜团的答案了！笔者在第6章中提到过纳菲斯，他是第一个对肺循环过程作出准确描述的人，因此被称为"循环生理学之父"。

纳菲斯在其著作《医典解剖学注》（*Commentary on Anatomy in*

[①] 心脏由左右心室、左右心房四个腔组成，而其中两个心房还通常分别各有一个心耳，从心脏正面看这两个心房向外突出的部分很像心脏的两只耳朵，因此得名。——译者注

Avicenna's Canon）中指出："右心室的血液必然能够流到左心室，但左右心室之间并没有直接的通道。心脏隔膜厚实无孔，既没有一些人认为的可见毛孔，也不存在盖伦所说的不可见毛孔。来自右心室的血液必须通过肺动脉流入肺部，与空气混合后再通过肺静脉流入左心室，为生命提供能量。"（人们现在将血液从心脏流到肺脏再返回心脏的这种循环称为"小循环"。）不仅如此，纳菲斯对毛细血管循环也有一定的了解。他认为，"肺动脉和肺静脉之间一定有细小的通道或毛孔"，400多年之后人们果然发现了毛细血管系统（见第18章）。

但中世纪时期的西方学者似乎并不知晓纳菲斯的研究成果，因此，西班牙医生米格尔·塞尔维特（Miguel Serveto，1511—1553）又独立地重新发现了"小循环"。但他并未将这一发现写进医学专著，而是发表在了一本神学著作《基督教的复兴》（Christianismi Restitutio）中。不幸的是，这本书中的观点引起约翰·加尔文（John Calvin，1509—1564年）的不满。塞尔维特在他的书出版后，到了当时处于加尔文统治之下的日内瓦。加尔文立即下令逮捕了塞尔维特，将其处以火刑，连同他所有的书都一起烧为灰烬。这段历史再次表明，宗教改革派并不一定总是能促进科学进步（见知识框15.1）。

知识框15.1：一个人命关天的问题

1553年，塞尔维特出版了一本宗教著作《基督教的复兴》，在这本书中，塞尔维特激烈地反对某些形式的宿命论。令人难以置信的是，他还对肺循环进行了描述！

1553年2月16日，加尔文的好朋友、在日内瓦避难的富商纪尧姆·迪·特里（Guillaume de Trie）谴责塞尔维特是异教徒。法国检察

> 官马修·奥瑞（Matthieu Ory）审讯了塞尔维特和巴尔塔萨·阿诺雷特（Balthasar Arnollet）——《基督教的复兴》的出版商。
>
> 经过一番曲折，塞尔维特于10月24日被判定犯了死罪，处以火刑。10月27日，在日内瓦附近的尚佩尔，塞尔维特被活活烧死在他自己的著作堆起来的火堆上。这些书中包括描写血液循环的内容，只有三本得以幸存，出于显而易见的原因，这三本书被藏匿了几十年。

幸运的是，"小循环"这个概念很快再次浮出水面，并传遍了整个欧洲。这次是由意大利解剖学家里尔德·科隆博（Realdo Colombo，1516—1559）独立重新发现，并将其作为其授课内容的重点。然而，这些"新"的想法，再加上心脏隔膜上没有孔洞的事实，很难与当时仍占据主导地位的盖伦的观点相融合，而且教条主义者也仍然坚持遵循盖伦的学说。

下一个可撼动盖伦学说的地位的证据，来自意大利帕多瓦大学的医学教授西罗尼姆斯·法布里休斯（Hieronymus Fabricius，1537—1619）的研究。法布里休斯仔细研究了静脉的结构，发现其中含有一系列的瓣膜，但其功能完全不清楚。（顺便说一句，法布里休斯师从输卵管的发现者法洛皮奥，法洛皮奥则是维萨里的学生，帕多瓦大学医学教学的强大传统因此得以传承。）法布里休斯距离发现血液循环只有一步之遥，但作为一个坚定的盖伦主义者，他并没有从自己的观察中推得合乎逻辑的结论。

最终完成这项壮举的是英国医生哈维（见图15.1）。哈维生于一个富商家庭，接受过优质的教育。1597年在剑桥大学获得医学学士学位后，哈维决心在医学领域进一步深造，他进入了当时最好的学校——帕多瓦大学。在帕多瓦大学，哈维还与法布里休斯共事过几年。回到伦敦后，哈维在社交和职业领域迅速成为一颗冉冉升起的新星。他相继成为内科医生、学院院士、圣巴塞洛缪医院执业医师、英国国王詹姆斯一世和英国国王查理一世的私人医生。哈维举止端庄，为人彬彬有礼，受到同事们的爱戴和尊重，在各个方面都取得了成功。

图15.1 哈维的肖像

哈维对血液循环作出了最为清晰的阐述，和人们今天所理解的一样。最早明确记述心脏和血液循环的文献可能就是本章开头引用的中国古籍（约公元前2500年）。阿拉伯学者纳菲斯早在公元1242年出版的一本书中就明确表述了"小循环"的概念——血液从心脏流到肺部再流回心脏，但人们并未注意到这一点。西班牙医生塞尔维特重新发现"小循环"，不幸的是，他关于解剖学和血液循环的书中也包含了一神论观点，因此得罪了加尔文，被处以火刑，连同他的书也几乎全部被付之一炬。几年后，意大利解剖学家科隆博又重新发现了"小循环"。同为意大利人的法布里休斯距离发现完整的血液循环只有一步之遥。哈维对血液循环作出了最为清晰的阐述，值得称颂。

尽管哈维的临床工作很忙碌，但他还是抽出时间长期（1604年至1642年）从事研究项目。哈维在其职业生涯早期曾与法布里休斯共事两年，这段经历让他确信人体中的血液流动问题并没有得到很好的理解，他开始进行一系列简单的实验和解剖，希望能找出问题的根源。通过解剖，哈维发现有一些瓣膜将心耳和心室分隔开来，因此血液只能从心耳流向心室。他早些时候还从法布里休斯那里了解到关于静脉内瓣膜的情况。将这些观察结果综合起来，哈维绘制出了血液循环的全景图。

定量的血液在血管和心脏中以单方向流动循环，这个想法相当具有颠覆性。哈维还找到了简洁优雅的方式来证明血液在人体内以单方向流动。例如，如果在动脉上扎紧绳子，血管会在靠近心脏的一侧鼓起；如果以同样的方式处理静脉，血管则会在远离心脏的一侧鼓起（见图15.2）。哈维还指出，根据简单的估算，心脏在一小时内泵出的血液量大约相当于一个人体重的三倍。这再一次有力证明人体内有定量的血液进行循环。

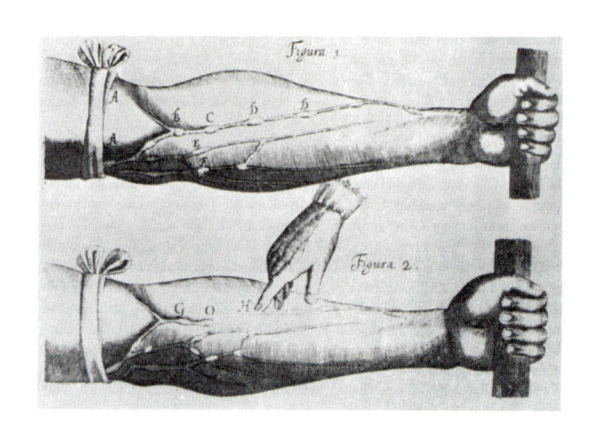

图15.2　哈维的实验

哈维通过演示用手指按压静脉后再将手指挪开后的血管的状态，证明血液在静脉中是单向流动。如图所示，当他挪开按压在H处的手指时，血液并不会向远心端流动。

哈维在1628年出版的著作《动物心血运动解剖论》（*Anatomica de Motu Cordis et Sanguinis in Animalibus*）中公布了这些结果。这本书通常被简称为《心血运动论》（*De Motu Cordis*），书并不厚，只有72页左右，在荷兰印刷，但是印刷时使用的纸张质量很差，而且有很多印刷错误。尽管如此，这本书注定成为一部科学经典。当然，当时的盖伦主义者嘲笑哈维，但哈维的论据十分有说服力，最终让嘲笑者心服口服（见知识框15.2）。

知识框15.2："江湖骗子"

科学家如果提出与主流观念背道而驰的观点，可能会遭到嘲笑（甚至遭到强烈的反对）。哈维也不例外，因为盖伦的追随者并不愿意接受他的想法。

由此导致的一个直接后果就是哈维的诊所业务量急剧下滑！患者不愿意去找因头脑中产生了奇怪的想法而遭到同行嘲笑的医生去看病，也是情有可原！事实上，哈维的一些批评者甚至称他为"循环器"，这并不是因为他主张血液循环论，而是因为这个词在拉丁文中是个俚语，意为"江湖骗子"，通常是指在广场上兜售号称包治百病的灵丹妙药的小商贩。尽管恢复声誉不是一朝一夕的事，但哈维冷静应对，坚定地捍卫自己的工作，最终实现了这一点。

血液循环理论的关键取决于一个问题的答案：血液如何从动脉流到静脉？哈维注意到，动脉和静脉在体内会分支成更细的血管。他凭直觉猜测，血液应该是通过细小到肉眼不可见的血管（毛细血管）从动脉流到静脉的。后来意大利生理学家马尔切罗·马尔皮基（Marcello Malpighi，1628—1694）用显微镜证实了这一猜测（见第18章）。

哈维和查理一世的关系很密切，但他明白自己不应参与政事。多亏了这一点，在1642年英国内战爆发、查理一世被捕时，哈维才得以逃脱议会军的追捕。然而，1649年查理一世被斩首的事件对哈维影响很大。失去了查理一世这位好友，又一直被议会军的领袖克伦威尔（Cromwell）怀疑，哈维在晚年相当不快乐。他于1657年去世，享年80岁。

第16章　无形之物的质量

人们直到17世纪才开始对空气（及其他气体）的特性进行认真探究。很多人为此付出了努力，尤其是比利时的扬·巴普蒂斯塔·范·海尔蒙特（Jan Baptista van Helmont，1580—1644）、德国的奥托·冯·格里克（Otto von Guericke，1602—1686）、意大利的埃万杰利斯塔·托里拆利（Evangelista Torricelli，1608—1647）和法国的布莱斯·帕斯卡（Blaise Pascal，1623—1662）。

其中，海尔蒙特的工作并没有达到其应得的知名度。这有点不公平，因为正是他首先认识到了一个重要事实，即空气并不（像希腊人所认为的那样）是一个独特的实体，而且有许多"类似空气"的物质可以通过普通的化学过程制造出来。

海尔蒙特与他之前的其他几位医生（尤其是帕拉塞尔苏斯）一样，也对化学非常感兴趣。他的大部分工作也与那些人一样都是围绕着炼金术工作展开的，也就是说，这些工作其实毫无价值。然而，在这些荒唐的行为中，海尔蒙特确实发现了一些重要的东西。

海尔蒙特注意到，他的实验中产生了几种"蒸汽"，它们没有固定的形状（容器是什么形状，它们就是什么形状），其物理特性与空气完全相同，但"蒸汽"的化学性质与正常的空气差异很大。海尔蒙特尤其仔细研究了木头燃烧所产生的"蒸汽"。他称之为"gas sylvestre"，在佛兰芒语[①]中的意思是"来自木头的气体"[②]。（顺便说一句，海尔蒙特还创造了"气体"一词，在佛兰芒语中主要是"混沌"的意思，但这个词在当时并没有流传起来，直到一个世纪后拉瓦锡又将其重新引入使用！）海尔蒙特研究了这种气体的性质，认为它确实与空气大不相同。这是人类第一次清楚地认识到物质的三种状态（固态、液态和气态）。

与海尔蒙特相比，格里克（见图16.1）的生活和工作要丰富得多。作为一名工程师，格里克于1627年进入政界，当时正值三十年战争[③]中期。他的家乡马格德堡（位于德国）于1631年遭到洗劫，大部分城镇都被摧毁，格里克勉强逃脱。后来他加入了瑞典古斯塔夫二世阿道夫（Gustav Ⅱ Adolphus）的军队，这支军队扭转了战局。1632年，格里克回到马格德堡，凭借自己的工程师背景，领导了马格德堡的重建工作，并于1646年成为马格德堡市长。

与此同时，格里克对是否有可能制造出真空并维持真空状态产生了兴趣。关于这个问题占据主导地位的观点依然来自亚里士多德：大自然厌恶真空。亚里士多德提出过一个关于运动的理论，即一个物体周围的介质密度越小，该物体的运动速度就会越快。根据这个理论，物体在真空中运动的速度没有上限，亚里士多德认为这是不可能的，因此，他得出的结论是不可能存在真空。格里克对这个观点不以为然，决定通过直接实验来解决这个问题（见知识框16.1）。因此，他造出一个气泵，其设计原理类似于已经使用了几个世纪的水泵，用它来抽空密闭空间中的空气。

[①] 佛兰芒语是比利时北部的荷兰语。——译者注
[②] 人们现在称之为二氧化碳。——译者注
[③] 1618—1648年的大规模欧洲国家混战，也是历史上第一次全欧洲大战。——编者注

第16章 无形之物的质量

图16.1 格里克的肖像

格里克是第一个清楚地认识到真空效应的人，他的人生经历非常有趣。格里克最初是一名专业工程师，于1627年进入政界，当时正值三十年战争中期，1631年马格德堡遭到洗劫，格里克勉强逃脱。随后，格里克加入了瑞典古斯塔夫二世阿道夫的军队，于1632年返回马格德堡参与城市的重建工作，并于1646年成为马格德堡市长！格里克大部分与气压相关的科学贡献都是在这之后完成的。

知识框16.1：虚张声势？

格里克天生擅长表演，他用气泵做了一些戏剧化的演示。他先在活塞上绑一根绳子，让50个壮汉拉这根绳子，同时用气泵在另一侧抽气制造真空。很快这50个壮汉就拉不动活塞了，他们对抗的就是格里克所说的真空的力量（见图16.2）。

格里克还做过一个更具戏剧性的实验，用到了著名的马德堡半球。让两个空心半球沿着润滑的气密边缘严严实实地贴合在一起，将其内部的空气抽空，这时即使有两个马队同时往相反的方向拉，也无法将这两个半球分开（见图16.3）。而一旦将空气重新注入球中，两个半球就自然而然地分开了。1654年，表演艺术家格里克为皇帝斐迪南三世（Ferdinand Ⅲ）安排了一场演示。不用说，皇帝深受触动。

135

科学的曙光

> 格里克了解他实验背后的物理学原理吗？没有明显的证据证明这一点！对原理的解释来自罗马大学的数学家托里拆利。

格里克演示了在没有空气的容器中，蜡烛不能燃烧，动物也无法生存。格里克不满足于这些简单的演示，决定做一些更戏剧化的事情。他让壮汉和劲马（见图16.2和图16.3）对抗真空的力量（格里格的称法），这个实验中可能并没有什么了不起的科学内容，但引起了皇室的注意，引发了公众的想象力！

图16.2　格里克"真空的力量"实验

奥托·冯·格里克戏剧性地演示了真空的力量，激发了公众和皇室的想象力。在证明真空容器中的蜡烛不会燃烧，动物不能生存后，格里克决定对真空的力量进行更为生动的演示。他将绳子绑在一个活塞上，让50名壮汉拉绳子，同时用气泵在另一侧抽气制造真空。在格里克所称的"真空的力量"下，这些人无法将活塞拉起。

图16.3　马德堡半球实验

另一个关于"真空的力量"的戏剧化演示，用到了著名的马德堡半球。这两个半球沿润滑的气密边缘严严实实地贴合在一起，抽空其内部的空气，这时即使有两个马队同时往相反的方向拉，也无法将这两个半球分开。当将空气重新注入球中，两个半球就自然而然地分开了。1654年，格里克为皇帝斐迪南三世安排了一场演示。不用说，皇帝深受触动。

格里克知道这些演示能够成功的原因吗？也许吧，但他从来没有做过任何解释说明。清晰阐述了相关原理的是罗马大学数学家托里拆利。托里拆利被伽利略的研究深深吸引，他甚至亲自登门拜访伽利略，并自愿在伽利略生命的最后三个月中担任他的秘书。就是在这三个月期间，伽利略向托里拆利指出，有一个特殊的问题需要解释。

这个问题是这样的。用于提升水位的泵是利用活塞制造的，其工作原理可以根据亚里士多德的学说解释如下：大自然厌恶真空，所以当活塞提起时，如果内部水位不随之上升，泵内就会产生真空；为了避免产生真空，自然会有更多的水涌入，导致水位升高。然而，这个解释中存在一个问题。用过此类水泵的人都知道，它们最多只能将水位提升到大约33英尺（10米）的高度。即使用更长的泵，水最多也只会上升到大约33英尺的高度，然后就停下来了（见图16.4）。伽利略觉得奇怪的是，大自然对真空的厌恶竟然有一个上限，达到该限度之后，大自然就乖乖地放弃了。伽利略建议托里拆利好好研究一下这种奇怪的行为。

（A）　　　　　　　（B）

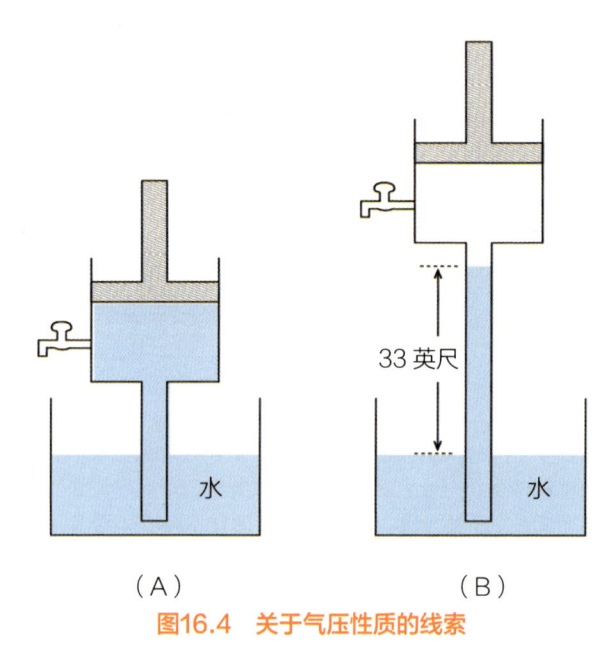

图16.4　关于气压性质的线索

图（A）：提起活塞时，容器内的水平面上升。图（B）：然而，即使活塞提得再高，水平面也不会高于33英尺。这表明空气柱最多只能支撑33英尺水柱的压力。

托里拆利想到可以用一个简单得多的机械学原理解释整个现象："假设空气有一定的质量，"托里拆利推断，"那么当活塞上升时，它会推动水面，使水在泵内上升。然而，假设空气的总质量只能支撑大约33英尺的水的质量。那么，任何带活塞的水泵都不可能把水位升得更高。所有有关'厌恶真空'的说法都与此没有任何关系。"

托里拆利实际上走得更远。因为等体积水银的质量约是水的13.5倍，空气能支撑的水银柱的高度大约是水柱的1/13.5，水银柱的高度约为33/13.5英尺，或者说是约30英寸[①]（76厘米）。托里拆利取一根4英尺长的一端封闭的管子，在其中装满水银，用拇指堵住另一端，然后将管子的拇指堵住的一端放入一个装有水银的容器中。松开拇指时，水银从管中流入容器，但没有全部流出，还有将近30英寸的水银仍留在管内，这证明托里拆利的想法是正确的。

这件事发生在1643年（比格里克发明气泵的时间早七年），必须算作科学发展中的一个里程碑，这并不是说其结果本身有多重要，而是因为它是一种最清晰、最简单的证明方法，人们现在称之为科学方法。其中关键的第一步是认识到存在一个特定的、无法解释的现象（这个现象是水泵无法将水位提升到33英尺以上）。第二步是对观察到的现象提出假设性解释（空气的质量相当于33英尺的水的质量）。其实还可以提供几种其他的可能性解释，但将科学解释与其他解释区别开来的是第三个关键步骤：利用假设进行预测——空气的质量可以支持近30英寸水银柱。最后，对预测进行直接的测试和验证。亚里士多德的解释——"大自然厌恶真空"不仅是错误的，而且缺乏预测力。除少量的水银蒸气外，倒置管中水银上方的部分为真空。这是第一个人造真空，以托里拆利命名为"托里拆利真空"。

根据这些想法还能得出一个结论：如果管中的水银支撑的是空气的质量，那么如果把气压计（托里拆利用的管子的名字）带上山，水银柱应该会下降。帕斯卡设计了一个实验来验证以上设想。帕斯卡本人身体虚弱，长期患病，不能亲自完成这项任务。1648年，帕斯卡成功说服他的姐夫携带气压计登上法国多姆山。帕斯卡这位乐于助人的亲戚才爬上了大约一英里的高度，就发现水银柱已经下降了几英寸，与预测相符。

[①] 1英寸约等于2.54厘米。——编者注

科学的曙光

不出所料，帕斯卡还将真正的法国精神[1]引入了他的研究。他用红酒（比水轻）做了一个气压计，发现空气可以支撑大约14米（46英尺）高的红酒柱（见知识框16.2）！

知识框16.2：原子的崛起

研究气体在不同环境中的行为具有重要的意义，科学家因此逐渐注意到物质可能是由原子组成的。人们现在认为原子是最基本的物质。

物质的原子观念，就像其他几个基本概念一样，其发展经历了曲折的历史。在西方，这些想法最初似乎是由伊奥尼亚[2]的哲学家留基伯（Luecippus，活动于约前450年）及其学生德谟克里特提出的（在其他古文明中，如古印度，也出现了类似的理念，发展程度各有不同）。德谟克里特认为，不同元素的原子形状和大小各有不同，这种区别导致这些元素各有不同的属性。虽然大多数哲学家对此都不认同，但原子主义仍然存在，尤其是希腊哲学家伊壁鸠鲁（Epicurus，前341—前270）和其他信奉伊壁鸠鲁哲学的人。

在接下来的几个世纪中，伊壁鸠鲁主义有了更多的信徒，罗马诗人卢克莱修（Lucretius，前99—前55）就是其中的一位。卢克莱修在公元前1世纪左右写了一首诗，题目是《论事物的本质》（*De Rerum Natura*），这可能是第一首说教诗，即旨在教授概念的诗。这首长诗解释了伊壁鸠鲁主义关于物质的原子性质学说，共分为六卷无题书！几个世纪后，由

---

[1] 原书中的"spirit"还有"烈酒"的意思。——译者注
[2] 伊奥尼亚（Ionia，又译为"爱奥尼亚"，古地名）是古希腊时代对今天土耳其安那托利亚西南海岸地区的称呼，即爱琴海东岸的希腊爱奥里亚人定居地。其北端约位于今天的伊兹密尔，南部到哈利卡尔那索斯以北，此外还包括希奥岛和萨摩斯岛。——译者注

于印刷机的发明，这首诗于1473年出版，在欧洲学术圈中广为流传。

然而，对这一观点有个非常传统的反对意见。有人争论说，如果物质是由原子组成的，那就可以通过让这些原子彼此靠近来对物体进行压缩，但大幅压缩固体或液体绝非易事，这意味着如果原子真的存在，也已经尽可能紧密地堆积在一起了，那么这样的一种结构就和连续介质没有什么区别了，因此，引入原子的概念似乎毫无意义。

关于气体行为的研究极大地改变了这种观点。继格里克和托里拆利之后，爱尔兰化学家罗伯特·波义耳（Robert Boyle，1627—1691）以相当定量的方式研究了气体在不同程度压力下的行为，得出了波义耳定律，即气体的体积与压强成反比。也就是说，乘积 PV 是个常数，其中 P 是压强，V 是体积。法国物理学家马略特（Edme Mariotte，1620—1684）也独立[1]发现了这一定律，他明确指出，这一定律只有在气体保持恒温的状态下才能成立。因此，欧洲大陆在相当长的一段时间内称之为"马略特定律"。

气体的易压缩性清楚地表明气体可能是由原子组成的，原子之间存在相当多的空隙。这就可以解释气体体积缩小的原因是在压力下原子靠得更近。法国哲学家皮埃尔·伽桑狄（Pierre Gassendi，1592—1655）强调了这一观点，很快，波义耳就成了物质原子论的忠实信徒。因此，对气体的研究引发出更重要的概念，这远远超出了人们最初的预期。

---

[1] 马略特在物理学上最突出的贡献是1676年发表在《气体的本性》（*Discours de la nature de l'air*）论文中的定律：一定质量的气体在温度不变时其体积和压强成反比。这个定律是马略特独立确立的，在法国常称之为"马略特定律"。该定律1661年被英国科学家波义耳首先发现，而称之为"波义耳定律"。但马略特明确地指出了温度不变是该定律的适用条件，定律的表述也比波义耳的完整，实验数据也更令人信服，因此这一定律后被称为波义耳—马略特定律。——译者注

第17章 没有图形的几何

有一个故事和埃及托勒密王朝第一位国王、亚历山大博物馆的创建者托勒密·索特尔（前367—前282）有关。他跟随欧几里得（约公元前4世纪）学习几何，发现这门功课很难，就问欧几里得学习几何有没有更简单的方法。为此，他得到了以下这句著名的答复："几何无王者之道！"。

但是从某种意义上说，欧几里得错了。有一种使用代数来解决几何问题的方法，其功能强大得多，概念也很简单直接。在欧几里得之后的将近 19 个世纪，有人发现了代数和几何之间的这种联系，这绝对堪称科学史上的一个里程碑。

对这门学科贡献最大的人是法国哲学家和数学家勒内·笛卡尔（Rene Descartes，1596—1650，见图17.1）。笛卡尔曾将自己的名字署为"Cartesins"（笛卡尔），正因为如此，他的几何学和哲学体系都被称为"Cartesins××"（笛卡尔××）。

笛卡尔于1596年出生于法国。他是一个才华横溢的学生，但生活习惯很不健康，最后老师不得不做出让步，允许他随心所欲地每天想赖床多久都可以——他的这种习惯一直延续到成年。笛卡尔早期接受的教育使他非常虔诚。1633年，笛卡尔听说了伽利略的遭遇，就放弃了写书支持哥白尼理论的打算，反而制作出一个天文模型，其中地球位于"宇宙顶点"的中心，这个宇宙顶点则围绕着太阳运动。尽管许多人接受了这种妥协方案，但作为一个天文模型它毫无价值。

图17.1 笛卡尔的肖像

笛卡尔开创了一个数学分支，人们现在称之为"解析几何"，其从本质上把几何问题简化为代数问题。笛卡尔非常喜欢哲学，他把研究结果发表在专著《方法论》（*Discourse on the Method of Rightly Conducting One's Reason and of Seeking Truth in the Sciences*）的最后一个附录中。这部专著的大部分内容都是哲学性的，和数学无关，第三个附录才是最重要的。笛卡尔最终因肺炎而去世，得病的原因可能是他不得不在瑞典最恶劣的一个冬季早上五点给瑞典女王克里斯蒂娜（Christina）讲课，每周讲三次。

笛卡尔在完成学业后加入了法国军队。幸运的是，他不需要上战场，因此有充足的空闲时间来思考研究。正是在此期间，笛卡尔偶然获得了一个重要的发现，创造了数学的一个分支，后人称为"解析几何"。解析几何的基本概念非常简单。众所周知（从最初使用地图的时候起），二维平面上任何一个点的位置都可以用两个数字来表示（见图17.2）。

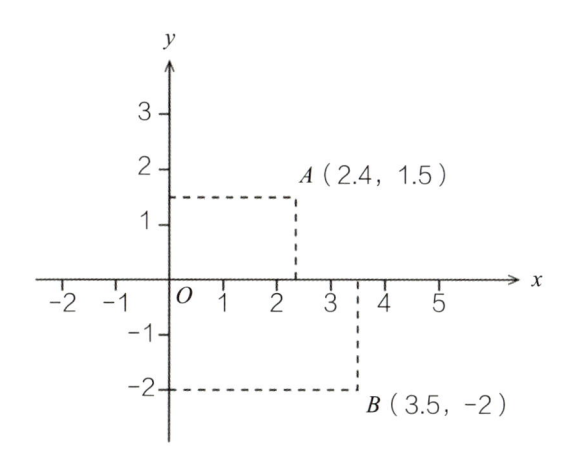

图17.2 平面上任意一点都可以通过给出两个数字来确定

先绘制出x轴、y轴，在上面标出等距的刻度。原点左边和下边的值为负数。点A的位置可以通过其在水平轴OX上的距离（2.4个单位）和在垂直轴OY上的距离（1.5个单位）来确定。与此类似，OX轴下方的点（比如B）在垂直轴OY上的距离可以相应用负数来表示，例如，在这种情况下点B可以表示为（3.5，−2）。

地球上任何城市的位置都可以通过纬度和经度来表示。同样地，这张纸上任何一点的位置也都可以通过其与纸的底部边缘和左侧边缘之间的距离来表示。笛卡尔意识到这使得几何中的任何曲线都可以用代数方程来表示。比如，以方程 $y = \dfrac{x^2}{3}$ 为例。如果 x 分别等于1，2，3时，y 的值将分别为 $\dfrac{1}{3}$，$\dfrac{4}{3}$，3，每一组数字——（1，$\dfrac{1}{3}$），（2，$\dfrac{4}{3}$），（3，3）都代表平面上的一个点。把这些点连接起来，就得到了一条平滑的曲线，这条线是独一无二的（见图17.3）。将几何曲线的信息编码到了代数方程 $y = \dfrac{x^2}{3}$ 中，之后就可以有条不紊地将平面图形的所有基本几何关系转化为相对应的代数语言。一旦完成这一步，几何图形的任何属性都可以使用纯代数运算来计算得出，甚至不需将这个图形绘制出来。

代数和几何之间的这种关联关系非常强大，构成了当今应用几何的基石，其威力表现在以下两个方面：首先，这种关联关系为几何关系的推导和证明提供了一个系统性的过程；例如，假设你要证明边长为 a，b，c 的三角形面积可以表示为 $s(s-a)(s-b)(s-c)$ 的平方根，其中 s 是三角形周长的一半。传统的几何学没有直接证明这一结果的方法，必须把三角形画出来，构造辅助线，并根据适当的定理来证明这个结论。但是解析几何用"蛮力"来解决同样的问题。你可以用三组数字来表示三角形的三个顶点——(x_1, y_1)，(x_2, y_2)，(x_3, y_3)。利用解析几何的规则，不需要太多的创造力或想象力就可以写出三角形面积的表达式，将其与给定的表达式进行比较，很容易就可以证明这个结果。

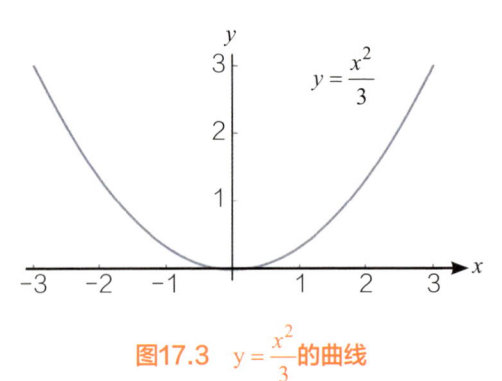

图17.3　$y = \dfrac{x^2}{3}$ 的曲线

根据方程式画出的图形，也就是从代数中得到的几何图形。在函数 $y = \dfrac{x^2}{3}$ 和平面上的曲线之间建立对应关系。通过函数得出几组对应的数据：根据 $y = \dfrac{x^2}{3}$，$x=0$ 时 $y=0$；$x=1$ 时 $y=\dfrac{1}{3}$；$x=2$ 时 $y=\dfrac{4}{3}$；$x=3$ 时 $y=3$，以此类推。用光滑曲线连接这些点集。通过这种方式，几何曲线可以表示为代数函数，反之亦然。

其次，解析几何极大地扩展了可供研究的几何曲线和几何形状的范围。传统希腊几何学的研究范围仅限于直线、圆、圆锥曲线以及这些形状的一些简单变化。但是现在所有形式为 $y=f(x)$ 的方程式都可以表示为平面上的曲线，这些曲线的性质都可供研究。从这个意义上讲，代数扩大了几何学的范围。

笛卡尔是在其机械论世界观的引导下作出的这一发现。他试图从机械装置的运动出发来思考所有的现象；对笛卡尔来说，几何曲线本质上是一个物体以特定的方式进行移动的路径。笛卡尔将他的研究结果作为三个附录中的最后一个随其著作《方法论》发表。这本书讨论了在各个科学分支中进行逻辑研究的正确方法。书中的大部分内容都琐碎无用，附录三才是真正的精华所在。附录比正文更重要的情况在数学界至少还有一次。1832年，匈牙利数学家法卡斯·鲍耶（Farkas Bolyai）出版了一本数学教科书，位于第26页的附录是他20岁的儿子雅诺什·鲍耶（Janos Bolyai）写的，其中包含了非欧几里得几何[①]的基础内容，当然，这比书中的任何其他内容都更重要！

笛卡尔在军队服役结束后，回到了荷兰，在那里一直生活到晚年。在那个时期，瑞典处于克里斯蒂娜女王的统治之下，她是有史以来性格最为古怪的女王之一。当时在欧洲王室中流行邀请知识分子到宫廷中讲学，假装对思考问题非常感兴趣。克里斯蒂娜也追赶时尚潮流邀请笛卡尔进入瑞典宫廷，很不幸，笛卡尔接受了这一邀请。这时正值瑞典天气最恶劣的一个冬季，克里斯蒂娜让笛卡尔一周三次、每次在早上五点去给她讲课。女王是否因此增长了智慧，后人无从得知，然而可怜的笛卡尔却因此不幸感染肺炎，去世了（见知识框17.1）。

知识框17.1：笛卡尔的身后事

笛卡尔的身后事可以说和他生前的经历一样精彩。克里斯蒂娜女王原本想在斯德哥尔摩为这位伟大的科学家举行隆重的葬礼，她无疑是觉

[①] 非欧几里得几何是不同于欧几里得几何学的几何体系，简称为非欧几何，一般是指罗巴切夫斯基几何（双曲几何）和黎曼的椭圆几何。它们与欧氏几何最主要的区别在于公理体系中采用了不同的平行定理。——译者注

得笛卡尔在生前未能为其宫廷增光添彩，笛卡尔死后她应该弥补一下。但是有人提醒克里斯蒂娜女王，笛卡尔是一位法国天主教徒。因此，笛卡尔被葬于斯德哥尔摩的阿道夫·弗雷德里克教堂中一处给未受洗礼的儿童保留的墓地里。

后来在1667年，笛卡尔的遗骸被带回法国，重新安葬在巴黎的圣热内维耶夫教堂。再一次，葬礼本来计划隆重举行，在葬礼上还安排了公开宣读悼词，但在最后一刻被路易十四（Louis XIV）政府命令禁止了。因此，笛卡尔的第二次葬礼也不得不低调举行。（顺便一提，1663年，教皇将笛卡尔的著作列为禁书，认为他的观点"太劲爆了"。）

在法国大革命期间，笛卡尔的遗体第三次接受审查！当时政府占领了数百处宗教场所，圣热内维耶夫教堂就是其中之一。有人提出应该建一座先贤祠用来安放大人物的遗骸。在革命的混乱之中，人们还在争论哪些大人物有资格进先贤祠。1793年，国民公会最终发布了一项政令："授予勒内·笛卡尔伟人的荣誉，并命令将其遗骸转移到法国先贤祠"！卢瓦尔河谷中笛卡尔出生的那个村庄，1802年更名为拉海-笛卡尔镇，1967年开始简称为笛卡尔。笛卡尔的陵墓目前位于巴黎圣日耳曼德佩教堂，但头盖骨除外，它被保存在人类博物馆。

几乎就在同一时期，还有另一位法国人也独立研究出了解析几何的部分内容。他就是皮埃尔·德·费马（Pierre de Fermat, 1607—1665），一位只在业余时间研究数学的议会顾问。费马研究数学纯属为了"好玩"，他习惯于在书页的空白处和私人信件中解释定理，这真是令人抓狂。1630年左右，费马研究出了二维和三维的解析几何，但从没想过要将其发表，人们只能从1637年他写给朋友的一封信中得知这一点（见知识框17.2）。

知识框17.2：费马大定理[①]

费马和笛卡尔生活在同时代，常被称为"业余数学家之王"。他的职业是法国议会顾问，但把大部分业余时间都花在了数学上。费马为概率论和解析几何的发展做出了贡献，并对微积分有一定的研究。但人们之所以至今还记得费马，大概是因为他对数论的贡献——尤其是他在丢番图（Diophantus）的著作《算术》（*Arithmetica*）中一页的空白处潦草写下的一条旁注。

这则旁注指出，当整数n>2时，关于x，y，z的方程$x^n+y^n=z^n$没有正整数解。（当$n=2$时，有几种解，如$3^2+4^2=5^2$和$5^2+12^2=13^2$等。）费马补充说，"关于此，我确信已发现了一种美妙的证法，可惜这里空白的地方太小，写不下。"多少后来的数学家都希望如果《算术》这本书在排版印刷时能多留一些空白就好了！

费马在他的信件中还说明过其他几个"定理"，除一条外，都被证明是对的。上文提到的这条"费马大定理"，其对错在很长一段时间内都无法被证明。关于这个定理人们作了大量的研究，这些研究开创了数学的新局面。年复一年都有关于这个定理的错误证明出现，加起来不下几十个。因为这个定理的表述非常简单，任何接受过代数基础教育的人都可以理解，许多业余爱好者甚至都没有意识到真正的问题所在，就尝试去证明。为了公平起见必须指出，即使是一些专业的数学家也曾发表

[①] 又称"费马最后的定理"。——译者注

科学的曙光

过错误的证明!

1993年6月,英国数学家安德鲁·怀尔斯(Andrew Wiles)提交了他关于费马大定理的证明,他在证明中使用了相当复杂的数学技术。几位数学家在审阅怀尔斯的手稿时发现,证明过程中的一个关键部分有一个错误。怀尔斯和他曾经的学生理查德·泰勒(Richard Taylor)又花了将近一年的时间才解决这个问题,最终结果以两篇论文(一篇怀尔斯单独署名,另一篇怀尔斯与泰勒联合署名)的形式于1994年10月提交给学术期刊,并于1995年发表。由费马首先提出的这一推测在358年之后终于得到了证明!

第18章　生命的无限多样性：在物种中寻找秩序

莎士比亚在《安东尼与克莉奥佩特拉》（*Antony and Cleopatra*）中描写了一个名叫莱皮德斯（Lepidus）的角色，他喝醉了酒，称："你们埃及的蛇是生在那烂泥里，晒太阳长大的；你们的鳄鱼也是如此。"（第二幕第七景）其实不管是莎士比亚还是罗马人，都不太可能相信蛇和鳄鱼是从烂泥中自发生长出来的，他们肯定看到过动物产卵和孵化的过程。然而在16世纪，人们甚至是学识渊博的人对较小的昆虫是怎么生出来的，并不十分确定。当时的普遍观点的确认为，像蠕虫和害虫这样的小生物是自发从污物和烂泥中冒出来的。

根据这种观点，人们认为有两种不同的生命创造方式。在每个古代文明中，人们都知道马或牛是怎样繁衍后代的。许多人还知道如何有选择地给牲畜配种，从而让一些特定的品质得到提升。人们从来不会认为马是从农田的泥巴里长出来的，但包括亚里士多德在内的古代思想家，都认为当涉及更小的生物时，情况就非常不同了。

产生这种巨大差别的原因并不难理解。对普通人来说，几乎天天都能看到蛆虫从腐肉里钻出来，但没有人亲眼见过马从泥里生出来。"自然发生说"由此而来，认为某些生命是由非生命物质在日常条件下自然产生的。

17世纪，意大利托斯卡纳的医生弗朗切斯科·雷迪（Francesco Redi，1626—1697）的研究工作，让人们对自然发生说产生了怀疑（顺便说一句，雷迪还是一位诗人，他写的赞美托斯卡纳葡萄酒的酒神颂至今仍在意大利广为流传）。雷迪出生时，哈维已经出版了一本著作，其中提到微小的生物可能产自小到肉眼不可见的卵。雷迪（见图18.1）读到了这本书，想出一个简单的实验来验证这个观点。

图18.1　雷迪的肖像

雷迪对生命的自然发生说严重质疑。他可能是第一个在生物实验中使用对照样品证明结果的人。雷迪的职业是医生，但他同时还是一位才华横溢的诗人，写过一首赞美托斯卡纳葡萄酒的酒神颂在意大利流传至今！

雷迪知道腐肉不仅能生出苍蝇，还会引来大量苍蝇。他突然想到，第一代苍蝇可能会在肉上产卵，第二代苍蝇就是从这些卵中孵化出来的。雷迪准备了八个不同的瓶子，在瓶子里面放了各种各样的肉。他将其中四个完全密封，其余四个敞开放置。苍蝇只能落在敞口瓶里的肉上，而且确实只有这四个敞口瓶中会生蛆。密封瓶中的肉虽然变得一样腐臭难闻，但并没有生出任何生物。

雷迪又做了一次这个实验，这次未将瓶子密封，而是用纱布覆盖其上，纱布可以让空气进入，但能把苍蝇阻挡在外。同样，被纱布隔离在瓶中的肉中没有产生任何形式的生命。这可能是第一个使用对照样本做的生物实验。1668年，雷迪出版了著作《关于昆虫产生的实验》（*Esperienze Intorno alla Generazione degli Insetti*），其中描述了这个实验。这本书是雷迪的代表作，是现代科学史上的里程碑。

雷迪非常清楚其他直言不讳的思想家［如乔尔丹诺·布鲁诺（Giordano Bruno）和伽利略］的遭遇，所以他在发表自己的新观点时非常谨慎，避免违背教会的神学传统。

雷迪的实验有力地证明，苍蝇来源于其他苍蝇，而不是从腐肉中自发生成。然而，这并没能让人们放弃旧有观念，据说甚至雷迪本人也认为，虽然苍蝇不是自发产生的，但可能其他非常微小的生物是自发产生！有趣的是，给这个观点提供支持的竟然是能让人们观察到微小生物的显微镜。

伽利略在使用望远镜的过程中意识到用一组透镜将微小的物体放大的可能性。开普勒和托里拆利提出了关于显微镜的实际理论。到17世纪中叶，一些研究人员开始使用显微镜研究生物标本。

第一个使用显微镜系统性地研究生物标本的人可能是马尔切罗·马尔比基（Marcello Malpighi，1628—1694）。马尔比基（见图18.2）是一位意大利医生，曾在几所意大利的大学中任教，其中以博洛尼亚大学最为有名。马尔比基的生物学研究从青蛙的肺部开始，几乎研究出了整个呼吸过程。马尔比基还发现了可以将血液从动脉输送到静脉的非常细小的血管，这有助于完善血液循环理论。

科学的曙光

图18.2　马尔比基的肖像

马尔比基是一位意大利医生,在博洛尼亚大学授课。他通过显微镜对生物标本的研究促成了毛细血管的发现,血液就是通过毛细血管从动脉流向静脉的。这对于完善血液循环理论至关重要。马尔比基对生命的自然发生说持怀疑态度,希望通过细致的实验来推翻这一理论,但没有成功。

然而,使用显微镜最著名的科学家是来自荷兰代尔夫特的安东尼·范·列文虎克(Antony van Leeuwenhoek,1632—1723)。列文虎克(见图18.3)的爱好就是制作显微镜,他用自制的显微镜观察周围的一切事物。作为一名制镜大师(见图18.4),列文虎克制作的单式显微镜几乎没有任何瑕疵,可以将物体放大200倍。不幸的是,列文虎克的显微镜没有一台流传下来,所以没有人真正知道他究竟是如何打磨出如此完美的镜头的。

到17世纪末,列文虎克实际上已经垄断了显微镜研究,以至于和他同时代的另一位显微镜爱好者罗伯特·胡克(Robert Hooke,1635—1703)感叹道,显微镜领域的研究全被一个人大包大揽了!多年来,包括俄罗斯沙皇彼得大帝(Peter the Great)在内的诸多知名人士都拜访过列文虎克。据称,列

图18.3　列文虎克的肖像

通过显微镜实验，列文虎克于1675年发现普通的沟渠水中存在着"生物"，他称其为"微生物"——现在被称为原生动物，和其他任何大型生命一样富有生命力。1683年，列文虎克观察到更小的生物体，人们现在称之为"细菌"。讽刺的是，这些观察结果似乎都为生命的自然发生说提供了支持。这又是一个更好的观察结果支持错误的科学理论的例子（幸运的是，这方面的例子并不多见）！

文虎克拒绝向来访者展示他赖以获得发现的功能真正强大的显微镜，而只给来访者看一些相当普通的仪器！

1675年，列文虎克发现普通的沟渠水中存在着肉眼看不见的"生物"。这些"微生物"（现在被称为原生动物）和大象或人类一样，也是有生命的。列文虎克发现，长期以来用于制作面包的普通酵母，实际上是一种比"微生物"还要小得多的微小生物的组合。1683年，列文虎克观察到了更小的生物体，人们现在称之为"细菌"。事实上，在列文虎克之后有一个多世纪的时间中，没有人能够以同样的清晰度再次观察到细菌，直到发明出能够和列文虎克的微型镜头放大程度相媲美的复合显微镜！

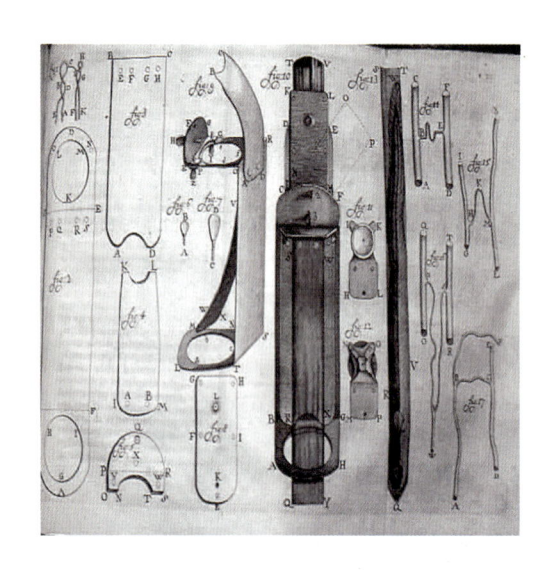

图18.4　列文虎克的显微镜及其构造中一些细节的草图

包括伽利略、开普勒和托里拆利在内的一些科学家都了解显微镜的概念。事实上，到17世纪中叶，一些研究人员已经使用显微镜研究生物标本了。列文虎克是其中最著名的，也可能是最成功的。他是制造完美镜片的专家，他的显微镜通常只安装一个镜片，可以将物体放大近200倍。

大约在同一时期，与列文虎克同时代的胡克利用显微镜获得了同样重要的发现——细胞。随着生物学的发展，细胞的发现愈发凸显出其重要性。1661年，英国国王查理二世（Charles Ⅱ）委托克里斯托弗·雷恩爵士（Sir Christopher Wren）在显微镜研究的基础上制作一组图片。雷恩正式开始这项工作后，很快发现他其实没有时间去做这件事，于是将该项目移交给一位绘图技能良好的科学界后起之秀，即胡克——胡克在接手这项任务时才26岁。

胡克已经完全被显微镜打开的新世界吸引了，除了完成国王委托的任务，他还用显微镜对各种物体进行了自主观察。1665年，胡克的著作《显微图谱》（*Micrographia*）一书出版，书中还有他根据显微镜观察绘制的一些非常美丽的图片，其中包括对一小块软木塞切片的观察。胡克注意到，切片由细小的矩形腔室组成的精细网格构成，他称这些腔室为"细胞"。（他认为这些腔室就像僧侣居住的小房间①一样。）生物学的进一步发展证明了细胞的发现有多重要。

继胡克发现细胞后，列文虎克用自制的显微镜又观察到细胞的液泡和精子，他还研究出如何制作可供原生动物在其中繁殖的菜汤（将辣椒浸泡在水中）。这种菜汤似乎能自发生出原生动物，即使一开始为了消除菜汤中已有的原生动物，已经将菜汤煮沸并过滤，菜汤还是会在短时间内显示出生物体的迹象。列文虎克发现的微生物实际上强化了人们对自然发生说的信念，许多人都认为微生物的发现是生命体产自非生命体的一个明显证据。

幸运的是，仍然有一些人对此持怀疑态度，其中一位名叫斯帕兰扎尼。斯帕兰扎尼意识到，可以将装有菜汤的烧瓶颈部密封起来，然后再做一遍这个实验，这次菜汤中就没有再出现微生物了。但自然发生说的拥护者坚持认为，这次的实验过程不知何故把菜汤中的"生命精气"给去除了。直到很久以后的路易斯·巴斯德（Louis Pasteur，1822—1895）时期，这个问题才最终得到解决（见知识框18.1）。

知识框18.1：显微术永流传！

显微镜大规模上市后的一段时间内，一些人开始着手改进显微镜的细节，使其功能更强大、使用更方便。除了改进其机械设计，还涉及对光的各种特性的利用，以及更普遍存在的电磁辐射如紫外线、荧光、辐射极化和辐射频率操纵等。

19世纪70年代，恩斯特·阿贝（Ernst Abbe）提出了这样一种理论，他认为任何光学显微镜的放大率都会存在极限。人们认为之所以有这样

---

① 僧侣居住的小房间英文是"cellula"，细胞的英文取其前四个字母为"cell"。

> 一个上限，归根结底是因为光也是一种波。因此，人们认为随着观测物体越来越小，最终光波的模糊性将成为限制放大效果的因素（这与衍射现象密切相关）。由于这种限制，人们无法看到小于200纳米（大约比头发的直径小200倍）的结构。
>
> 罗马尼亚化学家斯特凡·赫尔（Stefan Hell）找到了一种方法，绕过了这个存在了近一个世纪的障碍！赫尔使用了一种复杂的技术，将荧光与扫射光相结合，这样就可以看清小于200纳米的结构了。利用这种技术，赫尔和他的同事可以直接观测活细胞的内部构造，这是连电子显微镜都无法做到的事情。赫尔也因此获得了2014年的诺贝尔化学奖。
>
> 列文虎克真是留下了无尽的财富！

与此同时，生物学的另一个领域也在不断得到发展，即生物物种的多样性。古代文明时期人们知道的生物种类只有几百种。亚里士多德可以称得上是希腊人中最敏锐的观察者，但他也只能列举出大约500种动物。他的学生，古希腊植物学家提奥夫拉斯图斯（Theophrastus）也只知道大约500种植物。在中世纪时期，有一些博物学家试图扩充已知动物物种的范围，并对动物进行系统性的分类。

给动物分类比一开始想象的要困难得多。例如，在定义"鸟"时，如果将其称为"有两条腿的"生物，会让人也变成鸟类；如果称其为"有翅膀的生物"，则会使蝙蝠变成鸟类（顺便提一下，一位18世纪的博物学家曾对伏尔泰说，对人最简单的定义是"无羽毛的两足动物"，伏尔泰反驳道，"那么生物学家就可以用拔光毛的鸡来造人了！"）。

考虑到这个问题的困难程度，就不难理解为什么英国生物学家约翰·雷

（John Ray，1627—1705，见图18.5）花了毕生的时间和精力对动植物进行分类。经过多年的艰苦旅行和细致观察，雷于1667年出版了不列颠群岛的植物目录。后来，在1686年至1704年间，雷扩大了研究范围，出版了一部三卷的百科全书，描述了18600多种植物。他还在1693年发表了第一个基于蹄、趾、齿对动物进行分类的逻辑。

雷的分类方法在很长一段时期内占据了主导地位，直到瑞典博物学家卡尔·林奈（Carl Linnaeus，1707—1778，见图18.5）发明了一种更为详细的科学分类法，即当今在全世界范围内普遍使用的"双名命名法"，每个名字都

（A）约翰·雷　　　　　　　　（B）林奈

图18.5　约翰·雷和林奈的肖像

雷花了毕生的精力对动植物进行分类。1667年，约翰·雷出版了一本不列颠群岛植物目录，该目录后来发展成为一部三卷的百科全书，描述了18600多种植物。约翰·雷还发明了第一个符合逻辑的动物分类法，作为最佳分类法长期以来占据主导地位，直到瑞典博物学家林奈（1707—1778）提出了一个更详细的分类法。林奈是乌普萨拉大学的教授，他深受学生的欢迎，常在植物园中上课，夏季的每周六都会组织"植物远足"，和学生一起探索乌普萨拉附近的草木鸟兽，这对学生来说分外具有吸引力。林奈有许多学生（称为林奈的"门徒"），他们对标本进行细致的收集、分类和编目工作。顺便说一句，人们认为林奈发明了卡片索引法，这是一种有效的编目方法，可以快速查询和检索到他收集到的成千上万个物种信息！

是由拉丁语法化的两个部分构成，第一部分是属名，通常是一小群有密切相关性的生物的名称，第二部分是种加词[①]，用于识别和区分特定物种与同属的其他物种。这两部分共同构成了一种生物完整的学名。

林奈在其著作《自然系统》（*Systema Naturae*）中介绍了双名命名法。在30年的时间里，这本书从1735年第一版的12页，扩展到了第十二版的2400页。林奈通过巨大的努力，将混乱的自然世界梳理清晰了。顺便说一句，林奈彻头彻尾地反对进化论，坚持认为所有物种都是一劳永逸地分别创造出来的。大约一个世纪后的1858年，查尔斯·达尔文（Charles Darwin）和阿尔弗雷德·拉塞尔·华莱士（Alfred Russel Wallace）关于进化论的开创性文章，发表在以林奈命名的《林奈学会学报》（*Journal of the Linnaean Society*）上，多么讽刺！

通过这些调查和研究，人们对动物王国有了更加深入的了解，这为更多问题的解决铺平了道路。通过分类系统可以清晰地看出动物物种有以下两个特点：在地球上生存的物种数量非常多，远远超过亚里士多德等古代智者的想象；从根本上来看，不同种类的动物之间存在一些相似性（一个普通人都知道的例子是家猫和老虎之间的关系）。很快人们就开始思考各种各样的物种究竟是从哪里来的。事实上，如果各个物种都只繁衍自己同类的后代，那么从逻辑上来讲，所有物种一定从一开始就存在。另一方面，如果物种真的发生了"变化"，那么变化的速度一定非常慢，要发展出人们现在所看到的这么多物种，需要花费相当长的时间。正是在诸如此类的问题的引导下，多年后达尔文有了非凡的发现。

[①] 种加词（specific epithet），又称种小名，指双名法中物种名的第二部分，其中第一部分为属名，第二部分为种加词。——译者注

第19章 测量天空

哥白尼革命后,在笛卡尔、托里拆利、波义耳、帕斯卡等许多人的贡献下,当时被称为"自然哲学"的物理学迅速发展。17世纪后半叶,荷兰的惠更斯(见图19.1)对物理学和天文学做出了一些重要贡献,但其光芒不幸被

图19.1 惠更斯的肖像

惠更斯是制作出功能强大的天文望远镜、测微计和计时精准的摆钟的第一人。他的望远镜长约23英尺(约7米),用这个望远镜来观测天空,惠更斯发现了猎户座星云(现今天称法)、土星最大的卫星(惠更斯将其命名为"泰坦"),以及土星光环的结构细节。

同时期更耀眼的牛顿所掩盖。

惠更斯出生于海牙的一个富裕家庭，接受过良好的教育。他的父亲有一些欧洲的知识分子朋友，惠更斯经常与他们通信。1645年，惠更斯进入莱顿大学学习法律和数学。1655年，他的第一次突破来得有些偶然。在帮助哥哥制作望远镜时，惠更斯偶然发现了一种新的磨透镜的好方法，让他能够制造出分辨率更高的望远镜。惠更斯迅速建造了一台近23英尺（约7米）长的天文望远镜，并开始观测天空，获得了几项重要发现。

惠更斯的第一个发现是猎户座中存在巨大的气体尘埃云，人们现在称之为猎户座星云。惠更斯还发现土星有一颗卫星，与木星的卫星一样大，惠更斯将其命名为"泰坦"（Titan，在希腊神话中，有一群名为泰坦的神，土星[①]是他们的首领）。随着这一发现，太阳系中行星和卫星的数量就相等了，即六颗行星、六颗卫星。惠更斯随后落入了一个自然陷阱，向全世界宣布，再也不可能发现其他卫星或行星了。但就在他的有生之年，有人又观测到了四颗卫星！通过望远镜，惠更斯还观测到了环绕土星但未与其接触的环状结构的细节（伽利略早些时候注意到了土星周围的环状结构，但惠更斯通过更强大的望远镜观测到了细节）。这些环状结构非常独特，引起了人们的广泛关注。

惠更斯还试着在天文学的诸多领域进行定量估测。他是第一个认真测算地球到恒星距离的人。假设天空中最亮的恒星天狼星和太阳一样明亮，惠更斯估计天狼星到地球的距离为250000000英里。（事实证明，实际距离要大20倍，因为天狼星其实比太阳明亮得多。但人们不应该对惠更斯过于苛刻，类似性质、类似原因的错误在天文学中经常出现）。在进行这些定量估测的

[①] 土星（Saturn）得名于罗马神话中的农神萨图尔努斯（Saturnus），相当于希腊神话中十二泰坦之首克洛诺斯（Cronus）。——译者注

同时，惠更斯意识到他需要精确的测量设备，于是发明了两种精密仪器。一个是测微计，可以测量小至几弧秒的角度间隔；二是摆钟，这给惠更斯带来了当之无愧的名声和荣耀。

惠更斯时代最好的钟表还是中世纪的设计款式。这些机械装置非常复杂，主要靠落锤提供动力。虽然非常适合作为王室宫廷的装饰品加以陈列，但其日误差约15分钟，对科学研究毫无用处。为了打造更精准的时钟，需要一个在运动过程中能保持恒定周期的装置。从伽利略时代起，人们就知道摆锤的运动非常有规律，唯一要做的就是将摆锤连接到合适的齿轮上，然后加上落锤，为摆锤补充在摩擦中损耗的能量。惠更斯就是这样做的，第一个"老爷钟"就这样诞生了。为了提高钟的精准度，惠更斯还加入了一个关键性的改进。他知道钟摆只能大致保持一个恒定的周期，所以调整了运动方式，使周期保持恒定不变。通过这项改进，惠更斯改良的时钟日误差不超过15秒（见图19.2）。

虽然惠更斯在不同领域都做出了巨大贡献，但他对计时装置尤为着迷。在制造出摆钟后的几十年里，惠更斯把所有精力都用于测量时间的流逝，他希望能够制造出一种可靠的、不会受到周围环境干扰的装置，例如，他设计出一款可以在船上使用的船钟。除了细致的理论思考和精湛的设计技巧，事实上，惠更斯还需要用到抽象力学知识，以及应用数学的最新发展成果，他甚至还自己开创了一个新的数学分支，称为渐屈线理论。

摆钟及其后继产品让惠更斯名扬整个欧洲。1663年，惠更斯当选为皇家学会会员，1666年被邀请到路易十四的巴黎宫廷。惠更斯在巴黎生活了一段时间后，于1681年又回到荷兰。

惠更斯一生中最重要的贡献在其生前没有得到任何认可，这个贡献与光的性质和传播方式有关。惠更斯坚定地认为光本身尤其是光的传播可以理解

科学的曙光

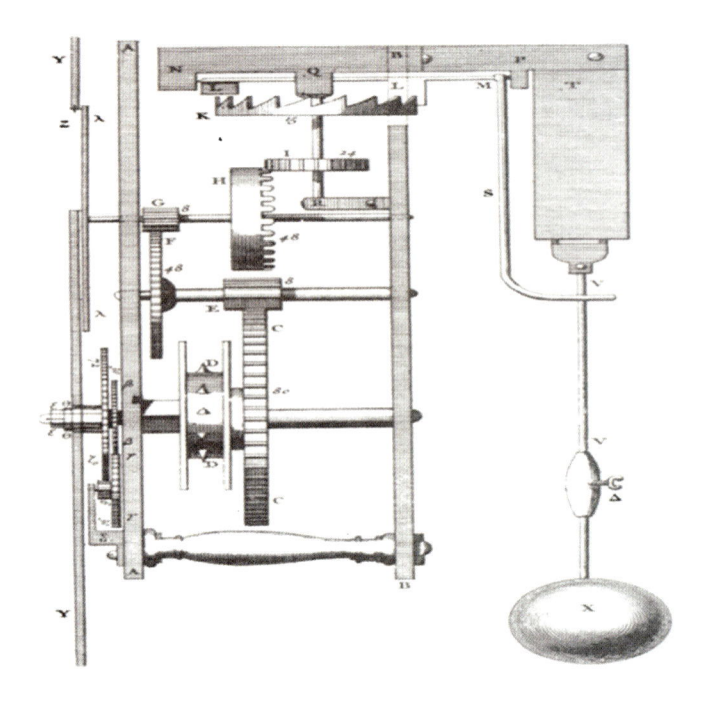

图19.2　惠更斯摆钟的设计（原图稿）

当时最好的钟表采用的是中世纪的设计，因为其日误差约15分钟，所以只能用作皇家宫廷的装饰。从伽利略时代起人们就知道摆锤可以保持相当准确的周期性运动。惠更斯将摆锤与合适的齿轮相连接，再加上落锤为其提供由于摩擦而损耗的能量。他还通过调整其运动让周期保持完全恒定，从而提高了钟表的精准度。惠更斯的摆钟日误差不超过15秒！

成是一种波现象，但这个看法与认为光线在本质上是微粒（即由微小粒子组成）的主流观点存在激烈的冲突。事实上，反对惠更斯观点的最有力的证据来自日常经验，即光线总是沿着直线传播，这与声音等典型的波传播形成对比，声波可以"绕过"障碍物，而光却不能（这就是为什么人们虽然能够听到角落里的人说话，但不一定能看到那个人）。惠更斯指出，即使光在本质上是一种波，但在某些特定的条件下，光确实会呈直线传播。不幸的是，没有人认真对待惠更斯的想法，这在很大程度上是因为牛顿假设光是由粒子组成的概念仍然占据主导地位。因此，惠更斯关于光的（正确）理念被埋葬了一个世纪（见知识框19.2）。

知识框19.1：从研究走向市场

人们通常认为科学家不够精明，对研究成果的商业价值漠不关心。惠更斯却不是这样的人！惠更斯很清楚自己的任何发明有可能带来的财富，所以惠更斯都小心翼翼地保护自己的发明。

例如，当惠更斯发明了他的第一个船钟——一种便携式时钟，其精准度足以用来确定海上的时间和经度时，并没有急于公布其详细信息，这是因为他的设计有望在海上试验中表现良好，有机会进一步改良成非常实用（且有利可图）的小工具。惠更斯已将独家许可授予海牙的一家钟表匠，如果他提前公布设计细节，可能会对此产生不利影响；但如果能成功通过以严格著称的海上测试，钟表的商业价值就能得到进一步提升。在17世纪60年代中期有近两年的时间，惠更斯都在忙于向法国、英国和荷兰政府申请专利，争取获得西班牙王室为可靠的船用设备提供的奖励。就在惠更斯为上述琐事不停奔波时，他的科学家同僚们则正在急切地等他按承诺发表论文！

惠更斯与钟表制造商就专利权发生的纠纷（并非无缘无故）比起他与其他科学家之间就任何不涉及商业后果的问题进行的辩论，都更为激烈。惠更斯知道他的发明有多大价值，他可不会超凡脱俗地随便放弃任何东西。

大约在同一时期，法国天文学家卡西尼也作出了与惠更斯类似的天文发现（卡西尼出生于意大利，后来加入法国国籍）。卡西尼仔细研究了木星的卫星，并测量出木星的自转周期，之后将注意力转向土星，发现了四颗新的卫星，将其分别命名为拉匹特斯（Lapetus）、瑞亚（Rhea）、狄俄涅（Dione）和特提斯（Tethys）。在这个过程中，卡西尼推翻了惠更斯的猜想，即"太阳系中卫星和行星的数量必然相等"。卡西尼还发现土星光环实际上有两层，它们之间的缝隙以他的名字命名，称为"卡西尼缝"（见图19.3）。

图19.3 卡西尼缝

与惠更斯同一时期的法国天文学家乔瓦尼·卡西尼也作出了相似的天文学发现。他发现了土星的四颗新卫星——拉匹特斯、瑞亚、狄俄涅和特提斯，并发现土星光环实际上有双重结构，之间的缝隙以他的名字命名，称为"卡西尼缝"。

卡西尼最大的贡献是测算出了地球到火星的距离。他将自己对火星位置的观测结果与法国天文学家琼·里彻（Jean Richer，1630—1696）的观测结果进行比较，就可以确定地球到火星的距离。自开普勒时代以来，太阳和行星的相对距离就已经相当准确了。因此，只要知道任意一个距离，就可以确定其他所有的距离。卡西尼还计算出地球与太阳之间的平均距离约为8700万英里，仅比现在人们测算的距离少了7%左右。关于地日之间的距离，这是第一次计算出与正确值相当接近的结果，此前的估算结果都在500万至1500万英里之间。

第20章　微积分在印度的发展

印度南部喀拉拉邦的一本古书中有一段文字，写到了圆的周长。翻译如下：

"直径乘以4，然后依次减去再加上用4倍的直径分别除以3及3以上的奇数所得的商，以此类推。"

用现代化的符号表示，可以记为$\frac{\pi}{4}$的无穷级数展开式，如下所示：

$$\frac{\pi}{4}=1-\frac{1}{3}+\frac{1}{3}-\frac{1}{7}+\cdots\cdots$$

虽然教科书中通常会将圆周长的计算方法归功于格雷戈里（Gregory，1638—1675）等人，但其实早在这些人出生之前一个多世纪，印度古代喀拉拉邦文献［尤其是《数学天文学基本原理》（*Yukti-bhasha*）一书］对此就有所记述了，而且还只是这些文献中蕴含的丰富宝藏之一。这些文献为现在的数学分支——微积分奠定了基础，比牛顿和莱布尼茨还早了几个世纪。

喀拉拉邦派数学家的贡献最近才为人所知，许多细节仍在不断发掘之中。其实早在1834年，查尔斯·M.惠斯（Charles M. Whish）在一篇文章中就明确提到了一些古老的喀拉拉邦文本。惠斯学习了当地的马拉雅拉姆语，并从喀拉拉邦收集了棕榈叶手稿，他惊讶地发现，其中竟然蕴含着一个"完整的流数系统"。1834年，惠斯在《大不列颠及爱尔兰皇家亚洲学会会议记录》（Transactions of the Royal Asiatic Society of Great Britain and Ireland）上发表了一篇论文，标题为《论古印度四部经文中的圆求方和圆周率问题》（On the Hindu quadrature of the circle and the infinite series of the proportion of the circumference to the diameter exhibited in the four sastras）。

除了上文引述的 π 的计算结果，在这些文本中还包括 $\tan^{-1}(x)$ 的无穷级数展开式（上文引述的结果只是其中一个步骤；只需设 $x = 1$）、正弦（sin）和余弦（cos）的级数展开，以及 x^n 的不定积分——这里仅列举其中几例。以上所有结果实际上都是利用我们现在称之为"微积分"这一数学分支的技巧得出的。

这些数学家是谁？他们是如何研究以及为什么研究这些技巧？尽管有许多细节仍不明晰，但数学历史学家现在已经能够拼凑出以下图景了。

上述大部分研究成果都发生在 1300 年至 1600 年之间古代尼拉河（现在称为巴拉塔河，喀拉拉邦第二长的河流）沿岸的村庄。其中一个主要的村庄在古代称为桑加马格拉马，人们认为是指今天喀拉拉邦一个名为伊林哈拉库塔（尼拉河以南约50千米）的村庄。也有人认为其他一些城镇，如库达卢尔和提鲁那亚，才是古时的桑加马格拉马。因此这个问题尚未完全得到解决。

但可以确定的是，桑加马格拉马孕育出了一个非凡的数学家谱系，其中玛达瓦（Madhava，约1350—1420）似乎研究出了很多关于微积分的基本概念。有很多资料都将正弦、余弦和反正切的无穷级数，以及积分雏形的发现归功于玛达瓦。和那个时期的许多印度学者一样，玛达瓦也深受阿耶波多（476—550）的影响，这并不奇怪，因为《阿里亚哈塔历书》（Aryabhateeyam）在印度的确是一部非常有影响力的著作，正如它（经过翻译后）在阿拉伯地区和中世纪欧洲的地位一样（见知识框20.1）。

> ## 知识框20.1：如何"发展"微积分？
>
> 微积分的本质涉及"无穷小"这一概念。可认为无穷小是无限接近于0，但可以用无法用于0的系统性方法来处理关于无穷小的问题。最早的时候，阿基米德以非常原始的方式使用过无穷小的概念，后来经南印度数学派的玛达瓦系统性发展（和使用），之后再由莱布尼茨和牛顿进一步完善。这个概念的学术性相当强——因此本章内容不可避免会比其他章节有更强的学术性——但笔者会尽量让非专家读者也能领略到无穷小的风采。
>
> 你可以想象一辆小轿车正在沿着一条笔直的公路行驶，速度不断发生变化。如果你是驾驶员，就会知道在任何一个给定的时刻，车辆都有一个明确的速度。笔者现在想通过一个合理的数学程序来定义"给定时刻的速度"这一概念。一种很自然的做法如下：
>
> 假设你想知道给定时间 t 的速度。取两个接近 t 的时间点，比如 $t-\epsilon$ 和 $t+\epsilon$，其中 ϵ 是一个很小的数字，比如 1 分钟。假设汽车在这两个时间点之间行驶的距离为 x。那么小轿车在这个时间段内（t 时左右）的平均速度就是 $\frac{x}{2\epsilon}$。
>
> 但这只能让你得出小轿车在（$t-\epsilon$）到（$t+\epsilon$）时间段内的平均速度，可能与其在 t 时的瞬时速度不同。为了解决这个问题，可以让 ϵ 的值尽可能小，这样计算出的平均值就会非常接近小汽车在 t 时的速度。但随着 ϵ 的值越来越小，汽车在时间段 2ϵ 内行驶的距离 x 也越来越短。所以平均速度 $\frac{x}{2\epsilon}$ 会成为两个非常小的数字之比，一个是分子，一个是分母。理

想情况下，笔者希望将€取0，但是这样的话x也将为0，平均速度将变为毫无意义的表达式$\frac{0}{0}$。

微积分的一个主要功劳是，当x和€都趋于0时，让相应的表达式有意义。在这种极端情况下，笔者称x和€为无穷小，而它们的比是一个有限数——即在小轿车的车速表上所显示的瞬时速度。无穷小量可以被视为无限接近于零的数，这有助于理解汽车的瞬时速度等概念。以上整个过程就是微分。

印度数学家玛达瓦在14世纪时提出了这些想法，他用"sunya-prayam"来表示无穷小量。这是一个马拉雅拉姆语单词，意思是"像零""大小为零"，等等。"yadhestam"一词大致可以翻译为"如你所愿"，即你可以使间隔尽可能接近零。玛达瓦一旦建立了无穷小的概念，就可以按照自己的传统构建其余的概念。

与此相反的过程叫作积分，将无限多的无穷小量相加形成有限量。阿基米德求出球体的面积和体积的方法用的就是积分的概念，玛达瓦也在他的数学传统中研究了积分的概念。几个世纪后，莱布尼茨和牛顿将同样的思想发展得更为完善。

玛达瓦的这一条家族师徒传承脉络可能一直延续到了17世纪末。玛达瓦的学生帕拉梅什瓦拉（Parameshwara，约1360—1455）是一位天文学家兼数学家，创作了二十多部作品，并持续进行了近五十年的天文观测。玛达瓦的儿子达莫达拉（Dhamodara）是一位重要人物尼拉坎塔·索马亚吉（Neelakanta Somayaji，约1450—1550）的老师，索马亚吉则是《坦陀罗僧伽》（*Tantra-sangraha*）一书的作者，该书包含了对天文学和相关数学知识的探讨。达莫达拉的另一位学生杰耶什塔德瓦（Jyeshtadeva，约1500—1610）写下了《数学天文学基本原理》，书中对一些微积分问题作了非常清晰的阐述。

本章开头的引文即出自《数学天文学基本原理》，《数学天文学基本原理》称其引自《坦陀罗僧伽》，而《坦陀罗僧伽》中的相关内容则引自玛达瓦。与此类似，在《数学天文学基本原理》中还有一段文字，将反切线的无限级数展开法归功于玛达瓦。《数学天文学基本原理》的第一句话指出，它将详细描述"继《坦陀罗僧伽》之后"所有"对天体运动有用的"数学；但实际上，《数学天文学基本原理》不仅仅只是一本评注，更是一部独立的著作（同样值得注意的是，《数学天文学基本原理》是用马拉雅拉姆语以散文形式写成，而不是以学术论述的标准用语梵语所作的诗歌形式写成）。与《坦陀罗僧伽》不同，《数学天文学基本原理》为其结论提供了详细的论证过程，写作使用的语言风格非常直截了当，朴实无华（英译版已出版，内附详细的评注）。

接下来，笔者主要讨论《数学天文学基本原理》中的两个具体的结论，并突出强调微积分在其中的作用。为了说明微积分的起源，接下来的讨论难免会比本书其他章节的内容学术性稍强，笔者也不会回避一些学术性细节。

笔者从 $\frac{\pi}{4}$ 的级数展开开始讲起。为了能够理解在本章开头列出的 $\frac{\pi}{4}$ 的无穷级数展开式的推导过程，用现代记号梳理一遍这个过程会很有帮助。如果 $t = \tan\theta$，其中 $0 \leqslant \theta \leqslant \frac{\pi}{4}$，那么可以推导出 $\frac{dt}{d\theta} = 1 + t^2$。通过取倒数来重写这个方程（这实际上是一个相当聪明的步骤）并使用几何级数展开，可以得到 $\frac{dt}{d\theta} = 1 - t^2 + t^4 + \cdots\cdots$。将这个等式的两边在0和1之间积分，将得到 $\tan^{-1}(1) = \frac{\pi}{4}$ 作为无限级数（不定积分还根据 $\tan\theta$ 给出了 θ 的无限级数展开）。显然，推导过程涉及某种形式的微分和积分的概念，以及幂的不定积分知识。古代喀拉拉邦的数学家是如何做到这一点的？

其想法是考虑圆的几何形状，并根据适当定义的几何结构赋予所有相关量不同的意义。在图20.1中，AB 是 A 点的单位长度切线，P 是 AB 上的任意一点，因此 AP 的长度为 $t = \tan\theta$。因此，问题就简化为求 AP 对应的弧 AP' 的长度，从而得到 θ 的函数 t。《数学天文学基本原理》先将 AB 大量 n 等分，标为 $A_0 = A$，A_1，A_2，$\cdots$，$A_n = B$，其中线段 OA_i 与圆弧相交于点 Q_i。这里的关键是，线段的半弦越小，其长度就越接近于弧长。用现代术语表达，就相当于当 $n \to \infty$ 时 $\sin\left(\dfrac{\theta}{n}\right) \to \dfrac{\theta}{n}$。事实上，《数学天文学基本原理》中有一个明确的表述，大意是："如果线段的值非常小，这些半弦的长度就会与弧段几乎相同。"知道了这一点，加上一些非常新颖的几何推理，就能得出 $\delta t = \dfrac{1}{n}$（由 $A_i A_{i+1}$ 给出）和 $\delta\theta$（由 $Q_i Q_{i+1}$ 给出）之间的微分关系 $\delta\theta = \left[\dfrac{\delta t}{(1 + t^2)}\right]$，这是对相关弧长的现代记法。

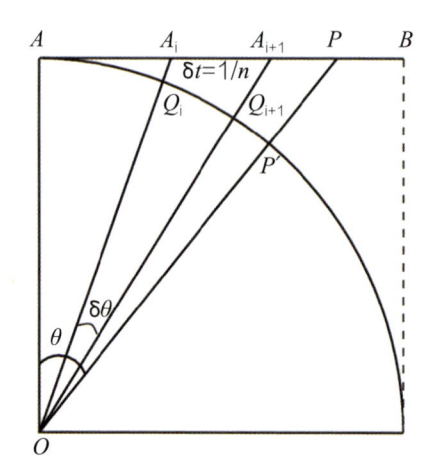

图20.1 《数学天文学基本原理》中用于得出 π 的级数展开式的构图

要得出 θ，需要对从 $i=1$ 到 n 的级数 $\left(1 + \dfrac{i^2}{n^2}\right)^{-1}$ 求和，最后取极限 $n \to \infty$。《数学天文学基本原理》中通过扩展 $\left(1 + \dfrac{i^2}{n^2}\right)^{-1}$ 来实现：

$$\delta\theta_i = \dfrac{1}{n} - \dfrac{i^2}{n^3} + \dfrac{i^4}{n^5} - \cdots\cdots$$

（有趣的是，这是通过一种强大的递归细化技术实现的——在《数学天文学基本原理》中称为"samskaram"，即离散积分）。这就把问题简化为整数的幂求和计算。虽然阿耶波多已经知道$k=1$、2、3时的i^k之和，但无法获得k值更高时的结果。玛达瓦再次聪明地发现，实际上他只需要获得n取大数时的结果，其他任何次要条件都可以舍弃。《数学天文学基本原理》非常谨慎地处理了这个过程，最终得出的结果（称为"samkalitam"）用现代符号可以表示为：

$$\lim_{n \to \infty} \frac{1}{n^{k+1}} \sum_{i=1}^{n} i^k = \frac{1}{k+1}$$

这个结果相当于对x^k积分得到$\frac{x^{k+1}}{k+1}$，是通过将k次方之和简化为$(k-1)$次方之和得出的。这种技术人们现在称之为数学归纳法[①]。通过阅读《数学天文学基本原理》的相关内容，可以清楚地看到，作者充分意识到这种证明方法与通常基于几何推理的传统方法之间存在概念性差异。事实上，这可能是印度数学中使用数学归纳法的第一个已知案例。完成这一步骤后，得出级数的结果就相当容易了。关于极限过程和无穷小等概念的清晰阐述，显示了玛达瓦可以相当熟练地运用这些概念得出自己想要的结果。

得出正弦级数和余弦级数的方法同样具有创新性，其创新性甚至更强。第一部分的分析也是从几何角度出发，与上述讨论过程非常相似。通过类似的推导过程，《数学天文学基本原理》得到微分（同样用现代符号可记为）$d(\sin\theta) = \cos\theta \, d\theta$。这实际上是通过巧妙的几何构图实现的，从而得到正弦和余弦的离散差分公式，表示为如下形式：

[①] 数学归纳法（Mathematical Induction，MI）是一种数学证明方法，通常被用于证明某个给定命题在整个（或者局部）自然数范围内成立。除了自然数，广义上的数学归纳法也可以用于证明一般良基结构，例如：集合论中的树。这种广义的数学归纳法应用于数学逻辑和计算机科学领域，称作结构归纳法。——译者注

$$\delta s_i \equiv s_{i+1} - s_{i-1} = 2s_1 c_i$$

$$\delta c_i \equiv c_{i+1} - c_{i-1} = -2s_1 s_i$$

其中$s_i \equiv \sin\left(\dfrac{i\theta}{2n}\right)$，$c_i \equiv \cos\left(\dfrac{i\theta}{2n}\right)$，角$\theta$被$2n$等分。但是，与反正切级数的情况不同，现在不能对这个方程进行积分，因为$\sin\theta$的导数本身不是一个简单的函数。《数学天文学基本原理》处理这种情况的方法非常妙。

通过引入量（"二阶差分"）$\delta^2 f_i \equiv \delta f_{i+1} - \delta f_{i-1}$，两个耦合的正弦和余弦一阶微分方程转换为二阶差分方程，其中f_i是s_i或c_i，得出$\delta^2 f_i = -4s_1^2 f_i$。当然，如果使用现代记法，这只不过是离散形式的微分方程$f'' + f = 0$。下一步是对这个离散方程求解，方法是将二阶差分相加得到一阶差分，然后将一阶差分相加得到函数本身。这又是微积分基本定理的离散版本，并且再次需要谨慎处理极限。《数学天文学基本原理》的相关部分在这个重要问题上花费了大幅笔墨，清楚地表明作者充分意识到了这里的微妙之处。

这再次形成了一个"*samkalita*"，从中首先产生了人们现在称之为离散形式的$\sin\theta$的积分方程。通过另一个有限的离散积分可以解出这个方程，其中涉及将方程重复代入自身，这需要计算出一组和（你可能已经猜到名字了，没错，就是"*samkalita-samkalitam*"），由$S_k(i) \equiv \sum_{j=1}^{i} S_{k-1}(j)$在有适当边界条件的前提下递归定义。《数学天文学基本原理》中给出了这些和之和的结果，但又没有提供完整的证明。

以上这些都是在n为有穷的前提下完成的。事实上，《数学天文学基本原理》通常使用延迟步骤的技巧，其中极限$n\to\infty$的步骤尽可能长。完成相关求和后，让n趋于无穷大的时机就成熟了，正弦级数展开中的第k项也以正确的值$\dfrac{(-1)^k \theta^{2k+1}}{2k+1}$现身了——由此可以得出正弦的无限级数展开。翻译成现代语言，这相当于将$\sin\theta$的微分方程转化为以下形式的积分方程：

$$\sin\theta = \theta - \int_0^\theta d\phi \int_0^\phi dx \, \sin x$$

并将其重复迭代得出：

$$\sin\theta = \theta - \frac{\theta^3}{3!} + \cdots + (-1)^k \int_0^\theta d\phi_1 \cdots \int_0^{\phi_{2k-1}} d\phi_{2k} \, \sin\phi_{2k}$$

在这整个过程中，《数学天文学基本原理》并没有忽视最后取极限 $n\to\infty$ 的必要性，书中使用的词语是 "sunya-prayam"，意思是"与零相似"，人们现在称之为无穷小！ "yathestam" 这个词在其他地方也用到过，比如谈到将线条分成任意数量的小段时，它的意思是"如你所愿"（见知识框20.2）。

知识框20.2：求π的另一种方法

给出圆的半径求其周长，这个问题让所有古代几何学家和天文学家都为之着迷。他们中大多数人使用的方法是，用边数尽可能多的多边形将圆内切和外接，然后测算这两个多边形周长的平均值。接下来自然是要将多边形的边作为半径的函数，还要用上三角形研究的相关成果。

虽然古代已经发现 $\pi \approx \frac{22}{7}$ 这个近似值，许多古代数学家还计算出一些更准确的结果（见知识框4.1）。阿基米德用了有 91 条边的多边形估算出 $3\frac{10}{71} < \pi < 3\frac{10}{71}$。《阿里亚哈塔历书》（公元500年）中有，"直径为20000的圆的周长为62832"，由此推出 $\pi \approx 3.1416$，而巴斯卡拉（Bhaskara，约1114—1185）计算出直径为1250的圆的周长为3927，得到 $\pi \approx 3.14155$。

《数学天文学基本原理》的高明之处在于，它并没有给出 π 的一个近似值，而是提供了一个精确的无穷级数展开式——这是一个巨大的概念性飞跃。实际上，除了本书文中引用的结论，《数学天文学基本原理》还提供了求 π 的代数递归法。用现代符号表示，就是当 $x_0=1$，用递

> 归关系 $x_{n+1}=x_n^{-1}\left[\sqrt{1+x^2}-1\right]$ 推得 π 为：
>
> $$\pi=4\lim_{n\to\infty}2^n x_n$$
>
> 但是这种方法需要求平方根，并不是一个简单的过程，而在本章开头的文本中给出的级数展开则不需要平方根运算。

《数学天文学基本原理》还通过无穷小量的积分计算出球体的表面积和体积。例如，要算出半径为 R 的球体的表面积，先得到纬度 θ 和纬度 $\theta+\mathrm{d}\theta$ 圆环之间部分，即上半球面的面积。通过细致的推理，得出上半球面的面积为 $\mathrm{d}A=(2\pi R\sin\theta)(R\mathrm{d}\theta)$。离散化之后，$\delta\theta$ 变为 $\frac{\pi}{2n}$ 且 $\theta=\frac{i\pi}{2n}$，其中 $i=0,1,2,\cdots,2n$。通过对由 i 标记的所有部分求和，然后取极限 $n\to\infty$ 来得出总面积。当然，这与推导 $\sin\theta$ 的导数是 $\cos\theta$ 相同。虽然已知余弦的一阶差分是正弦，但没有用到这个条件，而是通过再次有效执行原始步骤来完成求和。

历史学家不确定尼拉河岸的文明发展是否对西方相应领域的发展产生了影响，但至今并没有直接证据证明这一点（当然，喀拉拉邦自古以来就通过贸易等方式与西方建立了直接联系）。17 世纪之后，尼拉的数学传统逐渐消亡，至于其原因，虽然有几个显而易见的历史因素可能导致其走向衰败，但还没有一个十分明确的整体解释。

第21章　历法的故事

准确记录时间在科学发展的各个层次都起着至关重要的作用，其中对普通人的生活有直接影响的一个重要领域是历法系统。虽然从狭义的传统观点来看，历法可能不算是科学，但历法与科学有共生关系，与天文知识也有千丝万缕的联系。

大多数人在享受日历带来的便利时，都只是将其视为理所当然，不会多加考虑。但其实历法系统的发展不是一个简单的过程，如果想了解其中的曲折，就得从历法的起源讲起了。假设你生活在3000年前的古埃及，和蔼可亲的国王任命你为他的官方祭司。有几个问题，国王想从你这里得到答案：农民应该什么时候开始播种？他应该什么时候搬到山顶上那座漂亮的宫殿去？他每天应该在什么时候进行祷告？

你应该着手开发一个计时系统，给国王留下好印象。自然界中一些明显的规律对你有所帮助。第一是关于白天的概念：光明和黑暗轮流按时出现，这与拉（Ra）[①]的升降有关——"拉"，就是人们所熟知的太阳。第二是另

[①] 拉（Ra，有时拼作Rah，较为准确的应作Ré），又译瑞、赖。是古埃及神话中的太阳神，被视为正午的太阳，也是在赫里奥波里斯-九柱神之首。——译者注

一个天体月亮形状变化的规律性：它从无到有，达到全盛后又消失不见。第三是更不易察觉但非常重要的季节性规律。从经验中得知，冬天来了，春天也就不远了。你需做的就是建立一个系统，能够提前准确预测这些变化。

麻烦也就由此而生了。将一天即连续两次日出之间的时间——作为基本单位是合理的，接下来你需要知道的是月球完成一个月相变化周期需要多少天。让你无比沮丧的是，这个周期实际上在 29 到 30 天之间——非常接近 29 天。所以如果想把月相变化的周期作为第二种时间单位，就很不方便了（为了方便起见，可称为一个"月"）。要保持一致，一个月应该有29天。如果你将一个月定为29或30天，那么这个"月"很快就会变得毫无用处——从某种意义上说，一个月的起始时间和一个月相周期的起始时间很快就会变得不再同步！

当你更进一步试图将月相周期与季节变化联系起来时，麻烦又来了。无论你的一个月是29天还是30天，前后两个季节之间的间隔——或者说尼罗河两次泛滥之间的间隔——都是12到13个月。假设你将一个月定为29天，一年有12个月，你就会发现每年的季节都会迟到17天。4 年后，会累计有将近两个月的滞后。如果农民是按照月份安排播种，这时即便把你的保护神请出来，也难以让你免遭国王的怒火！编制历法俨然已成为一种职业性风险。

每个文明古国的祭司和计时官都面临上述困境。他们开发了最适合自己国家需要的历法系统，主要和宗教、农业相关，有时也具有一定的社会性。历法的故事就是人类试图为时间建立某种秩序的故事。

西方古代文明中的两个主要历法制订者是古埃及人和古巴比伦人（一些证据表明，苏美尔人也制订了历法，但这方面的详细信息不多。）

埃及祭司编制了一套简单而优雅的历法。他们意识到，同时将太阳和月亮考虑在内实在太令人困惑了。毕竟，对于农业社会来说，季节变化非常重要，但月相变化似乎没什么影响。因此，他们主要以太阳作为参考，制订的日历一年包括12个月（每个月有30天），最后再加上 5 天作为节假日。这样日历大体上就能与季节变化保持一致了。朔日可能出现在一个月中的任何一天，但埃及人并不在意。古埃及最重要的季节性事件是尼罗河的泛滥，河水灌溉了田地，河里的淤泥为庄稼施肥，人们不断收到"尼罗河的礼物"。尼罗河泛滥一般发生在 7 月中旬（人们现在将之算作 7 月），与黎明前天狼星在东方出现的时间相吻合。天狼星是最亮的恒星，埃及人称为"索提斯"（Sirius），埃及人把这个吉星高照的时间作为新一年的开始。

当然，"真正"的一年不是365天，而是365.242 199天，或者更确切地说，是365天5小时48分46秒，取其近似值为$365\frac{1}{4}$天。这意味着365天的埃及年每年都会落后于太阳$\frac{1}{4}$天，每4年落后1整天，依此类推，1460年后会落后整整一年。因此，1460个天文（"太阳"）年等于1461个埃及年。埃及人知道这个问题的存在，并称1461年为一个天狼星周期。事实上，托勒密三世（Ptolemy Ⅲ，前284—前222）——希腊裔埃及君主曾建议每四年增加一天！传统的神职人员对此表示强烈反对，托勒密三世似乎也没有坚持非要让他们明白这一点。

古巴比伦人的要求就更高了，他们还希望能把历法同时也与月亮关联起来。在你短暂的宫廷祭司生涯中，你可能已经意识到了，如果一个月是 29 天或 30 天，这是完全不可能实现的。一个月 29.5 天的话还稍微好一点。古巴比伦人就是这样做的。他们的一年中有 6 个月是29天，另外 6 个月是30天，交替排列。但这也并不能完全解决问题。如你所想，这样的一年总共有354天，而季节变化遵循的则是365天的周期。虽然可以再次将最后11天作为节假日，但是古巴比伦人无法接受这种做法，因为这会使月份与月相不一致。即使这样做了，也会有一些麻烦。一个阴历月实际上是29.5306天，而不是29.5天。换句话说，一个真正的阴历年有12×29.5306=354.37天，而不是354天。这些小误差累积起来时就形成了一个大麻烦。假设你的一年是以一个朔日作为开端的，即由29天和30天的月份交替组成。3年后，新年将比新月提前一天开始，6年后提前2天，以此类推。这严重触犯了宗教禁忌。

为了解决这些麻烦，古巴比伦人设计出了一个复杂的纠错方案。他们注意到，19个阳历（季节性）年包含大约235个阴历月。19个阳历年有19×365.2422=6939.60天，而235个阴历月有235×29.5306=6939.69天，两者非常接近。所以，如果人们以朔日开始一个阳历年，等到第20个阳历年时就会再次从朔日开始。这样的话，235个阴历月就相当于19个巴比伦的阴历年加上7个阴历月（235=19×12+7）；或者可以说，19个阴历年加上7个阴历月等于19个季节性阳历年。因此，要使阴历年与季节保持一致，最简单的修正方法是：连续19个阴历年后将落后于季节7个月，只要把这7个月加在第19年上（也就是说，让第19年有19个月长），就可以和季节保持一致了，就像什么都没发生过一样。

这虽然看起来没什么大不了的，但即便日历和季节仅相差几个月，就能给普通百姓的生活带来严重的不良影响。因此，古巴比伦人尽可能将这额外的7个月均匀地分配到19年的周期中。在第3年、第6年、第9年、第11年、第14年、第17年和第19年中各加上1个月，这样一来，19年的周期中有12年是12个月，有7年是13个月。这是一个相当复杂的过程，但这样一来，阴历1年和阳历1年之间的差别就不会超过20天了。这个19年的周期被称为"默冬周期"，是希腊天文学家默冬（Meton）在公元前430年左右计算出来的。现在的犹太历就是从上述巴比伦历发展而来的阴阳合历。

虽然计算出默冬周期的是一位希腊天文学家，但希腊人自己是相当糟糕的历法制作者。他们的阴历年有354天，每当发现季节不对时，就会加上几天进行调整。再加上每个城邦都有自己的历法，这让局面更加混乱。到公元前87年至公元前84年，罗马已经完全征服了希腊。但这对历法并没有任何帮助，罗马祭司在更正历法方面与希腊祭司一样糟糕。这一点也不意外，因为罗马的历法也相当不成体系（见知识框21.1）。

知识框21.1：其他历法系统

其他一些古文明也发展出了自己的历法，尤其值得一提的是中国、玛雅和阿兹特克。

根据一些碑文显示，中国人在商朝时期（公元前14世纪）就已经知道一年有$365\frac{1}{4}$天，两次新月之间的间隔是$29\frac{1}{2}$天。中国人比默冬早了至少1个世纪就已经知道所谓的默冬周期了。中国人的日历显示：一个月有29天或30天，必要时会增加闰月。在公元前3世纪左右，中国人开始使用一套包括"二十四节气的黄道位置"的历法，每两个位置在黄道上相距15°，太阳从一个位置移动到下一个位置大约需要15.2天，因此，两个"位置"共有30.4天，比一个阴历月的29.5天略长一些。中国人也希望月份能同时体现出月相朔望变化，这一点通过置闰实现。

玛雅历法则更复杂了。玛雅人的一个仪式周期有260天（称为卓尔金历），一年有365天。取两者的最小公倍数18980天形成一个长周期，一个周期结束时，再以同样的模式重复循环。260天的周期是通过将数字1到13与有序排列的20个名称匹配组成；365天的周期由18个指定的月份组成，每个月有20天，另外还有5天是禁忌日，称为"华吉"。这些周期明显不可能与任何天文现象同步。因此玛雅人记录日期的方式也很复杂。

阿兹特克人的历法结构和玛雅人差不多，（260天周期中的）20个月

> 份的名称也与玛雅人惊人地相似，但阿兹特克人使用更原始的方式来命名年份和日期。这样一来，阿兹特克人对事件的记录就更加模糊了。

最初，在罗马城的创建者罗慕路斯（Romulus，前771—前716）统治时期，1年有10个月，其中3月、5月、7月和10月各有31天，4月、6月、8月、9月、11月和12月各有30天，一年共计304天（顺便一提，英文中的9月、10月原本是7月、8月[①]）。一年有304天的历法自然没有任何天文学意义，早期罗马人为了跟上季节变化的节奏，随意地添加了"冬日间隔"。

庞皮利乌斯[②]（Pompilius，前753—前673）增加了两个月，即1月和2月，并将每个月份的天数重新分配如下：1月29天，2月28天，并从所有30天的月份中抽出1天，让其都变成29天。于是1年有4个月是31天，7个月是29天，1个月是28天，1年有355天，季节性调整应该是在每年的2月份增加22天或23天（见图21.1）。然而，在实践中，官员和祭司总是根据自己的需要增减天数，这又造成了相当大的混乱。

这种悲惨的状态一直持续到恺撒（Caesar）时代。在埃及战役期间，恺撒注意到埃及历法非常简洁，决定终结罗马人的胡编乱造。恺撒把埃及天文学家索西琴尼（Sosigenes）请到罗马帮助他解决这个问题。公元前46年，他们决定在这一年中增加90天——在2月增加23天，在11月至12月之间增加67天——让这一年长达445天。这样的历法就与季节同步了，结束了之前的混乱（具有讽刺意味的是，公元前46年反而被称为"混乱之年"）。为了让之后的日历都和季节保持一致，恺撒还规定每过4年应在2月中增加1天，这一

---
① 详细原因可见后文。——译者注
② 罗马王政时期第二任国王。——编者注

第21章 历法的故事

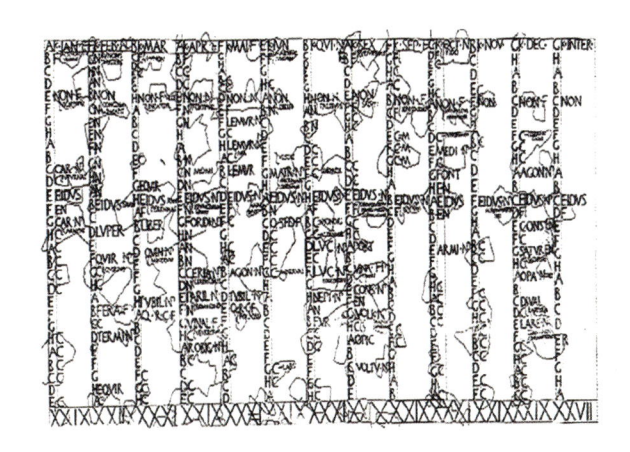

图21.1 人们在安提乌姆的尼禄（Nero）庄园废墟（约公元前60年）中发现的残缺壁画

这是其黑白复制品，上面画的是儒略历之前的罗马历法（原始壁画在白色背景上有红色字母，现在保存在马西莫宫），第7个月和第8个月的名称仍然是"Quintilis"（QVI）和"Sextilis"（SEX），最右边的一栏中还有一个闰月（"INTER"）。在没有闰月的年份中，1月至12月的天数依次为29、28、31、29、31、29、31、29、29、31、29、29天。标有字母F的日期是"dies fasti"，即允许执法的日子；标有字母N的日期是"dies nefasti"，即不允许执法的日子；字母C表示公民可以就各种事项投票的日子；字母EN被认为是C和F的混合日，上午用于一个目的，下午用于另一个目的；字母NP表示公共假日；字母QRCF则是祭典之王可以召开集会的日子。

年就是一个闰年（1年365天等于52个星期加1天。因此，如果当年的3月10日是星期日，那么下一年的3月10日就是星期一，依此类推。但如果下一年是闰年，这一天就会"跳"过周一，变成周二。闰年的名字就是这样来的[①]）。

顺便提一下，罗马人并没有将一个月中的日期按顺序编号为1日、2日……而是以每个月中的3个固定日期为参考进行倒数，这三个固定日期分别是"Nones"（5日或7日）、"Ides"（13日或15日）——莎士比亚的名句"当心三月十五日"就是这么来的——和下一个月的"Kalends"（1日）。4月的"Nones"是5日，"Ides"是13日（见图21.1），4月的最后一天是"pridie Kalendas Maias"，即"5月1日的前1天"。罗马式计数在这里也用上

[①] 闰年的英文是"leap year"，其中 leap 的意思是"跳跃"。——译者注

了，4月9日是"ante diem V Idus Aprilis"，即"4月13日前的第5天"，通常缩写为"a.d.V Id.Apr"；4月23日在儒略历上的缩写为"Ⅸ Kal. Mai."，即"5月1日前的第9天"（在儒略历之前缩写为Ⅷ Kal. Mai.）。

经恺撒理顺的历法几乎被习惯于随意计数的大祭司们毁于一旦。他们愉快地每3年增加1天，而不是每4年。这种情况一直持续了36年都没有被人发现，在此期间总共增加了12天，而不是9天。幸运的是，奥古斯都（Augustus）纠正了这一点，在公元前8年至公元4年之间减掉了额外的天数。奥古斯都还明确了关于闰年的规则，使儒略历得以正确运行。

恺撒和奥古斯都也改变了每个月的天数。恺撒在1月、9月和11月各增加了2天，在2月、4月、6月、8月和12月各增加了1天，把10月减少了1天。这样一年中的月份除了2月是29天（闰年为30天）之外，其他的月份交替为30天和31天（比如，3月有31天、4月有30天，等等），一年总共有365天。

人类的自我意识并没有让这种有序状态维持太久。罗马元老院为了纪念恺撒，将7月的原名"Quintilis"改用恺撒的名字"Julius"；奥古斯都则说服元老院将八月的原名"Sextilis"改用他的名字"Augustus"。奥古斯都希望8月至少与7月一样长，就将8月的天数增加到31天，将2月的天数减少为28天。然而，这样一来，就有连续的3个月——7月、8月和9月都成了31天。为了避免这种情况，奥古斯都将9月和11月减为30天，将10月和12月增为31天。这就是为什么有了那首"9月天数为30……"的疯狂日历歌[①]。

然而大自然并不会轻易放过历法编制者。当然，问题在于季节性年份并不完全是 365.25 天，实际上是 365.242 199 天，所以儒略历的一年大约长了

[①] 这首方便记忆月份天数的日历歌全文如下："Thirty days hath September, April, June, and November; All the rest have thirty-one, Excepting February alone, And that has twenty-eight days clear and twenty-nine in each leap year."（9月天数为30天，4、6、11也一样，其余都是31天，除了2月28天，闰年变成29天。）

11分14秒。虽然差得不多，但这意味着儒略历每年都会多增加一点时间，128年后就整整增加了一天，这最终会导致更多的麻烦。

许多罗马人都使用儒略历来计算复活节的日期。计算复活节的规则相当复杂，其关键取决于3月21日的春分。这个规则是公元325年尼西亚基督教理事会制定的。但遗憾的是，到公元1263年，儒略年已经增加了8天，春分变成了3月13日。很明显，如果任由这种情况继续下去，与春分绑定的复活节将在仲夏时期到来，而圣诞节将在春季庆祝。1263年，罗杰·培根（Roger Bacon）写信给教皇乌尔班四世（Pope Urban IV）解释这个问题。

教会花了将近三个世纪的时间才解决这个问题！1582年2月15日，教皇格里高利十三世（Pope Gregory III）最终发布了教皇训令（见图21.2）[他曾跟随天文学家克里斯托佛·克拉乌（Christoper Clavius）和阿洛伊修斯·里利乌斯（Aloysius Lilius）学习历法知识]。格里高利十三世立即扣除了10天，将1582年10月5日至10月14日抹去。这使得历法与地球的运行周期保持一致，1583年的春分又落在了3月21日。

当然，有必要防止这种情况再次发生。由于儒略年每128年增加1天，即每384年，或大约4个世纪，会增加3天。因此，如果人们每400年扣除3个闰日，一切都会回到正常的轨道上来。格里高利为此设计了一条简单的规则。1500、1600、1700等为世纪年，在儒略历体系中，所有的世纪年（可以被4整除）都是闰年。由于每400年有4个世纪年，可以让其中3个为普通年，只有一个是闰年。格里高利认为这将确保每400年从儒略历中自动减少3天。这就是人们现在所遵循的规则：任何非世纪年的年份如果可以被4整除，它就是闰年。当遇世纪年时，年份本身可以被400整除时，它才是闰年。

科学的曙光

图21.2　《重要议题》首页

教皇格里高利十三世介绍其历法改革的教皇训令《重要议题》（*Inter Gravissimas*）的首页。训令中提到"关于我们日历的说明"，以及与主日字母①有关的规则（见知识框21.2）。和训令一起发布的还有六章解释性规则，其中的一些（规则1、2、4）引自《恢复罗马历的新书》（*Liber novae Rationalis restituendi calendarii Romani*），其中关于图表的解释比规则和训令中的解释更加全面。但这本书似乎从来没有公开出现过！

知识框21.2：在11月纪念十月革命！

关于历法改革的教皇训令发布时，欧洲主要由天主教和新教国家组成。每个新教国家都必须决定是追随教皇使用正确的历法，还是藐视教皇训令坚持使用真正"过时"的儒略历。不出所料，许多新教国家宁愿不和地球的运行周期保持同步，也不愿接受教皇的更正！

---

① 主日字母，用 ABCDEFG 中任一字母代表1月头7天中的星期日，这字母便是全年的主日字母，用以确定复活节的日期。——译者注

第21章 历法的故事

> 他们花了很长时间才做出让步。直到1700年，丹麦、荷兰和德国才采用格里历。英国和美洲殖民地一直坚持到1752年才采用格里历！到那时，他们不得不扣除11天，1752年9月2日之后是1752年9月14日。这让公众困惑不满，尤其是尽管9月少了11天，但房东还是收取了整整一个季度的租金［一些历史书上说，人们在日历变更后发生暴乱，要求把"11天"还给他们。然而，这很可能只是根据威廉·霍加斯（William Hogarth）的绘画等资料编出来的故事，如图21.3所示］。
>
> 这一次历法改革还改变了乔治·华盛顿（George Washington）的生日。按照格里历，华盛顿的生日是1732年2月2日，但家谱上记载的日期是儒略历的1732年2月11日。当历法发生改变时，华盛顿的生日也悄然改变了。
>
> 俄国直到1918年还在坚持使用儒略历。十月革命后，他们扣除了13天让日历与欧洲其他国家保持一致。这就是为什么十月革命[①]的纪念日却是11月7日。

儒略历每400年有100个闰年，总共146100天。在同样的400年里，格里历有97个闰年，因此总共有146097天；400个季节性阳历年有146096.88天。因此，格里历只增加了0.12天，即400年中大约增加了3小时，而儒略历则增加了3.12天。稍加计算即可得知，大约3400年后，格里历将增加一整天。因此，在公元5000年左右，人们可能不得不"放弃"1天以保持和季节变化相一致。

[①] 当时俄国使用儒略历，十月革命是在1917年10月25日。——编者注

科学的曙光

不幸的是，从历史上看，历法改革来得有点晚。到1582年，欧洲大部分地区已改信新教，随之而来的是理智的改革与强烈的宗教情绪之间的冲突。不同的国家在不同的时间切换到新日历，导致了一些相当有趣的后果（见知识框21.3）。

图21.3 霍加斯的画

霍加斯的这幅画（1755年）是"选举的幽默"系列中的一幅，其中有著名的反格里历抗议口号——"把我们的11天还回来"。这句口号出现在这幅画右下角的黑旗上，被人踩在脚下！这幅画的背景很可能是1754年的牛津郡选举，当时保守党反对辉格党的一系列问题中就包括1752年的历法改革，当时辉格党在通过《日历法》时发挥了很大的作用。霍加斯的这幅画细节很丰富，例如，保守党和辉格党的代表都试图贿赂一位店主为他们投票；关于反犹太主义，画面后部有一位犹太小贩受雇于一名代表，正在将珠宝和丝带赠送给选民的妻子。

知识框21.3：无处不在的13日星期五

如文中所述，世纪年只有在可被400整除时才是闰年（也就是说，2100年不是闰年，2000年是闰年）。因为有了这条规则，整套格里历以

> 400年为周期重复循环（很容易看出，400年包含的星期数是个整数）。因此，只要查看一个400年的周期，就可以很方便地将日期和星期都对应起来。
>
> 例如，有一种迷信认为"13日星期五"这个组合特别不吉利。在一个400年的周期中，13日有687次是星期日，685次是星期一和星期二，687次是星期三，684次是星期四和星期六，但有688次是星期五！可见，13日是星期五的次数比任何日子都多！

当今世界上大多数商业、政治和社会活动都是根据格里历安排的，宗教团体则根据自己的历法来决定节日。其中有两种历法值得一提——印度历和希吉拉历。

印度历将大约360天的阳历年划分为12个阴历月，每个月有27或28天，所有由此产生的差异都通过定期调整来解决，特别是每60个月有一个闰月。太阳在天空中运行的轨迹黄道分为12个区域，每个区域对应黄道带中的一个星座，距离约30°。黄道十二宫中的每一宫都被进一步划分为$2\frac{1}{4}$宿，从而将黄道划分为27宿。12个月是根据太阳在黄道带中的位置来决定和命名的。根据月亮在27宿中的位置，可以为每一天分配一宿。然而，在古印度传统中，基本单位不是星期几，而是一个"宿"或"阴历日"。大致来讲，"阴历日"是一个阴历月的三十分之一，每个月大约重复两次，一次从朔到望，一次从望到朔。这两个阶段的区别主要在于月相的盈亏，分别为上半月和下半月。因此，古印度的日期靠月份、半月和阴历日来确定。这个历法系统需要每年计算年历，牢记天文事实。

希吉拉历则完全是阴历，1年由12个月组成，1个月有29天或30天，这与古巴比伦历法相同，但是古巴比伦人在19年的周期中会增加额外的月份，使历法与季节保持一致。当哈里发奥马尔（Caliph Omar）从中东得到这部阴阳合历时，他省略了增加额外月份的步骤，因此，一个希吉拉历年只有354天（有时在最后一个月加上一天），月份和季节无法保持一致，33个希吉拉历年相当于32个格里历年。

第22章　然后一切都很轻

在整个物理史上，阿基米德、伽利略、牛顿（见图22.1）和爱因斯坦这四个人的水平远远高于其他人，其他人可望而不可即。在他们四位中，牛顿所处的时代既不太远也不太近，这导致关于他的一系列趣闻和（通常被夸大的）轶事甚是有趣。在本章中，笔者将对牛顿的生活和研究进行一番探索。

牛顿出生于1643年1月4日，并不真的像人们普遍认为的那样是个"圣诞宝贝"。这个出生日期是现代普遍使用的格里历[①]日期。格里历符合自然规律，在牛顿出生时，几乎整个欧洲（英格兰除外）都在使用。然而，英格兰当时仍坚持使用过时的儒略历（见第21章）。根据儒略历，牛顿的出生日期是1642年12月25日，因此他获得了"圣诞宝贝"的外号。牛顿的父亲是个文盲（但非常富有），在牛顿出生前三个月就去世了。牛顿三岁时，他的母亲改嫁了，于是牛顿和他的外婆一起生活了大约九年。根据牛顿后来于1662年做的记录，他曾威胁母亲和继父说要"把他们和他们的房子统统烧掉"。这句话足以让精神分析学家把牛顿的所有问题都归因于他在童年时缺乏母爱！

牛顿的母亲在离开牛顿九年之后，因为她的第二任丈夫也去世了，她就

[①] 即公历。——译者注

回到了牛顿的身边，还带着她在第二次婚姻中生下的三个孩子。母亲劝说牛顿管理家族财产，但很快发现牛顿并不擅长此类事务，就送他去格兰瑟姆文法学校读书，为进入剑桥大学做准备。

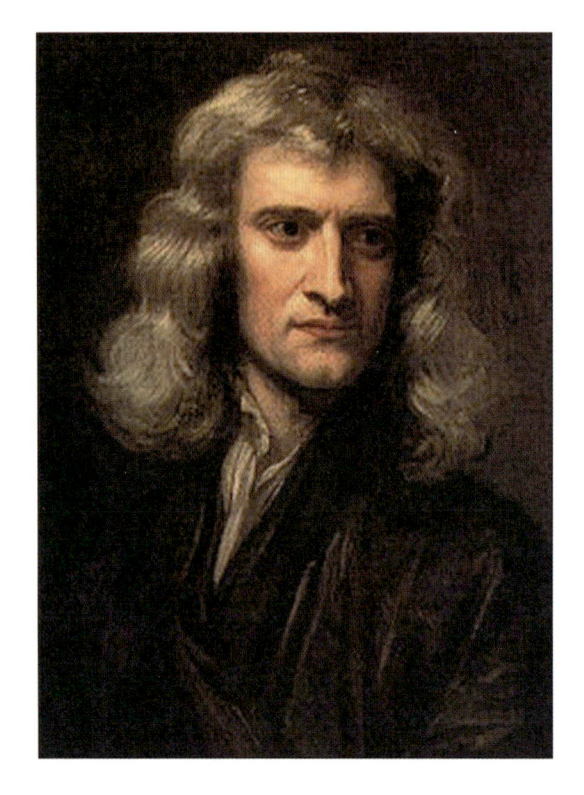

图22.1 牛顿的肖像

牛顿是物理学"四大天王"之一，另外三人是阿基米德、伽利略和爱因斯坦。

1661年6月，牛顿进入剑桥大学三一学院，在那里一待就是三十五年。当时剑桥的官方课程有很强的亚里士多德学派色彩，以宇宙的地心说为基础，以非常定性的方式看待自然。科学革命当时在欧洲已经有一定程度的发展，任何对哥白尼、开普勒、伽利略和笛卡尔的学说感兴趣的人，都可以找到四位科学家的作品来阅读。到1664年，牛顿已经阅读了其中的许多著作，并作了深入思考。他尤其受笛卡尔主张的机械论哲学思想的影响。牛顿曾在一个笔记本中写下这样一句话:"柏拉图是我的朋友,亚里士多德也是我的朋友,但我最好的朋友是真理。"很明显,不管学校里教授的是什么课程,都没有限制住牛顿的独创力。

大约就是在这个时候,牛顿已经掌握了大部分经典数学知识,开始开拓新的领域。此时,虽然二项式定理和微积分尚不为世人所知,但其基本思想已经存在了。牛顿在1665年,也就是他被选为三一学院学者的一年之后,拿到了学士学位(这只是一种形式,仅为记录他在三一学院完成了四年的学业)。也正是在同一年,剑桥大学因瘟疫肆虐被迫封校,牛顿在剑桥的生活也不得不突然中断。回到家后,牛顿在接下来的几年中继续勤奋地研究和思考。

根据牛顿自己对接下来的两年中发生的事情的记述[摘自R. S. 韦斯特福尔(R. S. Westfall)所著的牛顿传,见知识框22.1]可以得出这样一个结论:没有人能像牛顿一样在如此短的时间内取得如此大的成就。尽管一些历史学家对牛顿的"回忆"提出了质疑,但很明显,他确实在那段时间为数学、光学和天体动力学的新发展奠定了基础。有趣的是,在同一时期,牛顿也对炼金术产生了浓厚的兴趣,这是他余生都在努力追求的东西。

知识框22.1:大学封校有助于物理学发展!

以下是牛顿本人对1665—1666年剑桥大学封校期间他的思考和研究的描述。[摘自《永不歇憩》(*Never at Rest*),作者:R. S. 韦斯特福尔,剑桥大学出版社]

"1665年年初,我发现了近似级数的方法和将二项式简约成该级数的法则;同年5月,我发现了格雷戈里和斯卢修斯(Slusius)的正切法;

> 同年11月，我发现了直接流数法。1666年1月，我发现了颜色理论；同年5月，我开始研究逆流数法。同年，我开始思考重力延伸到月球轨道的问题；（发现如何估算在运行轨道内旋转的球体给运行轨道施加的表面压力）根据开普勒定律——行星的运行周期与其距轨道中心的距离成等比，我推论出：维持行星绕其轨道运转的力，一定与其和旋转中心距离的平方成反比，所以，比较维持月球绕轨道运动所必需的力与地球表面的重力，我发现二者的答案十分接近。这一切都是在1665至1666这两年瘟疫期间完成的。在那些日子里，我正处于发明的鼎盛时期，对数学和哲学的研究也比以后任何时期都要多。"

牛顿有一个性格特点一直让历史学家感到困惑。他对批评怀有一种异常的恐惧，甚至害怕就自己的观点进行任何正常的学术讨论。他总是避免让外界知道他的研究工作，以免引起负面批评和争议。同时，牛顿对自己所发现的东西还很有占有欲，很难与其他人分享功劳。如果牛顿更早地发表自己的研究成果，或能与其他科学家合作，他的科学生涯可能会有很大的不同，可能会取得更大的科学成就，当然也会促进科学更快速地发展。

最终促使牛顿打破沉默的是1668年尼古拉斯·墨卡托（Nicholas Mercator）出版的一本名为《对数技术》（*Logarithmotechnia*）的书，作者在书中解释了关于无穷级数的几个结论。牛顿实际上在几年前就已经得出了同样的结论，而且更具概括性。他看到别人因此获得荣誉，感到愤愤不平，匆匆完成一本名为《论分析》（*De Analysi*）的著作，并请他在剑桥的朋友艾萨克·巴罗（Isaac Barrow）就此先小范围地与一些伦敦的数学家沟通。即使到了这个阶段，牛顿还是要求巴罗对作者的名字保密！只有在确定自己的著作反响不错后，牛顿才愿意露面。

在接下来的几年时间里，牛顿对数学的一个分支（现称微积分）做了更多的基础研究，并将其写成一本简短的著作。虽然当时知道的人不多，但牛顿凭借这本书成为他那个时代最杰出的数学家。此后不久，巴罗辞去了剑桥大学卢卡斯数学教授席位，并推荐牛顿接任。年纪轻轻的牛顿在26岁时就当上了卢卡斯数学教授，并在接下来的32年中一直担任这一职务。

在担任卢卡斯数学教授的最初几年里，牛顿的授课内容包括他在光学领域的一些研究。当时，关于光存在两种相互矛盾的观点。亚里士多德最初关于光的看法非常定性化，认为颜色是因为材料对光的物理作用而产生的。根据亚里士多德的观点，"纯粹的"光应该是无色且均匀的。另一种观点来自笛卡尔，认为所有的光学现象本质上都是机械现象。笛卡尔通过清晰地表述关于反射、折射等现象的定律，让光学成为一门定量科学。牛顿接受了光的机械论观点，并按照他一贯的做法将这个理论推向了逻辑的极端。他让一束白光穿过棱镜分裂成各种颜色，证明白光是不同颜色的不均匀混合物；他还进一步证明，其中任意一种颜色在穿过第二个棱镜时，不会再发生任何进一步的变化（见图22.2）。他还证明这些颜色可以重新混合在一起，再次形成白光。在牛顿看来，材质体只是将白光中存在的成分分离出来，并没有对其进行修改。根据这个观点，牛顿可以为几种光学现象提供相当定量的解释，包括彩虹是如何形成的。

由于透镜和棱镜总能将白光分割成各种色带，所以使用透镜的望远镜存在一种称为"色差"的缺陷，这种色差导致通过望远镜看到的图像周围总是出现彩色条纹。牛顿认为只要望远镜需要使用透镜，就永远无法消除这个缺陷（牛顿错了，人们现在有消色差透镜）。为了解决这个问题，牛顿制作出

/ 科学的曙光

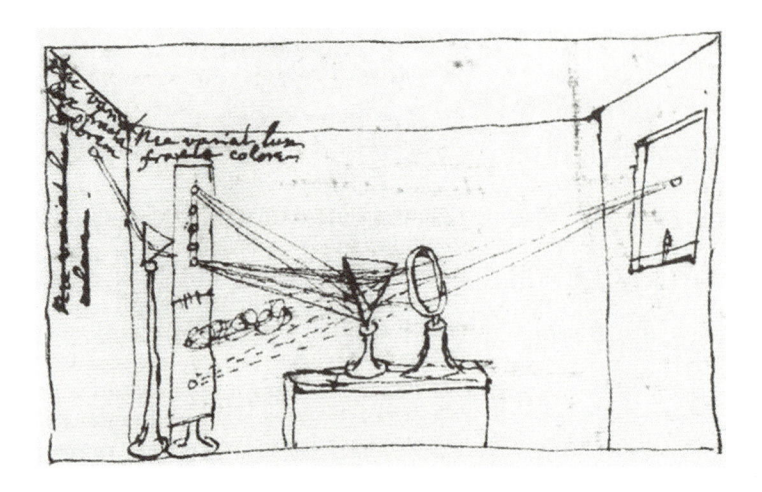

图22.2　牛顿绘制的实验图

此为牛顿本人绘制的一幅图，描绘了他用棱镜完成的重要实验。第一个棱镜将白光分为不同颜色的光，其中任意一种颜色的光在通过第二个棱镜时不会发生任何进一步的变化。

第一台反射望远镜，使用的是凹面镜而不是凸透镜（见图22.3）。这台反射望远镜在1671年年末抵达伦敦时引起了轰动，这对牛顿当选为英国皇家学会会员起到了重要作用。

牛顿于1672年在皇家学会发表了他的第一篇光学论文，1675年发表了第二篇。这两篇论文一经发表就受到胡克的抨击，他当时是皇家学会的主要成员之一。胡克对第一篇论文发表了居高临下的批评，并指责牛顿在第二篇论文中剽窃了他的想法。牛顿对此深感恼火。

大约在同一时间，牛顿与列日①的一群英国人通信，他们也反对牛顿的光的原理。他们的反对意见相当肤浅（因为错误理解了牛顿的实验），但牛顿这次还是未能作出客观的反应。结果，通信持续了近三年，最终于1678年以牛顿患上了严重的神经衰弱而告终。更为严重的是，这些痛苦的交流让牛顿退出了主流学术圈，成为一名隐士。

---

① 列日（Liège），比利时列日省省会。——译者注

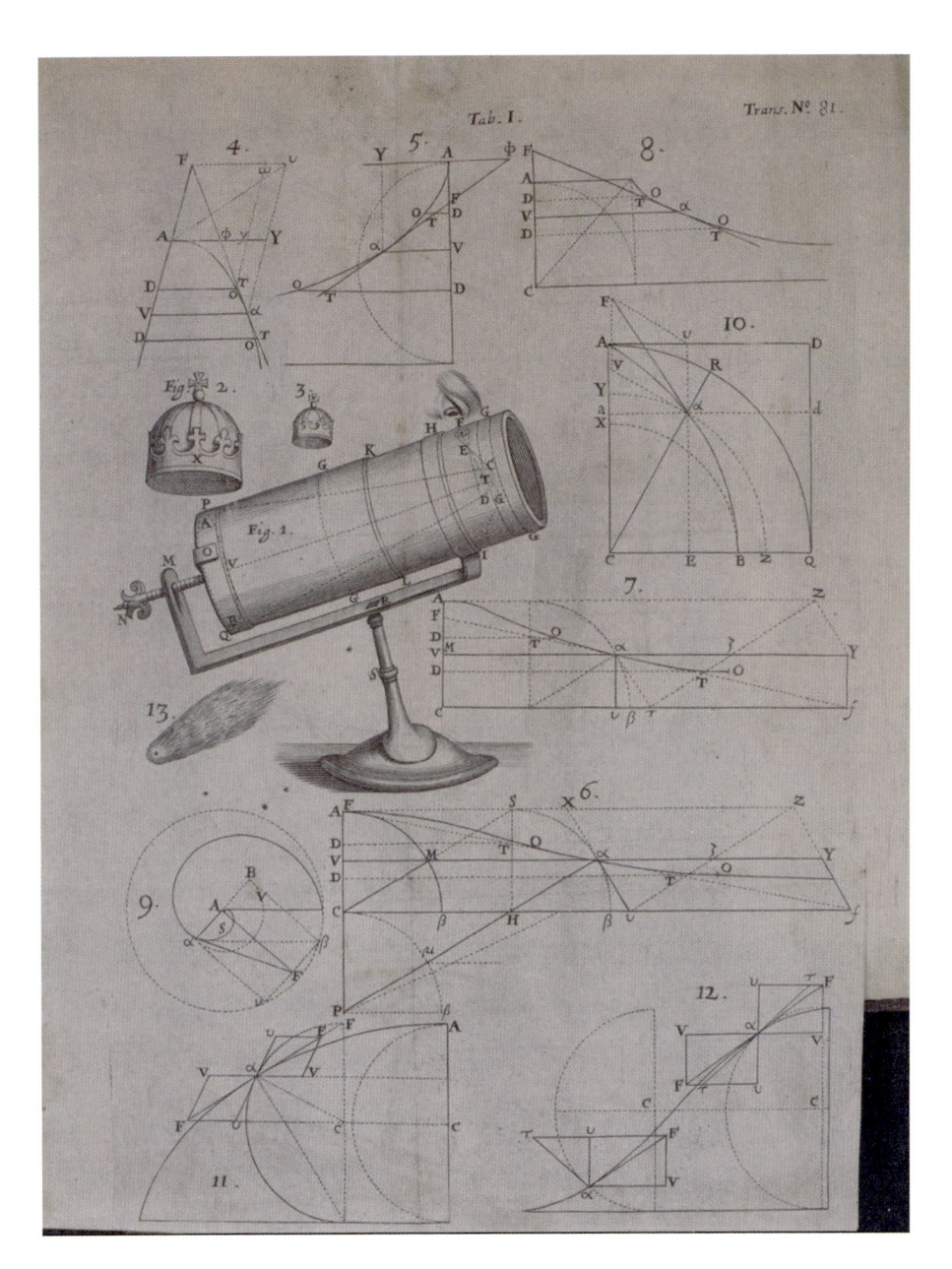

图22.3　关于牛顿望远镜的报道

1672年3月出版的《皇家学会哲学会刊》（*Philosophical Transactions of the Royal Society*）上有一篇关于牛顿望远镜（标记1）的报道。这两个皇冠表明通过牛顿望远镜（标记2）和传统的25英寸望远镜（标记3）观察300英尺外的物体分别是什么样子。其他是该期会刊中其他文章的示意图。

正是在隐居期间，牛顿转向了另一个爱好——炼金术。他花了大量的时间抄写古代文献，试图从文献描述的神秘意象中寻找意义。然而，牛顿对炼金术的痴迷可能产生了另一个有利的影响：这让他思考粒子之间的"吸引"和"排斥"关系，以及粒子相互施加"力"的机械概念。

大约在这一时期，胡克试图就行星运动问题与牛顿恢复通信交流，这个问题的出发点是行星受某个中心物质（可能是太阳）的力的影响。在这个阶段的通信中——实际上很快就结束了，牛顿突然终止了通信——他们争论了这样一个关键的问题：从地球上的一座塔上抛出的粒子，将沿什么样的路径运动？牛顿画了一个以地心为终点的螺旋线，这当然是错误的，胡克立即指出了这个错误。根据胡克的说法，如果粒子能够穿越地球，其路径应该是椭圆形的，粒子会返回其起始位置。牛顿讨厌别人（尤其是胡克）指出他的错误，但这次不得不承认失败。然而，牛顿反对胡克在假设物体引力恒定、与距离无关的前提下画出的椭圆曲线！胡克立即回应说，他假设引力与距离的平方成反比。

于是科学史上就发生了一个关于优先权的激烈斗争的故事。胡克认为，作为万有引力（平方反比）定律的共同发现者，他的功劳不该被埋没，而牛顿则非常典型地拒绝分享这一荣誉。引起这场历史性大争论的事件发展脉络如下。

1684年的某个时候，哈雷彗星的发现者埃德蒙·哈雷（Edmund Halley, 1656—1742）对行星轨道问题产生了兴趣，他问胡克是否知道椭圆轨道是通过什么力形成的。胡克给出了正确答案，但无法给出任何详细的证明。在同一年的晚些时候，哈雷到剑桥大学拜访牛顿，问了他同样的问题。牛顿不仅给出了正确答案，还给哈雷提供了一篇可证明这一观点的短论文，题为《论物体在轨道上的运动》（*De motu corporum in gyrum*）。正是与哈雷的这番讨论让牛顿意识到自己工作的重要性。1686年，牛顿在这篇最初只有9页纸的短论文的基础上，写出其经典著作《自然哲学的数学原理》（*Principia Mathematica*），并将这部作品提交给皇家学会出版（见图22.4）。当时，皇家学会的财政状况非常糟糕［部分原因是早些时候出版了一本精装书《鱼类溯源》（*De Historia Piscium*），销量很差］。哈雷作为当时皇家学会《哲学汇刊》（*Philosophical Transactions*）的出版人，决定自费出版牛顿的这本书。《自然哲学的数学原理》一提交给皇家学会，胡克就大吵大闹起来，指责牛顿剽窃。牛顿的反应也很典型，他仔细检查了自己的手稿，删除了几乎所有和胡克有关的部分。

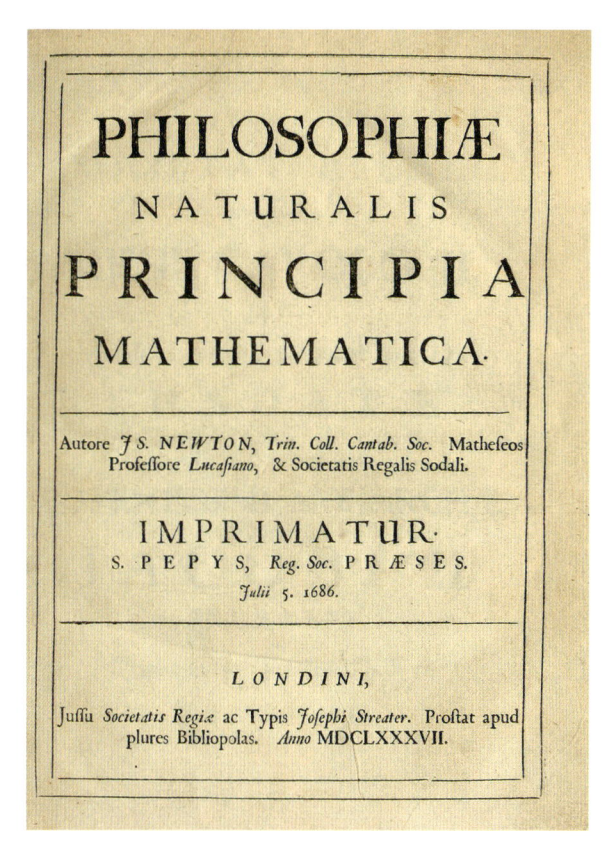

图22.4　牛顿的代表作《自然哲学的数学原理》第一版（1687年）扉页

《自然哲学的数学原理》由引言和三部分组成，对力学进行了系统性阐述，并对整个世界体系进行了描述。引言中的运动定律对力学的表述非常严谨。第一卷和第二卷研究了力的各种假定形式，以及粒子在这些力的作用下的运动。第三卷将前两卷中提出的一般性理论应用于行星运动的研究。按照当时的传统，书中大多数证明使用的是几何方法，而不是代数或解析方法。第三卷中还包括万有引力定律，这在科学史上是第一次承认和描述了这样一种基本力量。

《自然哲学的数学原理》的出版让牛顿享誉国际。年轻的英国科学家以牛顿为榜样，在大约一代人的时间里，英国大学校园里大多数的教席都被"牛顿主义者"占领。1689年，牛顿代表剑桥大学当选为国会议员。但他于1693年得了神经衰弱，经过了好几年的康复治疗才恢复正常。最后，在1696年，牛顿接受了铸币局局长的职务，并从剑桥迁居伦敦。荣誉还是继续加诸其身：1703年，牛顿当选为皇家学会会长，1705年被封为爵士。

毫无疑问，牛顿非常享受他的成就并为此感到无比自豪（当然，这都是他应得的）。例如，被封为爵士后，牛顿不辞辛劳地建立自己的家谱世系，并向司礼院申请家族盾徽。人们经常引用牛顿的一句话："如果说我看得比别人更远些，那是因为我站在巨人的肩膀上。"通常认为这表明牛顿很谦逊。然而，这可能是一种误解。社会学家罗伯特·默顿（Robert Merton）在其著名的著作《在巨人的肩膀上》（On the Shoulders of Giants）一书中提供了颇有说服力的解释，他指出，这个特殊的表达方式在牛顿那个时代很常见，是大人物和贵族在某些场合必说的客套话（类似于"你好"或"早上好"），并没有什么字面上的意义。默顿还列举了在牛顿之前或之后还有许多其他名人也说过这句话。当然了，任何历史学家如果对牛顿对待其他科学家的方式有所研究，都很难把谦逊这种品质和牛顿联系起来！

顺便提到，牛顿的《自然哲学的数学原理》由埃米莉·杜·夏特莱（Emilie du Chatelet，1706—1749）翻译成法语，完整译本于1759年出版，多年来一直是《自然哲学的数学原理》的唯一法文版本。译者夏特莱侯爵夫人对机械哲学各个领域的贡献直到现在才逐渐得到认可[①]。除了翻译这部作品，她还出版了哲学代表作《物理学研究》（Institutions de physique）来介绍牛顿的理论，这本书在法国从笛卡尔物理学转向牛顿物理学的过程中发挥了一定作用。

牛顿于1727年去世，享年85岁。人们举行了盛大的纪念活动，包括写诗歌、塑雕像等。牛顿被安葬在威斯敏斯特大教堂，伏尔泰对牛顿的葬礼描述道"他就像一位深受臣民爱戴的国王"（见知识框22.2）。

知识框22.2：牛顿、莱布尼兹和微积分

牛顿对数学的一个重要贡献是将数学的一个分支系统化，人们现在称之为微积分。不过，正如笔者在前面的章节中提到的，微积分的基本思想是几个世纪前在喀拉拉邦（位于印度）发展起来的。牛顿综合了几个先前已存在的概念，加上自己的重大创新，创立了微分学和积分学。简言之，微积分就是以适当的方式处理无穷小量（见知识框20.1）。牛顿研究微积分的方法本质上是数学物理学家的方法，他认为微积分是一种计算工具。

德国数学家莱布尼茨（见图22.5）在欧洲大陆也独立研究出微积分原理。一如往常，牛顿这次又陷入了一场关于优先权的激烈斗争——这次

[①] 夏特莱侯爵夫人是数学家、实验物理学家。遗憾的是，很多人只知道她是法国著名思想家伏尔泰的情人，而不怎么了解她对科学事业的贡献。——译者注

科学的曙光

还涉及国家荣誉。然而，莱布尼茨也是完全独立地得出了这一结论，并于1684年公布了结果，比牛顿公布研究成果要早。

虽然两个人在争论中都表现得非常低调，但在这场争论的某个阶段，莱布尼茨犯了一个错误，他竟然向皇家学会寻求解决争端。作为皇家学会的主席，牛顿任命了一个完全由他的朋友组成的"公正的"委员会来调查这个问题！牛顿秘密撰写了调查报告，正式指控莱布尼茨剽窃，甚至在皇家学会自己的期刊上"匿名"对报告进行了审查，最终由皇家学会出版。由于这场争论，英国数学家在18世纪的大部分时间都与欧洲大陆数学家关系疏远，事实上，在牛顿去世后，英国数学的质量远远落后于欧洲大陆。

图22.5 莱布尼茨的肖像

除了牛顿，莱布尼茨也独立发现了微积分原理，这引发了另一场关于优先权的激烈斗争。牛顿很可能是第一个研究出微积分的人，但莱布尼茨的研究也是完全独立的，并先于牛顿于1684年公布了他的结果。在担任皇家学会主席期间，牛顿任命了一个"公正的"委员会来调查这个问题，撰写报告，自己还"匿名"审查调查报告，并交由学会出版！

第23章　渴求动力

古代的农业生产和家务劳动依靠人和动物的力量，效率非常低。后来人们意识到可以利用水能和风能提供更有效的动力。阿拉伯人很早就对风车有所了解。而直到12世纪十字军将风车技术带回欧洲，欧洲人才知道风车的存在。另一种所有古文明都用到的动力来源，是安装在瀑布和溪流中的水轮。虽然风车和水轮可以算作技术创新，但真正的技术突破随着蒸汽的使用才真正到来。蒸汽动力的故事在技术史上谱写了有趣的篇章。

蒸汽动力的理论基础最初来自格里克和波义耳的研究，其实际必要性则是由17世纪英国大规模的森林砍伐所触发。当时英国海军需要大量木材造船，因此木材变得非常稀缺，无法用作燃料。当然，英国有巨大的煤炭储量，可以用作替代燃料，但煤矿屡遭水淹，在相当长的一段时间内无法使用。常规的补救方法是徒手或用马从矿井中抽水，但这个过程相当复杂且缓慢。

英国工程师托马斯·萨弗里（Thomas Savery，1650—1715）想到，可以利用空气的压力更有效地抽水。他的想法基本上是在容器中装满蒸汽，然后将蒸汽冷凝，这时如果在容器和矿井之间连接一根管子，容器内产生的真空就会将矿井中的水吸出来。这个工具被称为"矿工之友",实际上就是第一台实用的蒸汽机。后来,铁匠托马斯·纽科门(Thomas Newcomen,1663—1729)对设计进行了重大改进,制造出非常坚固的架构和精心打磨的活塞。经纽科门改良的蒸汽机(见图23.1)于1712年首先安装在斯塔福德郡。虽然纽科门的蒸汽机实现了抽水的目的,但消耗的燃料太多。下一个重大突破来自苏格兰工程师詹姆斯·瓦特(James Watt,1736—1819,见图23.2),他让蒸汽机的使用更加经济。

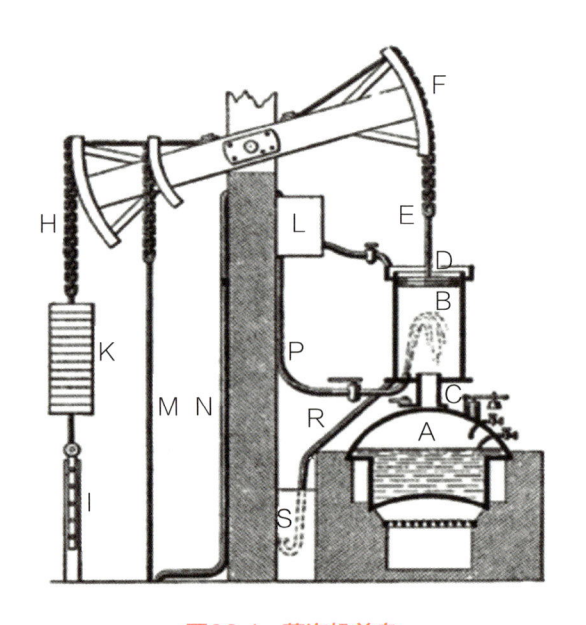

图23.1　蒸汽机前身

纽科门设计的纽科门蒸汽机是现代蒸汽机的前身,1712年首先在斯塔福德郡安装使用,后来几乎完全被瓦特改良的设计所取代。

瓦特从小体弱多病,童年过得平淡无奇。他的父亲成功经营一家船舶和房屋建造企业。瓦特最早的时候是在家里接受母亲的辅导,后来进入一所文法学校学习,学校里教的都是一些常见的科目:拉丁语、希腊语和数学。17岁时,瓦特在格拉斯哥开始从事数学仪器生产工作,1755年到伦敦继续从

图23.2　瓦特的肖像

瓦特大幅改良了纽科门蒸汽机。1769年，瓦特制造出一种实用的蒸汽机，燃油效率远远高于早期的纽科门蒸汽机。在接下来的几年中，瓦特在关键方面作了进一步的改进，到1800年，瓦特的蒸汽机已经完全取代了纽科门蒸汽机，在英国安装使用数百台（人们有时说瓦特发明蒸汽机，这是不准确的）。单是蒸汽机这一项发明就产生了重大的影响，它降低了商品大规模生产的成本，手工艺品因此不再具有商业可行性，工匠被工厂的工人所取代。可以说，工业革命就是由蒸汽机引发的。

事这一行业。一年后，瓦特因为身体不好回到格拉斯哥。1757年，他在格拉斯哥大学里开了一家店，制造象限仪、罗盘等多种数学仪器。在格拉斯哥大学，瓦特结识了苏格兰化学家约瑟夫·布莱克（Joseph Black，1728—1799），跟他学到了一些关于热能的有趣知识。特别是布莱克做了一系列热力学实验，让他意识到热能与温度并不一样。

例如，冰被加热时会吸收热能融化，但温度不变。同样，瓦特还注意到，水达到沸点时吸收的能量不会改变水的温度，而是将水转化为蒸汽。这些观察结果表明，100℃的蒸汽中热含量比同样温度的沸水中的多。布莱克将这种热含量命名为"潜热"，并把这些结果告诉了瓦特。

这些知识对瓦特来说非常重要。1764年，瓦特受委托修理一台纽科门蒸汽机，在修理过程中，瓦特意识到正是潜热导致这些蒸汽机中的大部分能量被浪费。为了冷凝蒸汽，必须将装有蒸汽的容器进行冷却，但随后在下一个运行周期又需要重新注入蒸汽，大部分能量实际上都只是用于将容器内部加热升温了。于是在每个操作循环中，反复对容器加热和冷却，导致大量的能量浪费。

瓦特想出了一个简单巧妙的解决方案。他引入另一个容器（现在人们称为"冷凝器"），在其中装满蒸汽，这样就可以让第一个容器（称为"气缸"）一直保持热的状态，让第二个容器一直保持冷的状态，从而解决了对同一个容器反复加热和冷却的问题。不久之后，瓦特认识了约翰·罗巴克（John Roebuck，1718—1794）。罗巴克是英国化学家、发明家和实业家，也是卡伦铁厂的创始人。罗巴克急切地希望瓦特尽快把这个蒸汽机的样本制作出来，他们于1768年建立了合作关系。第二年，瓦特获得了"一种减少消防车蒸汽和燃料消耗的新方法"的专利（见知识框23.1）。

瓦特在将其设计理念应用到商业领域时遇到一个实际困难，即很难将活塞和气缸按要求的规格制作出来。在那个年代，铁厂的工人与其说是机械师，不如说是铁匠，他们很难生产出有一定精度要求的产品。而瓦特本人为了获得这项发明的专利，投入了大量资金。但由于缺乏资金，瓦特不得不为别人打工八年——先是做测量员，然后是土木工程师！

因为以上因素，蒸汽机的进一步发展在一段时间内受到阻碍。雪上加霜的是，罗巴克经营的企业于1772年破产，瓦特需要到其他地方寻求支持。1774年左右，瓦特搬到伯明翰，很快就与英国制造商马修·博尔顿（Matthew Boulton，1728—1809）建立了合作伙伴关系，后者在伯明翰经营索和铁厂。当然，博尔顿也从瓦特的专利中分得一杯羹，但他成功地让议会通过法案，延长了专利期限。坚持最终得到了回报，瓦特的理想之作在商业上大获成功。瓦特蒸汽机因为在加热和冷却容器之间不需要暂停，燃油效率和工作效率都比纽科门蒸汽机高出很多。早期的蒸汽机的用途都是给泵提供动力，从矿井中抽水。瓦特的设计在商业上大获成功，接下来有五年左右的时间，瓦特都忙着到处安装蒸汽机，用于从矿井中抽水，尤其是在康沃尔郡。

在接下来几年的时间里，瓦特进一步改进了蒸汽机的设计，让它的功能更加丰富（见图23.3）。例如，让蒸汽从活塞两侧交替进入，这样一来活塞在推、拉过程中都可以做功，这项创新设计几乎将蒸汽机的性能提高了一倍。瓦特还设计了机械附件，将活塞来回运动转化为轮子的旋转运动。蒸汽

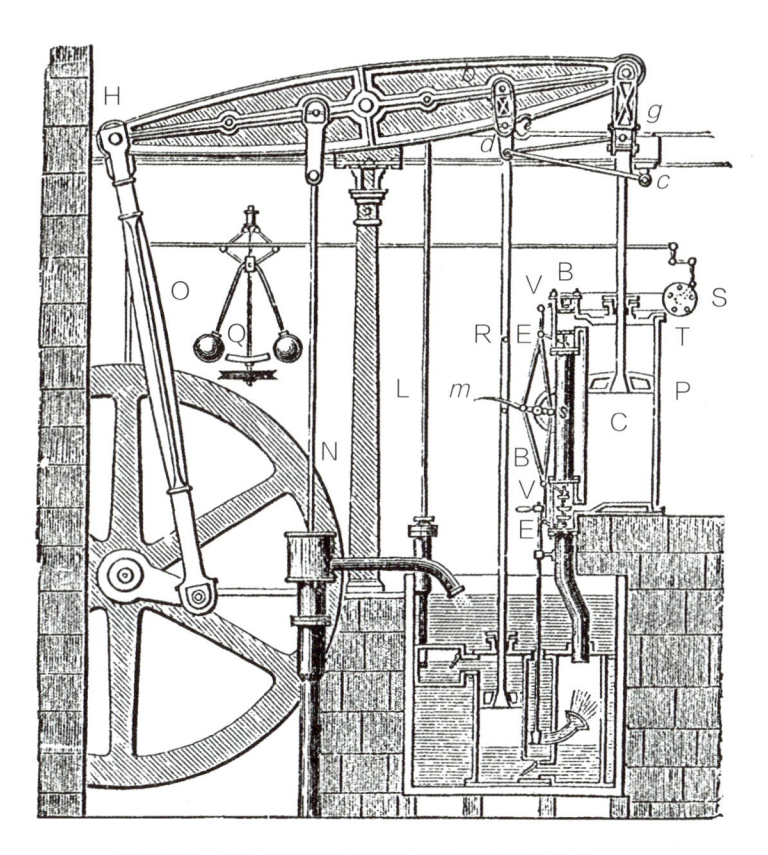

图23.3 第一批利用双动作式原理的蒸汽机之一，由马修·博尔顿和詹姆斯·瓦特开发制造

机因此成为第一台可满足多种使用需求的现代设备，利用从自然界获取的能量（以燃料的形式）让各种各样的机器运转起来。

1800年，瓦特的蒸汽机已经完全取代了旧的纽科门蒸汽机，其中在英格兰就安装了500多台，广泛应用于造纸厂、面粉厂、棉纺厂、制铁厂、酿酒厂和自来水工厂等。截至1790年，瓦特获得的专利税收入已经超过76000英镑（仅用了大约十年的时间），他变得非常富有。这也意味着瓦特不得不经常处理一些涉及专利保护的诉讼案件。

瓦特改良蒸汽机仅仅三十年后，第一台火车机车的制造就用上了蒸汽动力，用于运输煤炭。

瓦特及其追随者利用蒸汽动力产生的发明影响深远。以煤为动力的蒸汽机可以在任何地点持续输送能量，这意味着制造业和工厂不再需要建在溪流或瀑布附近。随着相对无限的动力供应，商品的大规模生产成本降低。手工艺品失去了商业可行性，工匠被工厂的工人所取代。城市随着工业的发展而发展，城市生活以及工厂制度的所有优缺点也随之而来。简言之，蒸汽机引发了工业革命。其中一个例子是纺织工业的机械化，这对英格兰至关重要。理查德·阿克赖特（Richard Arkwright，1732—1792）等人发明的机器取代了纺织制造业中的人工劳动力，他们成为第一批"资本家"。

知识框23.1：专利显然有损公正？

瓦特和博尔顿获得的专利权让他们垄断了蒸汽机的制造。社会学家和历史学家认为，这实际上不利于技术发展。瓦特和博尔顿可以凭借专利权授予的法律手段消除和抑制市场竞争，无需在压力下改进设计和降价销售蒸汽机。

> 一个和发明家乔纳森·霍恩布洛尔（Jonathan Hornblower，1753—1815）有关的例子经常被用来证明这一观点。霍恩布洛尔设计了一种"复合蒸汽机"，还在1781年获得了专利。不同于瓦特最初的单汽缸模型，霍恩布洛尔的蒸汽机有两个汽缸，而且使用的是高压蒸汽。尽管霍恩布洛尔的设计效率有所提高，技术也有所创新，但不幸的是，瓦特和博尔顿通过法律诉讼阻止了霍恩布洛尔将其设计实现商业化。尽管霍恩布洛尔在蒸汽机其他方面的创新同等重要，但争论的焦点主要集中在冷凝器的使用上。
>
> 基于这些案例，人们认为在瓦特的专利于1800年到期之前，创新一直遭到扼杀。这是因为别人对蒸汽机的创新设计和瓦特的设计相比无论有多大改进，都必须使用独立冷凝器的这个设计。而1775年的专利最重要的正是让博尔顿和瓦特得以垄断独立冷凝器这个设计，导致其他人无法对蒸汽机其他有经济和技术价值的方面进行改进。似乎许多竞争对手为了避免卷入法律纠纷，在瓦特的专利到期之前都只能将其设计想法暂时搁置。
>
> 事实上，在瓦特专利的有效期内，蒸汽机的燃油效率几乎没有任何变化，但在1810年至1835年间，燃油效率提升了将近五倍！

瓦特的工作在他那个时代得到了应有的认可。1785年，瓦特当选为皇家学会会员，1814年成为法国科学院的外籍院士，他还从专利税中获得了一笔可观的财富。在一次早期的实验中，瓦特注意到一匹强壮的马可以在大约一秒的时间内将100磅的重物提高近4英尺，由此创造了"马力"一词，将其规定为550英尺·磅/秒。为了纪念这位蒸汽机的改良者，人们今天测量功率的公制单位以"瓦特"来表示，1马力等于735瓦特。

1819年，瓦特在伯明翰郊外希斯菲尔德的自家阁楼中去世。他的工作室现在保存在伦敦科学博物馆，所有的家具和仪器基本上都保留了他去世时的样子。

第24章　化学时代来临

在18世纪，另一个渐趋成熟的科学分支是化学。英国的亨利·卡文迪许（Henry Cavendish，1731—1810，见图24.1）和约瑟夫·普里斯特利（Joseph Priestley，1733—1804）的研究工作，和法国的安托万·拉瓦锡（Antoine Lavoisier，1743—1794）的大量贡献，促使化学发展成为一门精确科学。

卡文迪许是两个著名的公爵家族的后裔，早期在伦敦接受教育，随后在剑桥彼得豪斯学院学习四年，他虽然完成了学业，但未能获得最终的学位，其原因不得而知。在欧洲大陆短暂旅行后，卡文迪许于1755年定居伦敦，开始与父亲一起工作，他的父亲是一位经验丰富的实验主义者，卡文迪许一开始作为父亲的助手，但很快就开始设计自己的实验，并开辟了新的领域，尤其是在气体和电的性质研究方面。

卡文迪许40岁左右时从亲戚那里继承了一笔可观的财富，成了百万富翁〔当代科学家让·巴蒂斯特·毕奥（Jean Baptiste Biot，1774—1862）对此评论道，卡文迪许是所有博学者中最富有的，是所有富人中最博学的！〕。事实上，卡文迪许本人可谓是"科学怪才"的原型。他不修边幅，经常穿一件皱巴巴的褪了色的西装，戴一顶三色帽子，少言寡语，即便是说起话来也吞

科学的曙光

吞吐吐，从不在公共场合露面，甚至见不得女性——这个问题非常严重，卡文迪许和他的（女性）管家之间日常交流要通过写纸条来进行，他还命令所有的女性家政人员远离他的视线！他不屑于来自公众的赞誉，但接受了皇家学会和法兰西学院提供的奖金。卡文迪许很少发表自己的研究成果，因此拖慢了科学发展的步伐。

图24.1　卡文迪许的肖像

卡文迪许是一位才华横溢的科学家，堪称"科学怪才"。他非常害羞，不修边幅，少言寡语，见不得女性。他从亲戚那里继承到一笔财富，成了百万富翁，被认为是"所有博学者中最富有的，所有富人中最博学的！"卡文迪许在化学领域的贡献包括分离出氢气，研究了氢气的一些性质，特别是利用电火花引爆氢气和空气的混合物产生水，这一结果在化学史上具有重要意义，它表明原来人们认为组成世界的五种基本元素之一的水，实际上可以由两种其他物质结合而成。在物理学方面，卡文迪许改良了用于测量微小的力的秤，人们现在称之为"卡文迪许扭秤"，利用这一得力工具，卡文迪许能够测出牛顿万有引力定律中的引力常量，从而间接称量地球。

然而，就科学水平而言，卡文迪许确实很出色。1766年，他向英国皇家学会汇报了自己早期关于酸对金属作用产生可燃气体的一些研究。尽管这种气体以前就已经被发现，但卡文迪许是第一个系统性研究其性质的人。

（二十年后，拉瓦锡将这种气体命名为氢）卡文迪许通过利用酸对各种金属的作用制备出气体，他用盐酸（也叫"盐精"）和稀硫酸（也叫"硫酸油"）研究了三种金属：锌、铁和锡。他通过置换水的方法收集气体，这是一种捕捉和储存从化学反应过程中释放出的气体的巧妙方法（见图24.2）。使用这种方法，卡文迪许可以非常精确地测量出液体的体积和质量等。

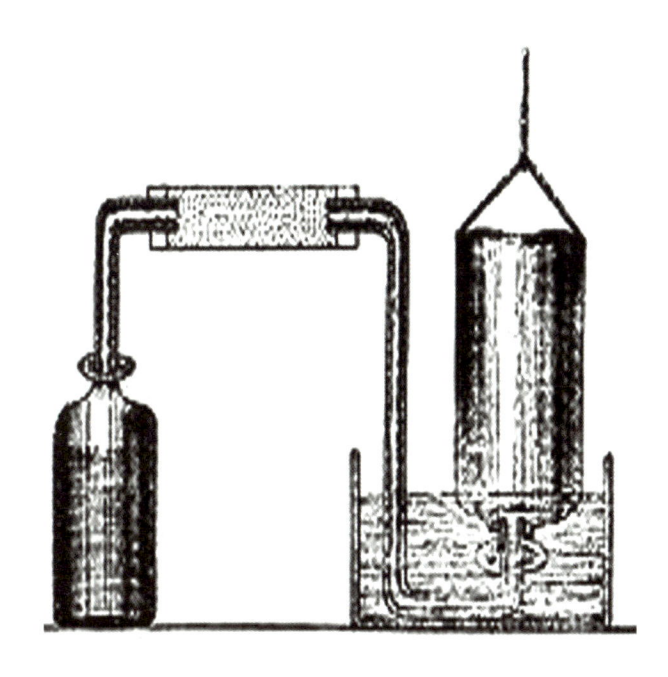

图24.2 卡文迪许生产和收集氢的装置

将锌等金属放进左侧的瓶子中，令其与酸相互作用。将一根弯曲的玻璃管插入左侧瓶中，玻璃管的另一端置于盛水的容器。然后在另一个收集瓶中装满水，并将其翻转倒扣在玻璃管的末端，瓶口没于水中。收集瓶用绳子悬挂吊置。这是一个收集不溶于水的气体（也可用水银代替水来收集溶于水的气体）的妙招，卡文迪许因此可以进行非常精确的测量。

通过细致的测量，卡文迪许确定了氢气的密度，发现氢气比空气轻很多。当时化学界流行的一个概念是关于一种被称为"燃素"的假想物质（在希腊语中燃素的意思是"着火"），认为所有可燃物质都应该含有大量燃素，在燃烧的过程中燃素会有损耗。例如，木头中应含有大量燃素，但灰烬不含燃素，所以木头可以燃烧，灰烬不能燃烧。氢气燃烧时发出的耀眼光芒以及它可助燃的特性，让卡文迪许（错误地）以为自己分离出了燃素。燃素的概念又过了好几年时间才淡出人们的视野。

然而，卡文迪许注意到，氢气和空气的混合物遇到电火花爆炸时会产生水。虽然普里斯特利甚至瓦特早些时候也进行过类似的实验，但他们似乎都没有领会其意义。这一结果在概念上至关重要，因为它给了中世纪以来认为水是一种纯元素的观点致命的一击。如今人们已经很清楚，通过适当的化学反应就可以形成水。

卡文迪许还利用电火花使氮气与空气（用现代术语来说，实际上是空气中的氧气）结合形成氧化物，然后将其溶解在水中生成硝酸。他在反应中不断地加入更多空气，希望用尽所有的氮气。他发现，一个占整体比例不到百分之一的小气泡没有参与反应。这让他非常正确地推测，正常空气中含有少量惰性气体[①]。人们现在知道该成分本质上是氩气[②]。

除了对化学的贡献，卡文迪许还对电学现象的研究和引力常数的测量做出了重大贡献（见知识框24.1）。卡文迪许去世时享年78岁。他把大笔财产都留给了亲戚，留给科学事业的寥寥无几。卡文迪许家族后来在1875年弥补了这一疏漏，他们在剑桥大学捐建了卡文迪许实验室，为下个世纪的科学发展做出了巨大贡献。

知识框24.1：称称地球的质量

根据牛顿的万有引力定律，质量为 M 和 m 的两个物体相隔距离为 r

[①] 现在称作稀有气体。——编者注
[②] 空气中稀有气体的主要成分是氩，稀有气体包括氦、氖、氩、氪、氙等。——编者注

时，两个物体之间的引力为：$F = \dfrac{GMm}{r^2}$，其中 G 是万有引力常数。根据这条定律，如果可以足够精确地测量出任何两个物体之间的引力，就可以确定G。一旦确定了G，就可以利用已知的地球引力来确定地球的质量。

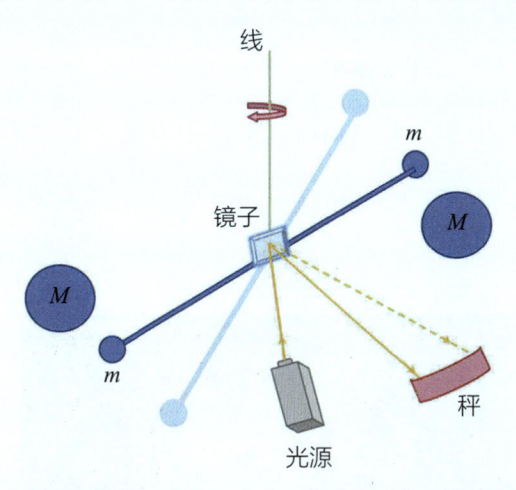

当然，其中的困难在于地心引力F非常小，在实验室天平上测量不出，需要灵敏度非常高的仪器才能测量。卡文迪许的一个贡献就是设计了一个合适的称量装置（参见上图）。用线系在一根很轻的杆子中间，将其悬挂起来，杆子的两端各有一个很轻的铅球，杆子可以绕线自由扭转，即使对铅球施加很小的力也会使其扭转。另取两个大球分别放在两个小球附近。通过测量杆子产生的扭曲度，就可以计算出球之间的引力，从而估算出常数G。根据G的估算值，就可以计算出地球的质量为6.6×10^{21}吨，密度约为5.5克/立方厘米。即使到了今天，卡文迪许扭秤仍然是测量小力的得力工具。

生活在同一时期的另一位英国化学家是普里斯特利。（见图24.3）他的父亲是一个不肯墨守成规的传教士，他本人在宗教和政治方面的观点也相当

科学的曙光

激进。普里斯特利早年学习语言、逻辑和哲学，没怎么学过科学。他起初在柴郡的一所走读学校担任教师，在此期间，他还写了几本关于英语语法、教育和历史的书！普里斯特利虽然从未正式学习过科学，但他对当时发生在身边的几项科学新发现非常好奇。出于兴趣，从1765年起，他决定每年在伦敦待一个月，在那里他可以与顶尖科学家保持联系。深受本杰明·富兰克林（1706—1790）的影响，普里斯特利写了一本书，名为《电学的历史和现状》（*The History and Present State of Electricity*），这立即为他在学术圈中赢得了一席之地。

图24.3　普里斯特利的肖像

普里斯特利起初是柴郡的一名教师，著有几本关于英语语法、教育和历史的书。然而，普里斯特利对科学非常感兴趣，从1765年起，他每年都要在伦敦待上一个月，与科学家保持联系。普里斯特利很快将注意力转向化学，最终发现了氧气，但他可能不太了解自己所做工作的重要性。而拉瓦锡一听说这个发现时就立即识别出这是一种新气体，并将其命名为氧气。普里斯特利是一神论者，他还坚定支持法国大革命，因此在英国很不受欢迎。1791年7月14日，伯明翰当地民众与法国大革命支持者发生暴力冲突，普里斯特利的房子、实验室和资料室被烧毁，普里斯特利有幸逃到伦敦，后来移居美国。

第24章　化学时代来临

不久，普里斯特利的好奇心从物理转移到化学，重点关注气体的行为。当时已知的气体只有三种——空气、二氧化碳（布莱克发现）和氢（卡文迪许发现）。普里斯特利继续通过适当的反应分离出更多的气体进行研究，如氨和氯化氢。他使用了一种新技术，即通过水银收集气体（而不是像当时普遍的做法一样通过水收集），这样他可以收集到许多溶于水的气体。

普里斯特利在1774年做出了他最主要的发现。众所周知，当水银在空气中加热时，会产生砖红色的"烧渣"（人们现在知道那是氧化汞）。普里斯特利发现，把烧渣收集起来放在试管中加热，它又变回了汞，与此同时也释放出一种有趣的气体，在这种气体中，可燃物燃烧得更加明亮和迅速，老鼠显得特别活跃，他自己吸进这种气体后也会感觉"轻松惬意"。由于普里斯特利相信流行的燃素理论，他推断新气体的燃素含量一定特别低，故而称之为"脱燃素"空气。但当拉瓦锡听说这一发现时，他立即识别出这是一种新气体，将其命名为氧气。

普里斯特利在他的另一个实验中将二氧化碳溶解于水，发现这种溶液是一种好喝的清凉饮料。虽然他并没有因此获得商业上的成功，但绝对堪称"软饮料行业之父"！

1779年，普里斯特利搬到伯明翰，担任新会议集会的牧师。他是一个一神论者。此外，他还是法国大革命的坚定支持者和捍卫者。这些事实以及他关于这些主题的出版物——导致普里斯特利在当地社区中非常不受欢迎。1791年7月14日，当法国大革命的支持者在伯明翰组织集会时，公众并不支持集会。在随后发生的暴徒暴力事件中，普里斯特利的房子、实验室和资料室全部被烧毁，普里斯特利本人则有幸逃到伦敦。

然而，随着法国大革命的进行、路易十六在法国被处决、英法之间宣战，普里斯特利的日子越来越难过。1794年，他永远离开了英国，移居美

科学的曙光

国，在那里度过生命中的最后十年。普里斯特利可能是第一个为了逃避当地迫害而移民到美国的科学家，当然他绝不是最后一个！为了纪念普里斯特利的科学成就，美国化学会于1922年将其最高荣誉命名为普里斯特利奖章（见图24.4）。

图24.4 普里斯特利奖章

1794年，普里斯特利移居美国，在那里度过了他生命的最后十年。为了纪念普里斯特利的科学成就，美国化学会于1922年将普里斯特利奖章作为其最高荣誉。

虽然卡文迪许和普里斯特利都是那个时代杰出的科学家，但还有一位同代人比他们都出色，那就是拉瓦锡。拉瓦锡被誉为"现代化学之父"，有时也被称为"化学界的牛顿"，他都当之无愧。但是，尽管拉瓦锡智力超群，但他的人生却以悲剧收场（知识框24.2）。如果说普里斯特利是因为支持法国大革命却生在了错误的国家而饱受折磨，那么拉瓦锡则是因为在法国大革命中站错了阵营而失去了生命。

拉瓦锡出生在巴黎的一个富裕家庭，有一个美好的童年，接受了良好的教育。他是一个才华横溢的学生，在涉足一点地质学之后，将注意力转向了化学，并在化学领域取得了成功。拉瓦锡为化学学科做出了很多贡献，其中任何一项都能称得上是科学史上的里程碑。

拉瓦锡的第一个贡献是认为解决化学问题需要精确的测量，在这方面他为化学所做的贡献相当于伽利略之于物理学。例如，当时有人认为，水通过长时间的加热可以转化为土（也就是说，五种元素中的一种可以转化为另外一种）。这是基于这样一个事实，即在容器中加热了很多天的水确实产生了固体沉淀物。1786年，拉瓦锡对这一想法进行实验，在受控条件下将水煮开了约100天，并在加热前后对水和容器进行称重。沉淀物确实出现了，但拉瓦锡通过精确的测量最终证明水的质量并未改变，而容器损失的质量正好等于沉淀物的质量，从而清楚地表明沉淀物是来自容器，而不是来自水。

拉瓦锡的第二个主要贡献是终结了燃素燃烧理论，这个理论虽然并不能解释太多现象，但已经流行了将近一个世纪。拉瓦锡发现，当磷和硫燃烧时，最终物质的质量比原来的物质还要重，这清楚地表明一些物质是从空气中获得的。燃素理论根本无法解释这一质量的增加。为了进一步验证这一点，1774年，拉瓦锡在受控条件下再次进行了实验。这一次，他在密闭容器中以固定量的空气加热锡和铅，在这两种金属表面都生成了一层烧渣。烧渣的质量确实大于其取代的金属的质量，但整套设备（由金属、烧渣、空气、容器等组成）在加热后并没有变重。拉瓦锡还证明，质量的增加确实涉及一定量的空气损耗，从而在容器内形成部分真空。这最终证明，生锈和燃烧并不涉及燃素的损失，而是至少增加了一部分空气中的物质。这终结了燃素理论，为理论化学奠定了现代基础，还进一步引出了质量守恒定律，在随后的几年中成为化学的指导原则。

1774年10月，普里斯特利前往巴黎与拉瓦锡讨论关于他的实验的一些问题，尤其是脱燃素空气。拉瓦锡立即明白了这个概念是荒谬的，并给出了正确的解释：空气中含有两种气体，一种支持燃烧（他称之为氧气），另一种他称之为"azote"①（来自希腊语，意为"无光"）。后来，在1790年，让-安托万·沙普塔（Jean-Antoine Chaptal，1756—1832）将其命名为"氮"，这就是人们现在所知道的名称。

拉瓦锡还从卡文迪许的研究结果中排除了燃素。1783年，卡文迪许证明，他发现的可燃气体在空气中燃烧后可以形成水。拉瓦锡重复了这些实验，但方式有所改进，并将这种可燃气体命名为氢（来自希腊语，意思是"产生水"）。这一切都与他的化学思想和他一直倡导的系统方法相吻合。

拉瓦锡的另一个重大贡献是根据化学物质的元素构成简化了化学物质命名的原则。1787年，拉瓦锡与贝托莱（Berthollet，1748—1822）、佛克罗伊（Fourcroy，1755—1809）合著了一本书，名为《化学命名法》（*Methods of Chemical Nomenclature*），在书中介绍了这一命名体系。这个体系清晰明了，逻辑性强，几乎立即被世界各地的化学家所采用。

历史学家指出拉瓦锡的性格中存在一个缺陷，即他从不愿意承认别人的功劳。例如，在氧气的问题上，拉瓦锡竭力避免提及他从普里斯特利那里得到过帮助，试图让人觉得是他自己独立发现了氧气。拉瓦锡在与氧气有关的各个方面都应该得到满分，除了没能独立发现这种气体。然而，拉瓦锡梦寐以求的正是能够自己独立发现一种元素。虽然他在化学领域获得的成就比任何人都多，但命运却没有让他在发现元素方面得偿所愿！在处理卡文迪许和氢气的问题时他也是如此，拉瓦锡试图让人觉得燃烧氢气的实验是他自己的原创。这再次让人觉得拉瓦锡喜欢抢功。

---

① "氮"被命名为"nitrogen"之前用的名字。——译者注

具有讽刺意味的是,尽管拉瓦锡引领了一场化学革命,但他自己的生命却被一场革命——法国大革命终结。这场革命中的恐怖统治夺去许多生命(见知识框24.2)。拉瓦锡因为间接参与了一家名为包税总公司的私人企业而被打上了叛徒的烙印。1794年5月8日,50岁的拉瓦锡在巴黎被判有罪,遭斩首。他遭受的处决震惊了法国科学界,法国数学家拉格朗日(Lagrange)评论道:"砍掉他的头只需要片刻时间;但要再等到一个像他那样的人出现,恐怕一百年的时间都不够。"

知识框24.2:把科学家送上断头台

拉瓦锡犯了两个代价高昂的错误,导致了他的悲惨结局。首先,拉瓦锡为了获取资金支持自己的研究事业,于1768年在包税总公司投资了50万法郎。这家私人企业是法国政府聘请的征税公司,根据协议,公司需向政府支付一笔固定金额的费用,超过该金额的任何费用都归公司所有。不用说,这些"包税人"是18世纪法国最令人讨厌的群体。虽然拉瓦锡本人并没有积极参与税收征管,但他确实每年从中赚取近10万法郎的收入。拉瓦锡几乎将全部收入都用于建设一个宏伟的私人化学研究实验室,前来参观的人包括托马斯·杰斐逊(Thomas Jefferson)和富兰克林。但抛开所有利他主义不谈,拉瓦锡确实从包税制中获得了收益。

第二,1771年,拉瓦锡与玛丽·安妮(Marie-Anne)结婚,玛丽·安妮是包税总公司一位主要高管的女儿。她是一位聪明而忠诚的妻子,与拉瓦锡很般配,唉,只可惜她是包税人的女儿。

到1792年,包税人被追捕。很快,拉瓦锡被捕并受审。1794年5月8日,拉瓦锡与其岳父以及其他包税人一起被送上了断头台,最后埋葬在一个没有任何标记的坟墓里。关于拉瓦锡的死，拉格朗日发表了著名的评论："砍掉他的头只需要片刻时间；但要再等到一个像他那样的人出现，恐怕一百年的时间都不够。"

参考文献

第1章

1. For a comprehensive discussion of the pyramids in ancient Egypt, see: Collins, Dana M. (2001), *The Oxford Encyclopedia of Ancient Egypt*, Oxford University Press, Oxford [ISBN 978-0-19-510234-5].

    Jackson, K. and Stamp, J. (2002), *Pyramid: Beyond Imagination: Inside the Great Pyramid of Giza*, BBC Worldwide Ltd. [ISBN 978-0-563-48803-3].

    Lehner, Mark (1997), *The Complete Pyramids*, Thames and Hudson, London [ISBN 0-500-05084-8].

2. We are still discovering various aspects of pyramids! See, for example, https://news.nationalgeographic.com/2017/11/great-pyramid-giza-void-discoveredkhufu-archaeology-science/.

3. Clagett, Marshall (1999), *Ancient Egyptian Science: A Source Book - Volume 3: Ancient Egyptian Mathematics*, Memoirs of the American Philosophical Society **232**, American Philosophical Society, Philadelphia [ISBN 0-87169-232-5].

4. The problems in the Moscow Papyrus are still being (re)interpreted by scholars; see, e.g., Cooper L. (2010), *A new interpretation of Problem 10 of the Moscow Mathematical*

Papyrus, Historia Mathematica, **37**, 11–27.

5. For further reading, see, e. g., Couprie, Dirk L. (2011), *Heaven and Earth in Ancient Greek Cosmology: from Thales to Heraclides Ponticus*, Springer, New York [ISBN 9781441981158].

   Luchte, James (2011), *Early Greek Thought: Before the Dawn*, Bloomsbury Publishing, London [ISBN 978-567353313].

   O'Grady, Patricia F. (2002), *Thales of Miletus: The Beginnings of Western Science and Philosophy*, Western Philosophy Series Vol **58**, Ashgate, New York [ISBN 9780754605331].

   Boyer, C. B. (1989), *A History of Mathematics*, Wiley, New York [ISBN 0-471-09763-2].

6. For an English version, see Grene, David (1987), *The History by Herodotus (translation)*, University of Chicago Press, Chicago, USA [ISBN 0-226-32770-1].

7. See, Asimov, Isaac (1991), *Isaac Asimov's guide to Earth and Space*, Fawcett Books, New York, p. 85 [ISBN 978-0-307-79227-3].

8. The outline map of the world, used in the inset, in Chaps. 1, 3, 4, 6, 7, and 16 is courtesy FreeWorldMaps. net: http://www. freeworldmaps. net/outline/maps/contourworld-map. gif.

第2章

1. For further reading, see, e. g., Riedweg, Christoph (2005), *Pythagoras: His Life, Teachings, and Influence*, Cornell University Press, New York [ISBN 978-0-8014-7452-1].

   Horky, Philip Sydney (2013), *Plato and Pythagoreanism*, Oxford University Press, Oxford [ISBN 978-0-19-989822-0].

   Joost-Gaugier, Christiane L. (2006), *Measuring Heaven: Pythagoras and his Influence on Thought and Art in Antiquity and the Middle Ages*, Cornell University Press, New

York [ISBN 978-0-8014-7409-5].

McKeown, J. C. (2013), *A Cabinet of Greek Curiosities: Strange Tales and Surprising Facts from the Cradle of Western Civilization*, Oxford University Press, Oxford [ISBN 978-0-19-998210-3].

O'Meara, Dominic J. (1989), *Pythagoras Revived*, Oxford University Press, Oxford [ISBN 0-19-823913-0].

2. For the origins of Pythagoras' theorem, see, e. g., Ratner, Bruce (2009), *A Closer Look: Pythagoras: Everyone knows his famous theorem, but not who discovered it 1000 years before him*, Journal of Targeting, Measurement and Analysis for Marketing **17**, 229-242 [doi:10. 1057/jt2009. 16].

Joseph, George Gheverghese (2010), *The Crest of the Peacock: Non-European Roots of Mathematics*, Third Edition, Princeton University Press, Princeton [ISBN 9780691135267].

Plofker, Kim (2009), *Mathematics in India*, Princeton University Press, Princeton [ISBN 9780691120676].

3. For more on Plato, see, e. g., Jackson, Roy (2001), *Plato: A Beginner's Guide*, Hodder and Stroughton, London [ISBN 0-340-80385-1].

Penner, Terry (1992), *Socrates and the Early Dialogues*, in 'The Cambridge Companion to Plato', Cambridge University Press, Cambridge, UK (pp. 121-169) [ISBN 9781139000574].

Cooper, John M and Hutchinson, D. S. [Eds] (1997), *Plato: Complete Works*, Hackett Publishing Company, Inc., US [ISBN 0-87220-349-2].

4. There is a vast literature on the Platonic solids; see e. g., Coxeter, H. S. M. (1973), *Regular Polytopes*, Dover Publications, New York [ISBN 0-486-61480-8].

Gardner, Martin (1987), *The second Scientific American Book of Mathematical Puzzles and Diversions*, University of Chicago Press, Chicago; Chapter 1: The Five Platonic

Solids [ISBN 0226282538].

Pugh, Anthony (1976), *Polyhedra: A visual approach*, University of California Press, Berkeley [ISBN 0-520-03056-7].

Weyl, Hermann (1952), *Symmetry*, Princeton University Press, Princeton [ISBN 0-691-02374-3].

Lloyd, David Robert (2012), *How old are the Platonic Solids?*, Journal of the British Society for the History of Mathematics, **27**, 131–140.

[doi:10. 1080/17498430. 2012. 670845].

5. The application of Platonic solids to heavenly bodies by Kepler is described in: Kepler, Johannes (1952), *The Harmony of the World* (translated by Charles Glenn Wallis), Encyclopedia Britannica.

Voelkel, J. R. (1995), *The music of the heavens: Kepler's harmonic astronomy*, Physics Today, 48(6), 59–60.

6. While there is some controversy about this, most historians believe that Aristotle (like Xenocrates, another prominent member of the Academy), left because he was not chosen to succeed Plato as director of the Academy, with the position going instead to Plato's nephew, Speusippus. See, e. g.,Anagnostopoulos, Georgios (Editor) (2009), *A Companion to Aristotle*, Chap. 1, p. 6; Wiley, Sussex, UK [ISBN 978-1405122238].

Lloyd, G. E. R. (1968), *Aristotle: The Growth and Structure of his Thought*, Cambridge University Press, Cambridge, UK [ISBN 9780521094566].

7. Figure 2. 2 courtesy: Raphael / Wikimedia Commons / https://commons. wikimedia. org/wiki/File:Sanzio_01_Plato_Aristotle. jpg (from public domain).

8. Figure 2. 3 courtesy: Johannes Kepler/ Wikimedia Commons/ https://commons. wikimedia. org/wiki/File:Kepler-solar-system-1. png (from public domain).

参考文献

第3章

1. This is claimed in page 53 of the book:Menninger, Karl (1969), *Number Words and Number Symbols*, Dover Publications, New York [ISBN 978-0262130400].

   but has been criticized in the work: Zaslavsky, Claudia (1999), *Africa Counts: Number and Pattern in African Cultures*, Chicago Review Press, Chicago, USA [ISBN 978-1556523502].

   See also: Hollis, A. C. (1905), *The Masai: their language and folklore*, Clarendon Press, Oxford, UK [ISBN 052404340X (microfiche)].

   which suggests that the custom, while prevalent, is not universally linked to the age of the woman.

2. The Ishango bone is described in many books on the history of mathematics. See, e. g., Rudman, Peter Strom (2007), *How Mathematics Happened: The First 50 000 Years*, Prometheus Books, US [ISBN 978-1-59102-477-4].

   de Heinzelin, Jean (1962), *Ishango*, Scientific American, 206 (June 1962) 105–116.

   Stewart, I., Huylebrouck, D., Horowitz, D. et al. (1996), *The Bone that Began the Space Odyssey*, The Mathematical Intelligencer, 18, 56 [https://doi. org/10. 1007/BF03026755].

3. See the document: *Carbon dating finds Bakhshali manuscript contains oldest recorded origins of the symbol 'zero'*; Bodleian Library (2017-09-14) at the URL http://www. bodleian. ox. ac. uk/bodley/news/2017/sep-14.

4. See e. g., Aczel, Amir (2015), *Finding Zero: A Mathematician's Odyssey to Uncover the Origins of Numbers*, Palgrave Macmillan, New York [ISBN 978-1137279842].

   Joseph, George Gheverghese (2016), *Mathematics: Engaging with the World from Ancient to Modern Times*, World Scientific, Singapore [ISBN 9781786340603].

5. For more on the history of zero and positional notation and related topics, see, e. g., Kaplan, Robert (2000), *The Nothing That Is: A Natural History of Zero*, Oxford

University Press, Oxford[ISBN 978-0195142372].

Berggren, J. Lennart (2007), *Mathematics in Medieval Islam in The Mathematics of Egypt, Mesopotamia, China, India, and Islam: A Sourcebook*, Princeton University Press, Princeton [ISBN 978-0-691-11485-9].

Georges, Ifrah (1988), *From One to Zero: A Universal History of Numbers*, Penguin Books US [ISBN 0-14-009919-0].

Graham, Flegg (2002),*Numbers: their history and meaning*, Courier Dover Publications, US [ISBN 978-0-486-42165-0].

Dantzig, Tobias (1954), *Number–The Language of Science* (4th edn.), The Free Press (Macmillan Publishing Co.), UK [ISBN 0-02-906990-4].

6. For more on Euclid, see: Artmann, B. (1999), *Euclid: The Creation of Mathematics*, Springer, New York [ISBN 978-0-387-98423-0].

Heath, T. (1956), *Euclid: The Thirteen Books of The Elements*, Dover Publications, New York [ISBN 978-0486600888].

Mlodinow, L. (2002), *Euclid's Window: The Story of Geometry from Parallel Lines to Hyperspace*, Touchstone, New York [ISBN 978-0684865249].

Knorr, Wilbur Richard (1975), *The Evolution of the Euclidean Elements: A Study of the Theory of Incommensurable Magnitudes and Its Significance for Early Greek Geometry*, Dordrecht, Holland [ISBN 90-277-0509-7].

7. More on the ancient Indian contribution can be found, e. g., in: Divakaran, P. P. (2018), *The Mathematics of India: Concepts, Methods, Connections*, Springer Verlag, Singapore [ISBN 978-9811317736].

Balachandra Rao, S. (1998), *Indian Mathematics and Astronomy: Some Landmarks*, Jnana Deep Publications, Bangalore, India [ISBN 81-900962-0-6].

Joseph, George Gheverghese (2011), *The Crest of the Peacock: Non-European Roots of Mathematics*, Third Edition, Princeton University Press, Princeton [ISBN

参考文献

9780691135267].

Plofker, Kim (2007), *Mathematics in India in The Mathematics of Egypt, Mesopotamia, China, India, and Islam: A Sourcebook*, Princeton University Press, Princeton [ISBN 978-0-691-11485-9].

Sarma, K. V. (1997), '*Sulbasutras*', in *Encyclopedia of the History of Science, Technology, and Medicine in Non-Western Cultures*, edited by Helaine Selin, Springer, New York [ISBN 978-0-7923-4066-9].

8. For more details on the Chinese contribution, see: Dauben, JosephW. (2007), 'Chinese Mathematics', in Victor J. Katz, *The Mathematics of Egypt, Mesopotamia, China, India, and Islam: A Sourcebook*, Princeton University Press, Princeton [ISBN 978-0-691-11485-9].

Martzloff, Jean-Claude (1996), *A History of Chinese Mathematics*, Springer, [ISBN 3-540-33782-2].

Needham, Joseph (1959), *Science and Civilization in China: Volume 3, Mathematics and the Sciences of the Heavens and the Earth*, Cambridge University Press, Cambridge [ISBN 978-0521058018].

9. Figure 3. 2 courtesy: Euclid and Nasir al-Din al-Tusi / wikimedia commons/. https://commons. wikimedia. org/wiki/File:Houghton_56-1235_-_Euclid,_Elements_%28Arabic%29,_1594. jpg (from Public domain); [Source: "*56-1235, Houghton Library, Harvard University"].

第4章

1. For more on Archimedes, see, e. g., Stein, Sherman (1999), *Archimedes: What Did He Do Besides Cry Eureka?* Mathematical Association of America, Washington DC [ISBN: 978-0-88385-718-2].

Clagett, Marshall (1964–1984), *Archimedes in the Middle Ages* (5 Volumes), University of Wisconsin Press, Madison.

Dijksterhuis, E. J. (1987), *Archimedes*, Princeton University Press, Princeton [ISBN 0-691-08421-1].

Gow, Mary (2005), *Archimedes: Mathematical Genius of the Ancient World*, Enslow Publishers, Inc., New Jersey [ISBN 0-7660-2502-0].

Hasan, Heather (2005), *Archimedes: The Father of Mathematics*, Rosen Central, US [ISBN 978-1-4042-0774-5].

2. See e. g., Rorres, Chris, *Tomb of Archimedes: Sources* http://www. math. nyu. edu/~crorres/Archimedes/Tomb/Cicero. html.

Courant Institute of Mathematical Sciences Archive (https://web. archive. org/web/20061209201723/http://www. math. nyu. edu/~crorres/Archimedes/Tomb/Cicero. html).

3. For more on the history of π, see, e. g., Beckmann, Peter (1989), *History of Pi*, St. Martin's Press, New York [ISBN 978-0-88029-418-8].

Blatner, David (1999), *The Joy of Pi*, Walker and Company, US [ISBN 978-0-8027-7562-7].

Zebrowski, Ernest (1999), *A History of the Circle: Mathematical Reasoning and the Physical Universe*, Rutgers University Press, New Jersey [ISBN 978-0-8135-2898-4].

4. See, e. g., Russo, Lucio (2013), *Archimedes between legend and fact*, Lett. Mat. Int. 1, 91–95.

Mills A. A and Clift, R. (1992), *Reflections of the Burning mirrors of Archimedes with a consideration of the geometry and intensity of sunlight reflected from plane mirrors*, Eur. J. Phys. **13**, 268.

Simms, D. L (1975), *Archimedes and burning mirrors*, Physics Education 10, 517

as well as the website: https://explorable.com/archimedes-war-machines.

5. For an English version, see: https://www. math. nyu. edu/~crorres/Archimedes/Siege/

Polybius. html.

6. Netz, Reviel and Noel, William (2007), *The Archimedes Codex*, Orion Publishing Group, UK [ISBN 0-297-64547-1].

7. Figure 4. 1 courtesy: Benjamin West /Wikimedia Commons / Public Domain; https:// commons. wikimedia. org/wiki/File:West,_Benjamin_-_Cicero_Discovering_the_Tomb_of_Archimedes_1797. jpg (from public domain).

8. Figure 4. 2 courtesy: Anonymous /Wikimedia Commons / Public Domain; https:// commons. wikimedia. org/wiki/File:Archimede_bain. jpg (from public domain).

9. Figure 4. 3 courtesy: Anonymous /Wikimedia Commons / Public Domain; https:// commons. wikimedia. org/wiki/File:Archimedes_before_his_death_with_the_Roman_soldier,_Roman_mosaic. jpg (from public domain).

10. Figure 4. 4 courtesy: L0016024 Credit: Wellcome Library, London; https://commons. wikimedia. org/wiki/File:Burning_mirrors,_from_Kircher. _Wellcome_L0016024. jpg (published under CC-BY-4. 0).

11. Figure 4. 5 courtesy: Matthew Kon /Wikimedia Commons / Public Domain; https:// commons. wikimedia. org/wiki/File:Archimedes_Palimpsest. jpg (from public domain).

12. Figure 4. 6 courtesy: Stefan Zachow /Wikimedia Commons / Public Domain; https:// commons. wikimedia. org/wiki/File:FieldsMedalFrontAndBack. jpg (from public domain).

第5章

1. For a description of Charaka Samhita and related topics see: Valiathan, M. S. (2003), *The Legacy of Caraka*, Orient Longman, India [ISBN 81-250-2505-7].

Robert Svoboda (1992), *Ayurveda: Life, Health and Longevity*, Penguin Books pp. 189–190 [ISBN 978- 0140193220].

Valiathan, M. S (2009), *An Ayurvedic view of life*, Current Science, Volume **96**, Issue 9,

1186–1192.

Kaviratna, Avinash C. and Sharma, P. (1913), *The Charaka Samhita* (5 Vols), Sri Satguru Publications, New Delhi [ISBN 81-7030-471-7].

Wujastyk, Dominik (2003), *The Roots of Ayurveda*, Penguin Classics (3rd edition) [ISBN 978-0140448245], pp. 1–50 gives an introduction to the Charaka Samhita and a modern translation of selected passages.

2. More on Sushruta Samhita and related topics can be found in: Loukas, Marios et al. (2010), *Anatomy in ancient India: a focus on the Susruta Samhita* (review), J. Anat. **217**, 646–650 [doi: 10. 1111/j. 1469-7580. 2010. 01294. x].

Kutumbian, P (2005), *Ancient Indian Medicine*, Orient Longman, India [ISBN 978-812501521-5].

Ray, Priyadaranjan et al. (1980), *Susruta samhita: a scientific synopsis*, Indian National Science Academy Publications, New Delhi, number OCLC 7952879.

Meulenbeld, Gerrit Jan (1999), *A History of Indian Medical Literature*, Brill Academic Publishers, Groningen, (all volumes, 1999–2002) [ISBN 978-9069801247].

Sharma, P. V. (1992), *History of medicine in India, from antiquity to 1 000 A. D*, Indian National Science Academy publication, New Delhi, number OCLC 26881970.

Schultheisz, E. (1981), *History of Physiology*, Pergamon Press [ISBN 978-0080273426].

3. See, Meulenbeld, Gerrit Jan (1999), *A History of Indian Medical Literature*, E. Forsten, Groningen [ISBN 978-90-6980-124-7]. Volume IA, pp. 7–180 of this work gives a detailed survey of the contents of the Charaka Samhita and a comprehensive discussion of all historical matters related to the text, its commentators, and its later history in the Islamic world and in Tibet.

4. More on Hippocrates: Pinault, Jody Robin (1992), *Hippocratic Lives and Legends*, Leiden: Brill Academic Publishers, Groningen [ISBN 90-04-09574-8].

参考文献

Smith, Wesley D (1979), *Hippocratic Tradition*, Cornell University Press, New York [ISBN 0-8014-1209-9].

Edelstein, Ludwig (1996), *The Hippocratic Oath: Text, Translation, and Interpretation*, Johns Hopkins University Press, Baltimore [ISBN 978-0801801846].

Goldberg, Herbert S. (1963), *Hippocrates, Father of Medicine*, Franklin Watts, New York [ISBN 978-0531008836].

Heidel, William Arthur (1941), *Hippocratic Medicine: Its Spirit and Method*, Columbia University Press, New York.

Margotta, Roberto (1968), *The Story of Medicine*, Golden Press, New York.

Marti-Ibanez, Felix (1961), *A Prelude to Medical History*, MD Publications Inc, New York.

5. More on Herophilus: Lloyd, G. E. R. (1973), *Greek science after Aristotle*, Norton, New York [ISBN 0-393-04371-1].

   Lloyd, G. E. R. (1983), *Science, folklore and ideology: studies in the life sciences in ancient Greece*, Cambridge University Press, Cambridge [ISBN 0-521-25314-4].

6. For an English translation of this text, see: Unschuld P. U. and H. Tessenow (2011), *Huang Di nei jing su wen. An Annotated Translation of Huang Di's Inner Classic – Basic Questions*, University of California Press, Berkeley, US [978-0520266988].

7. Figure 5. 1 is from "The History of Medicine, 1952". Reproduced here with permission from the Collection of Michigan Medicine, University of Michigan, Gift of Pfizer, UMHS. 6.

8. Figure 5. 2 is from "The History of Medicine, 1952". Reproduced here with permission from the Collection of Michigan Medicine, University of Michigan, Gift of Pfizer, UMHS. 7.

9. Figure 5. 3 is from "The History of Medicine, 1952". Reproduced here with permission from the Collection of Michigan Medicine, University of Michigan, Gift of

Pfizer, UMHS. 8.

第6章

1. See, e. g., Afnan, Soheil M. (1958), *Avicenna: His Life and Works*, G. Allen and Unwin, London [OCLC 31478971].

   Goodman, Lenn E. (2006), *Avicenna*, Cornell University Press, New York [ISBN 0-415-01929-X].

   Langermann, Y. T. (Ed.) (2010), *Avicenna and his Legacy. A Golden Age of Science and Philosophy*, Brepols Publishers, Belgium [ISBN 978-2-503-52753-6].

2. More on Rhazes can be found in: Iskandar, Albert et al (1997), "Al-Razi" in *Encyclopedia of the history of science, technology and medicine in non-Western cultures* (2nd edn.), Springer, The Netherlands [ISBN 978-1402045592].

   Browne, Edward Granville (2001), *Islamic Medicine*, Goodword Books Pvt. Ltd., New Delhi [ISBN 81-87570-19-9].

3. The Egyptian scholar Youssef Ziedan started a project of collecting and examining the extant manuscripts of this work that are catalogued in many libraries around the world, including the Cambridge University Library and the Bodleian Library in the UK, and the Lane Medical Library at Stanford University. So far, 28 volumes of the encyclopedia have been published by him.

4. See, e. g., Tus, V. Minorsky (2000), in *The Encyclopedia of Islam – Vol. X* (Eds. P. J. Bearman, T. Bianquis, C. E. Bosworth, E. van Donzel, and W. P. Heinrichs), Brill Academic Publishers, Groningen.

   Principe, Lawrence (2013),*The Secrets of Alchemy*, University of Chicago, Chicago [ISBN 0226682951].

   Holmyard, E. J. (1931), *Makers of Chemistry*, Clarendon Press, Oxford.

   Chisholm, Hugh (1910), "Geber" in *Encyclopedia Britannica* (11th edn.), pp. 545–

546.

5. Needham, Joseph and Tsien, Tsuen-Hsuin (1985), *Science and Civilization in China: Volume 5: Chemistry and Chemical Technology, Part 1: Paper and Printing*, Cambridge University Press, Cambridge [ISBN 0-521-08690-6].

6. For the history of gunpowder and related topics, see, e. g., Chase, Kenneth Warren (2003), *Firearms: A Global History to 1700*, Cambridge University Press, New York [ISBN 978-0-521-82274-9].

   Needham, Joseph (1987), *Science and Civilization in China: Military technology: The Gunpowder* (Volume 5, Part 7) Cambridge University Press, New York [ISBN 978-0-521-30358-3].

   Andrade, Tonio (2016), *The Gunpowder Age: China, Military Innovation, and the Rise of the West in World History*, Princeton University Press, Princeton [ISBN 978-0-691-13597-7].

   Hobson, John M. (2004), *The Eastern Origins of Western Civilization*, Cambridge University Press, Cambridge [ISBN 978-0521547246].

   Partington, J. R. (1999), *A History of Greek Fire and Gunpowder*, Johns Hopkins University Press, Baltimore [ISBN 0-8018-5954-9].

7. See, e. g., Roland, Alex (1992), *Secrecy, Technology, and War: Greek Fire and the Defense of Byzantium*, Technology and Culture **33** (4), 655–679 [doi:10. 2307/3106585, JSTOR 3106585].

8. See: Young, M. J. L., (Ed.) (2006), *Religion, Learning and Science in the Abbasid Period*, Cambridge University Press, p. 413, Cambridge, UK [ISBN 9780521028875].

   Seyyed Hossein Nasr (1993), *An Introduction to Islamic Cosmological Doctrines*, pp. 135–136, State University of New York Press, New York [ISBN 0-7914-1516-3].

9. Figure 6. 1 (left) courtesy: https://commons. wikimedia. org/wiki/File:Avicennaminiatur. jpg (from public domain).

10. Figure 6. 1 (right) courtesy: Photo: Wolfgang Volk, Berlin. Reproduced here with permission.

11. Figure 6. 2 courtesy: Gerardus Cremonensis /Wikimedia Commons / Public Domain; https://commons. wikimedia. org/wiki/File:Al-RaziInGerardusCremonensis1250. JPG (from public domain).

12. Figure 6. 3 (left) courtesy: Muhammad ibn Zakariya al-Razi / Wikimedia Commons / Public Domain. https://commons. wikimedia. org/wiki/File:Colof%C3%B3n-Libro_de_Medicina_de_Razi. jpg (from public domain).

13. Figure 6. 3 (right) courtesy: https://commons. wikimedia. org/wiki/File:Qanun_(Fil-Tibb),_Canon_(of_Medicine),_vol. _5,_by_Ibn_Sina_(Avicenna),_Iran_or_Iraq,_dated_444_AH,_1052_AD,_watercolor_and_ink_on_paper_-_Aga_Khan_Museum_-_Toronto,_Canada_-_DSC06338. jpg (from public domain).

14. Figure 6. 4 courtesy: https://commons. wikimedia. org/wiki/File:Making_Paper. gif (from public domain).

15. Figure 6. 5 courtesy: Pericles of Athens / Wikimedia Commons/Public Domain. https://commons. wikimedia. org/wiki/File:Chinese_Gunpowder_Formula. JPG (from public domain).

16. Figure 6. 6 courtesy: Anonymous / Wikimedia Commons/Public Domain. https://commons. wikimedia. org/w/index. php?title=File:Greekfiremadridskylitzes1. jpg (from public domain).

第7章

1. For more on Muhammad ibn Musa al-Khwarizmi, see, e. g., Brentjes, Sonja (2007), "Khwarizmi: Muhammad ibn Musa al-Khwarizmi" in Thomas Hockey et al. (eds.), *The Biographical Encyclopedia of Astronomers*, Springer Reference, Springer, New York [ISBN 978-0-387-35133-9].

Rosen, Fredrick (1831), The *Algebra of Mohammed Ben Musa*, Kessinger Publishing, US [ISBN 1-4179-4914-7].

Berggren, J. Lennart (1986), *Episodes in the Mathematics of Medieval Islam*, Springer Science+Business Media, New York [ISBN 0-387-96318-9].

Boyer, Carl B. (1991), "The Arabic Hegemony" in *History of Mathematics* (Second ed.), John Wiley and Sons, Inc., New York [ISBN 0-471-54397-7].

2. For more on the developments of Indo-Arabic number system, see: Ifrah, Georges (1998), *The Universal History of Numbers: From Prehistory to the Invention of the Computer*, Harvill, London [ISBN 978-1-860-46324-2].

Menninger, Karl (2013), *Number Words and Number Symbols: A Cultural History of Numbers* (translated by Paul Broneer), Courier Corporation, US [ISBN 978-0-486-31977-3].

Plofker, Kim (2009), *Mathematics in India*, Princeton University Press, Princeton [ISBN 978-0-691-12067-6].

3. More on mathematical symbolism can be found in: Boyer, C. B. (1991), *A history of mathematics*, Wiley, New Jersey [ISBN 978-0471543978].

Kline, M. (1990), *Mathematical thought from ancient to modern times*, Oxford University Press, Oxford [ISBN 978-0195061352].

Atkins, Peter (2004), *Galileo's Finger: The Ten Great Ideas of Science*, Oxford University Press, Oxford [ISBN 9780191622502].

4. *The Whetstone of Witte* is the shortened title of Robert Recorde's mathematics book published in 1557. The full title is a mouthful: "The whetstone of witte, whiche is the seconde parte of Arithmetike: containyng thextraction of Rootes: The Cubike practise, with the rule of Equation: and the woorkes of Surde Nombers. " The topics in the book include whole numbers and the extraction of roots and irrational numbers. The work is notable for containing the first recorded use of the equals sign and also for being the

first book in English to use the plus and minus signs.

5. Figure 7. 1 courtesy: Piero/ Wikimedia Commons /Public Domain. https://commons. wikimedia. org/wiki/File:Numeration-brahmi_fr. png (from public domain).

6. Figure 7. 2 courtesy: Wellcome Library, London, Title: L0025814 G. Reisch, Margarita philosophica Photo number: L0025814. https://commons. wikimedia. org/wiki/. File:G. _Reisch,_Margarita_philosophica_Wellcome_L0025814. jpg (published under CC by 4. 0).

7. Figure 7. 3 courtesy: Rnm at Polish Wikipedia / Wikimedia Commons/Public Domain. https://commons. wikimedia. org/wiki/File:Robert_Recorde-The_Whetstone_of_Witte_1557. gif (from public domain).

第8章

1. Wood, Frances and Barnard, Mark (2010), *The Diamond Sutra: The Story of theWorld's Earliest Dated Printed Book*, British Library, UK [ISBN-13: 978-0712350907].

2. For more on the story of printing and its impact, see, e. g., Childress, Diana (2008), *Johannes Gutenberg and the Printing Press*, Twenty-First Century Books, Minneapolis [ISBN 978-0-7613-4024-9].

    Eisenstein, Elizabeth (1980), *The Printing Press as an Agent of Change*, Cambridge University Press, Cambridge [ISBN 0-521-29955-1].

    Eisenstein, Elizabeth (2005), *The Printing Revolution in Early Modern Europe* (2nd rev. edn.), Cambridge University Press, Cambridge [ISBN 0-521-60774-4].

    Febvre, Lucien and Martin, Henri-Jean (1997), *The Coming of the Book: The Impact of Printing*, 1450–1800, Verso, London [ISBN 1-85984-108-2].

    McLuhan, Marshall (1962), *The Gutenberg Galaxy: The Making of Typographic Man*, University of Toronto Press, Toronto [ISBN 978-0-8020-6041-9].

3. Figure 8. 1 courtesy: https://commons. wikimedia. org/wiki/File:Gutenberg. press.

jpg(from public domain).

4. Figure 8. 2 courtesy: Johannes Gutenberg / Wikimedia Commons /Public Domain. https://commons. wikimedia. org/wiki/File:Gutenberg_bible. jpg (from public domain).

5. Figure 8. 3 courtesy: The works of Geoffery Chaucer /Wikimedia Commons/. https://commons. wikimedia. org/wiki/File:Chaucer_tratise_book. jpg (from public domain).

第9章

1. For more on Marco Polo's travels, see, e. g., Otfinoski, Steven (2003), *Marco Polo: to China and back*, Benchmark Books, New York [ISBN 0-7614-1480-0].

    Bergreen, Laurence (2007), *Marco Polo: From Venice to Xanadu*, Knopf Doubleday Publishing Group, New York [ISBN 9780307267696].

    Burgan, Michael (2002), *Marco Polo and the silk road to China*, Compass Point Books, Mankato [ISBN 978-0-7565-0180-8].

2. For more on Columbus and his voyages, see: Phillips Jr. William D. (2012), "Columbus, Christopher", in *The Oxford Companion to World Exploration*, David Buisseret (ed.), Oxford University Press, Oxford.

    Keen, Benjamin (1978), (Translation of) *The Life of the Admiral Christopher Columbus* (by His Son Ferdinand) Greenwood Press, Westport [ISBN 978-0-313-20175-2].

3. See, Zinn, Howard (2009), *A People's History of the United States: 1492 to Present*, p. 3, Harper Collins, New York, USA [ISBN 9780061989834].

4. For more details, see, e. g., Hoogenboom L. (2006), *Amerigo Vespucci: A Primary Source Biography*, The Rosen Publishing Group, USA [ISBN 978-1-4042-3037-8].

    Donaldson-Forbes J. (2002), *Amerigo Vespucci*, Powerkids Pr. Publishers, USA [ISBN 978-0-8239-5833-7].

5. There is some controversy about the one called 'Lettera al Soderini' or just 'Lettera', a

letter in Italian addressed to Piero Soderini. Printed in 1504 or 1505, this letter claimed to give an account of four voyages to the Americas made by Vespucci between 1497 and 1504. In the eighteenth century, three previously unpublished letters from Vespucci to Lorenzo de' Medici were rediscovered. One of these describes a voyage made in 1499–1500, which corresponds to the second of the 'four voyages'. Another was written from Cape Verde in 1501, in the early part of the third of the four voyages, before crossing the Atlantic. The third letter was sent from Lisbon after the completion of that voyage. See also: Formisano, L. (Ed.) (1992), *Letters from a New World: Amerigo Vespucci's Discovery of America*, Marsilio Publishers, New York [ISBN 0-941419-62-2].

6. Curiously enough, these stars were known to ancient Greeks but the precession of the equinoxes had lowered them below the horizon so that they had been forgotten by this time.

7. Hebert, John R. (2003), *The Map that Named America*, Library of Congress Information Bulletin, Vol. **62**, No. 9.

8. For more on Magellan's voyages, see, e. g., Stefoff, Rebecca (1990), *Ferdinand Magellan and the Discovery of the World Ocean*, Chelsea House Publishers, New York [ISBN 0-7910-1291-3].
   Beaglehole, J. C. (1966), *The Exploration of the Pacific*, Adam and Charles Black, London [OCLC 253002380].

9. Bergreen, Laurence (2004), *Over the Edge of the World: Magellan's Terrifying Circumnavigation of the Globe*, Harper Perennial, New York [ISBN 978-0066211732].

10. Figure 9. 1 courtesy: Wikimedia Commons, https://commons. wikimedia. org/wiki/File:Marco_Polo_at_the_Kublai _Khan. JPG (from public domain).

11. Figure 9. 2 courtesy: Canuckguy BlankMap-World6. svg, Wikimedia Commons, https://commons. wikimedia. org/wiki/File:Polo%27s_journey. svg (from public domain).

12. Figure 9. 3 courtesy: Wikimedia Commons, https://commons. wikimedia. org/wiki/

File:Claudius_Ptolemy-_The_World. jpg (from public domain).

13. Figure 9. 4 courtesy: Martin Waldseemuller, Wikimedia commons, https://commons. wikimedia. org/wiki/ File:UniversalisCosmographia. jpg. (from public domain).

14. Figure 9. 5 courtesy: Martin Waldseemuller, Wikimedia commons, https://commons. wikimedia. org/wiki/ File:Waldseemuller_map_closeup_with_America. jpg (from public domain).

15. Figure 9. 6 courtesy: Wikimedia Commons, https://en. wikipedia. org/wiki/File:Strait_ of_Magellan. jpeg (from public domain).

16. Figure 9. 7 courtesy: Wikimedia Commons, https://en. wikipedia. org/wiki/File:Detail_ from_a_map_of_Ortelius_-_Magellan%27s_ship_Victoria. png (from public domain).

第10章

1. Richardson, Ruth (2001), *Death, Dissection, and the Destitute*, University of Chicago Press, Chicago [ISBN 978-0226712406].

2. Walker H. K., Hall W. D. and Hurst J. W., (Eds) (1990), *Clinical Methods: The History, Physical, and Laboratory Examinations*, Butterworths, Boston [ISBN 978-0409900774].

3. For the history of medicine during this period, see: Olmi, Giuseppe (2006), *Representing the body – Art and anatomy from Leonardo to Enlightenment*, Bologna University Press, Bologna.
Singer, Charles (1957), *A Short History of Anatomy from the Greeks to Harvey*, Dover, New York.
Siraisi, Nancy (1990), *Medieval and early Renaissance medicine: an introduction to knowledge and practice*, University of Chicago Press, Chicago [ISBN 978-0226761305].

4. For more on Paracelsus: Pagel, Walter (1982), *Paracelsus: An Introduction to*

Philosophical Medicine in the Era of the Renaissance, Karger Publishers, Switzerland [ISBN 3-8055-3518-X].

Webster, Charles (2008), *Paracelsus: Medicine, Magic, and Mission at the End of Time*, Yale University Press, Yale [ISBN 978-0300139112].

Ball, Philip (2006), *The Devil's Doctor*, Arrow Books, Random House, UK [ISBN 978-0-09-945787-9].

Stoddart, Anna (2011), *The Life of Paracelsus*, Balefire Publishing, US [ISBN 978-1402142765].

Jacobi, Jolande (1995) *Paracelsus: SelectedWritings* (ed. Norbert Guterman), Princeton University Press, Princeton [ISBN 978-0691018768].

5. For more on Vesalius, see: Dear, Peter (2001) *Revolutionizing the Sciences: European Knowledge and Its Ambitions*, 1500-1700, Princeton University Press, Princeton [ISBN 978-0691088594].

Debus, Allen, (1968) (ed) *Vesalius — Who's Who in the World of Science: From Antiquity to Present*, Western Co., Hanibal [ISBN 978-0837910017].

O'Malley, C. D (1965), *Andreas Vesalius of Brussels, 1514–1564*, University of California Press, Berkeley [ISBN 978-0520009547].

6. Saunders, J. B. deCM. and O'Malley, C. D. (1973), *The Illustrations from the Works of Andreas Vesalius of Brussels*, Dover Publications, USA [ISBN 978-0486209685].

O'Malley, C. D. (1964), *Andreas Vesalius 1514–1564: In Memoriam*, Medical History **8** (4), 299–308.

7. Figure 10. 1 courtesy: Wellcome Library London no. 24083i. https://commons. wikimedia. org/wiki/File:A_dissection_in_progress;_the_anatomy_professor_at_his_lecte_Wellcome_V0010408. jpg (published under CC by 4. 0).

8. Figure 10. 2 courtesy: Quentin Matsys / Wikimedia Commons /Public Domain. https:// commons. wikimedia. org/wiki/File:Paracelsus. jpg (from public domain).

9. Figure 10. 3 courtesy: https://commons. wikimedia. org/wiki/File:Anatomical_dissection_by _Andreas_Vesalius_of _a_female_Wellcome_V0010428. jpg Photo number: V0010428 from Wellcome Images, made available under the Creative Commons Attribution 4. 0 International license.

10. Figure 10. 4 (left) courtesy: Image from Andreas Vesalius's De humani corporis fabrica (1543), page 200. Wikimedia Commons /Public Domain https://commons. wikimedia. org/wiki/File:Vesalius_Fabrica_p200. jpg (from public domain).

11. Figure 10. 4 (right) courtesy: Image from Andreas Vesalius's De humani corporis fabrica (1543), page 164. Wikimedia Commons /Public Domain https://commons. wikimedia. org/wiki/File:Vesalius_Fabrica_p164. jpg (from public domain).

第11章

1. Whitehead, Alfred North (1925), *Science And The Modern World*, The New American Library, USA [ASIN B0006AJLTA].

2. For more on Copernicus and his times, see, e. g., Koestler, Arthur (1968), *The Sleepwalkers*, Macmillan, UK [ISBN 978-0140209723].

   Armitage, Angus (1990), *Copernicus, the founder of modern astronomy*, Dorset Press, UK [ISBN 978-0-88029-553-6].

   Bienkowska, Barbara (1973), *The Scientific World of Copernicus: On the Occasion of the 500th Anniversary of His Birth, 1473–1973*, Springer, Netherlands [ISBN 978-94-010-2616-1].

   Finocchiaro, Maurice A. (2010), *Defending Copernicus and Galileo: Critical Reasoning in the Two Affairs*, Springer Science and Business Media, Germany [ISBN 978-9048132003].

   Sobel, Dava (2011), *A More Perfect Heaven: How Copernicus Revolutionized the Cosmos*, Walker & Company, New York [ISBN 978-0-8027-1793-1]. (This book features a fictional play about Rheticus's visit to Copernicus, sandwiched between chapters about the visit's prehistory and post-history.)

3. For more on Aristarchus of Samos, as he was called, see: Gomez, A. G. (2013), *Aristarchos of Samos, the Polymath*, Author House, USA [ISBN 9781496994233].

   Stahl, William (1970), *Aristarchus of Samos in the Dictionary of Scientific Biography*, Charles Scribner and Sons, New York [ISBN 0-684-10114-9].

   Heath, Sir Thomas (2013), *Aristarchus of Samos, the ancient Copernicus; a history of Greek astronomy to Aristarchus* (together with Aristarchus's Treatise on the sizes and distances of the Sun and Moon: Greek text with translation and notes), Cambridge University Press reissue edition, Cambridge [ISBN 978-1108062336].

4. For the role played by Rheticus, see, e. g., Danielson, Dennis (2006), *The First Copernican: Georg Joachim Rheticus and the Rise of the Copernican Revolution*, Walker and Company, New York [ISBN 0-8027-1530-3].

   Westman, Robert (2011), *The Copernican Question: Prognostication, Skepticism, and Celestial Order*, University of California Press, Berkeley [ISBN 978-0520254817].

5. Palter, Robert (1970), *An Approach to the History of Early Astronomy*, Studies in History and Philosophy of Science Part A **1**(2), 93.

6. This appears in *Encyclopedia Britannica*, 1968 edition, vol. 2, p. 645. This is identified as the highest number by Owen Gingerich, who also expressed some doubt about the quotation attributed to Alfonso. In his book, *The Book Nobody Read: Chasing the Revolutions of Nicolaus Copernicus* (p. 56, Penguin, London), Gingerich states that he challenged Encyclopedia Britannica about the number of epicycles. Their response was that the original author of the entry had died and its source couldn't be verified!

7. Figure 11. 1 courtesy: From Edward Grant, "Celestial Orbs in the Latin Middle Ages", Isis, Vol. 78, No. 2. (June 1987), pp. 152–173. Wikimedia Commons / Public Domain. https://commons. wikimedia. org/wiki/File:Ptolemaicsystem-small. png (from

public domain).

8. Figure 11. 2 courtesy: Unknown artist/ Wikimedia Commons/Public Domain. https://commons. wikimedia. org/wiki/File:Nikolaus_Kopernikus. jpg (from public Domain).

9. Figure 11. 3 courtesy: Thomas Digges (1546-1595) / Wikimedia Commons/Public Domain. https://commons. wikimedia. org/wiki/File:ThomasDiggesmap. JPG (from public domain).

第12章

1. One source for the quote appearing in the first paragraph is: https://www. futilitycloset. com/2014/09/11/likewise/.

2. For more on John Napier, see, e. g., Alexandros, Diploudis (1997), *Undusting Napier's Bones*, Heriot-Watt University, UK.

    Cajori, Florian (1991), *A History of Mathematics*, American Mathematical Society, USA [ISBN 978-0-8218-2102-2].

    Bruce, I. (2002), *The Agony and the Ecstasy: The Development of Logarithms by Henry Briggs*, The Mathematical Gazette. **86** (506): 216-227 [doi:10. 2307/3621843].

3. See, e. g., Havil, Julian (2014), *John Napier: Life, Logarithms, and Legacy*, Princeton University Press, Princeton [ISBN 978-0691155708].

    Seath, Gary (2017), *Beyond Logarithms and Bones*, Chap. 8; a special collection published by Edinburgh Napier University (UK) to commemorate 400 years since his death.

4. For a popular account of e, the base of natural logarithms, see: Maor, Eli (1994), *e — The Story of a Number*, Princeton University Press, Princeton [ISBN 978-0691033907].

5. Figure 12. 1 courtesy: Unknown artist / Wikimedia Commons/Public domain. https://commons. wikimedia. org/wiki/File:John_Napier. jpg (from public domain).

6. Figure 12. 3 courtesy: Napier, Mark,William Blackwood /Wikimedia Commons/Public

domain. https://commons. wikimedia. org/wiki/File:Logarithms_book_Napier. jpg (from public domain).

7. Figure 12. 4 courtesy: https://en. wikipedia. org/wiki/File:Slide_rule_scales_front. jpg (from public domain).

第13章

1. Dreyer, John Louis Emil (1911), *Tycho Brahe: A Picture of Scientific Life and Work in the Sixteenth Century*, Peter Smith Pub Inc, USA [ISBN : 978-0844619965].

2. For more on Tycho Brahe and his times, see: Christianson, J. R. (1999), *On Tycho's Island: Tycho Brahe and His Assistants 1570–1601*, Cambridge University Press, Cambridge [ISBN 978-0521650816].

   Gingerich, Owen (1973), *Copernicus and Tycho*, Scientific American, **173**, 86–101.

   Linton, Christopher M. (2004), *From Eudoxus to Einstein—A History of Mathematical Astronomy*, Cambridge University Press, Cambridge [ISBN 978-0-521-82750-8].

   Mosley, Adam (2007), *Bearing the heavens: Tycho Brahe and the astronomical community of the late sixteenth century*, Cambridge University Press, Cambridge [ISBN 9780521838665].

3. This discovery was honoured with a Nobel Prize for Saul Perlmutter (USA), Brian P. Schmidt (Australia), and Adam G. Riess (USA) in the year 2011. [https://www. nobelprize. org/prizes/physics/2011/press-release].

4. Padmanabhan T., *The Universe Began with a Big Melt, Not a Big Bang: The cosmological constant and the creation of the universe*, Nautilus, Issue 53, October 5, 2017.[http://nautil. us/issue/53/monsters/the-universe-began-with-a-big-melt-not-abig-bang].

5. Calar Alto Observatory-CAHA, (December 2008) "Blast From The Past: Astronomers Resurrect 16th-Century Supernova", ScienceDaily. <www. sciencedaily.com/

releases/2008/12/081203133809. htm>.

6. For more on Kepler, see: Koestler, Arthur (1968), *The Sleepwalkers*, Macmillan, UK [ISBN 978-0140209723].

   Ball, Sir Robert Stawell (2016), *Great Astronomers: Johannes Kepler*, FeedBooks, USA [ISBN 978-1541166509].

   Caspar, Max (1993), *Kepler (Dover Books on Astronomy)*, Dover Publications, USA [ISBN 978-0486676050].

   Love, David K. (2015), *Kepler and the Universe: How One Man Revolutionized Astronomy*, Prometheus Books, New York [ISBN 978-1633881068].

7. See, e. g., Connor, James A. (2005), *Kepler's Witch: An Astronomer's Discovery of Cosmic Order Amid Religious War, Political Intrigue, and the Heresy Trial of His Mother*, HarperOne, USA [ISBN 978-0060522551].

   Rublack, Ulinka (2015), *The Astronomer and the Witch: Johannes Kepler's Fight for his Mother*, Oxford University Press, Oxford [ISBN 978-0198736776].

8. Figure 13. 1 courtesy: By Eduard Ender (1822-1883) Wikimedia Commons / Public domain.

   https://commons. wikimedia. org/wiki/File:Tycho_Brahe. JPG (from public domain).

9. Figure 13. 2 (left) courtesy: Brahe Tychonis Wikimedia Commons / Public domain. https://commons. wikimedia. org/wiki/File:Tycho_Cas_SN1572. jpg (from public domain).

10. Figure 13. 2 (right): Image credit: NASA/JPL- Caltech/UCLA, https://www. jpl. nasa. gov/spaceimages/details. php?id=PIA13119.

11. Figure 13. 3 courtesy: Unknown / Wikimedia Commons/Public domain. https://commons. wikimedia. org/wiki/File:Tycho-Brahe-Mural-Quadrant. jpg (from public domain).

12. Figure 13. 4 courtesy: Fastfission / Wikimedia Commons/Public domain. https://

commons. wikimedia. org/wiki/File:Tychonian_system. svg (from public domain).

13. Figure 13. 5 courtesy: Unknown/ Wikimedia Commons/Public domain. https://commons. wikimedia. org/wiki/File:Johannes_Kepler_1610. jpg (from public domain).

14. Figure 13. 7 courtesy: Johannes Kepler/ Wikimedia Commons/Public domain. https://commons. wikimedia. org/wiki/File:Astronomia_Nova. jpg (from public domain).

第14章

1. For more on Galileo, see, e. g., Drake, Stillman (1990), *Galileo: Pioneer Scientist*, The University of Toronto Press, Toronto [ISBN 0- 8020-2725-3].

   Consolmagno, Guy and Schaefer, Marta (1994), *Worlds Apart, A Textbook in Planetary Science*, Englewood, Prentice-Hall, New Jersey [ISBN 0-13-964131-9].

   Chalmers, Alan Francis (1999), *What is this thing called Science?*, University of Chicago Press, Chicago [ISBN 978-0-7022-3093-6].

   Blackwell, Richard J. (2006), *Behind the Scenes at Galileo's Trial*, University of Notre Dame Press, Notre Dame [ISBN 0-268-02201-1].

   Gingerich, Owen (1992), *The Great Copernican Chase and other adventures in astronomical history*, Cambridge University Press, Cambridge [ISBN 0-521-32688-5].

   Seeger, Raymond J (1966), *Galileo Galilei, his life and his works*, Pergamon Press, Oxford [ISBN 0-08- 012025-3].

2. See, e. g., https://www. physics. rutgers. edu/ croft/ANAGRAM. htm.

3. For more on Galileo's encounter with the church, see: Feldhay, Rivka (1995), *Galileo and the Church: Political Inquisition Or Critical Dialogue?*, Cambridge University Press, Cambridge [ISBN 9780521344685].

   Finocchiaro, Maurice A (1989), *The Galileo Affair: A Documentary History*, University of California Press, Berkeley [ISBN 0-520-06662-6].

   Graney, Christopher M. and Danielson, Dennis (2014), *The Case Against Copernicus*,

Scientific American **310** (1), 72–77.

4. See, e. g., Anton Postl (1997), *Correspondence between Kepler and Galileo, Vistas in Astronomy*, Vol. **21**, pp. 325–330.

5. It is not really clear how this phrase originated. The words "E pur si muove" were found in 1911 on a Spanish painting which was completed within a year or two of Galileo's death, as it is dated 1643 (or 1645, the last digit was smudged). The painting is not factually correct, because it depicts Galileo in a dungeon, but shows that some variant of the "Eppur si muove" anecdote was in circulation even immediately after his death. It had been circulating for over a century before it was published. The event was first mentioned (in English) in 1757 by Giuseppe Baretti in his book. The book was written 124 years after the supposed quote and became widely known:

Baretti, G. M. A. (1757), *The Italian Library. Containing An Account of the Lives and Works of the Most Valuable Authors of Italy. With a Preface, Exhibiting The Changes of the Tuscan Language, from the barbarous Ages to the present Time*, A. Millar, in the Strand, London.

6. Figure 14. 1 courtesy: Justus Sustermans / Wikimedia Commons, Public domain. https://commons. wikimedia. org/wiki/File:Justus_Sustermans_-_Portrait_of_Galileo_Galilei,_1636. jpg (from public domain).

7. Figure 14. 2 courtesy: https://commons. wikimedia. org/wiki/File:Galileo_telescope_replica_(1). jpg (from public domain).

8. Figure 14. 3 courtesy: Giuseppe Bertini [Public domain], via Wikimedia Commons. https://commons. wikimedia. org/wiki/File:Bertini_fresco_of_Galileo_Galilei_and_Doge _of_Venice. jpg (from public domain).

第15章

1. See, Zhu Ming (tr) (2001), *The Medical Classic of the Yellow Emperor*, Foreign

Language Press, Beijing, China [ISBN 7-119-02664-X].

There is, however, some dispute about the Chinese text. For an alternative point of view, see, e. g., Nie Jing-Bao (2001), *Refutation of the claim that the ancient Chinese described the circulation of blood: a critique of scientism in the historiography of Chinese medicine*, New Zealand Journal of Asian Studies **3** (2), 119–135.

2. See, e. g., Loukas M., et al. (2008), *Ibn al-Nafis (1210–1288): The first description of the pulmonary circulation*, Am. Surg. **74** (5), 440–442.

   Haddad, Sami and Amin A. Khairallah (1936), *A Forgotten Chapter in the History of the Circulation of Blood*, Annals of Surgery **104**(1), 1.

   Said, Hakim Mohammed (1994), *Knowledge of the circulation of the blood from Antiquity down to Ibn al-Nafis*, Hamdard Medicus **37**, (1), 5–37.

3. See, e. g., Bainton, Roland H. (2005), *Hunted Heretic: The Life and Death of Michael Servetus 1511–1553*, Blackstone Editions, USA [ISBN 0-9725017-3-8].

   Lovci, Radovan (2008), *Michael Servetus, Heretic or Saint?*, Prague House, Prague [ISBN 1-4382-5959-X].

   Nigg, Walter (1990), *The Heretics: Heresy Through the Ages*, Dorset Press, UK [ISBN 0-88029-455-8].

   Goldstone, Nancy Bazelon and Goldstone, Lawrence (2003), *Out of the Flames: The Remarkable Story of a Fearless Scholar, a Fatal Heresy, and One of the Rarest Books in the World*, Broadway, New York [ISBN 0-7679-0837-6].

4. See, e. g., Cunningham, Andrew (1997), *The Anatomical Renaissance: The Resurrection of the Anatomical Projects of the Ancients*, Scholar Press, The British Journal for the History of Science **31**(4), 469–487 [ISBN 1-85928-338-1].

5. For more on Harvey and his contributions, see: Gregory, Andrew (2001), *Harvey's Heart, The Discovery of Blood Circulation*, Icon Books, Cambridge, England.

   Wright, Thomas (2012), *Circulation: William Harvey's Revolutionary Idea*, Chatto,

London.

6. Figure 15. 1 courtesy: Daniel Mijtens [Public domain], via Wikimedia Commons. https://commons. wikimedia. org/wiki/File:William_Harvey_2. jpg (from public domain).

7. Figure 15. 2 courtesy: Unknown/ [Public domain] via Wikimedia Commons. https://commons. wikimedia. org/wiki/File:William_Harvey_%281578-1657%29_Venenbild. jpg (from public domain).

第16章

1. See, e. g., Redgrove, I. M. L. and Redgrove, H. Stanley (2010), *Joannes Baptista van Helmont: Alchemist, Physician and Philosopher*, Kessinger Publishing, USA [ISBN 978-1169686885].

   Pagel, Walter (2002), *Joan Baptista van Helmont: Reformer of Science and Medicine*, Cambridge University Press, Cambridge [ISBN 978-0521526555].

2. See, e. g., Conlon, Thomas E (2011), *Thinking About Nothing: Otto von Guericke and the Magdeburg Experiments on the Vacuum*, The Saint Austin Press, San Francisco [ISBN 978-14478-3916-3].

   Kleint, Christian (1998), *Horror, Happenings and Highlights in the History of Vacuum Physics*, Progress in Surface Science **59**, 301–312.

3. See, e. g., Jervis-Smith and Frederick John (1908), *Evangelista Torricelli*, Oxford University Press, Oxford [ISBN 9781286262184].

   Robinson, Philip (1994), *Evangelista Torricelli*, The Mathematical Gazette **78** (481), 37.

4. For more on Pascal, see, e. g., Connor, James A. (2006), *Pascal's Wager: The Man Who Played Dice with God*, HarperOne, USA [ISBN 978-0060766917].

   McPherson, Joyce (1997), *A Piece of the Mountain: The Story of Blaise Pascal*, Greenleaf Press, Australia [ISBN 978-1882514175].

5. Figure 16. 1 courtesy: Anselm van Hulle [Public domain, CC0 1. 0], via Wikimedia Commons. https://commons. wikimedia. org/wiki/File:Anselmus-van-Hulle-Hommesillustres_MG_0539. tif (published under CC0 1. 0).

6. Figure 16. 2 courtesy: Photo number: L0006004, Credit: Wellcome Collection. https://commons. wikimedia. org/wiki/File:O. _von_Guericke,_experiment_with_vacuum,_17th_century_Wellcome_L0006004. jpg (published under CC By 4. 0).

7. Figure 16. 3 courtesy: Gaspar Schott , [Public domain] , via Wikimedia Commons. https://commons. wikimedia. org/wiki/File:Magdeburg. jpg [from public domain].

第17章

1. One source for this quote is Proclus (412–485 AD) in his Commentary on the First Book of Euclid's Elements. A translation of this text is available in:

   Taylor, Thomas (1788), *The Philosophical and Mathematical Commentaries of Proclus on the First Book of Euclid's Elements, and his Life by Marinus. With a preliminary Dissertation on the Platonic Doctrine of Ideas*, Vol 1, p. 101.

   Another, more accessible, translation which has this quote is:

   Morrow, Glenn R. (Translator) (1970), *Proclus: A Commentary on the First Book of Euclid's Elements*, Princeton University Press, Princeton, p. 57 [ISBN 978-0691071602].

2. For more on Descartes' life and times, see, e. g., Clarke, Desmond (2006), *Descartes: A Biography*, Cambridge University Press, Cambridge [ISBN 0-521-82301-3].

   Cottingham, John (1992), *The Cambridge Companion to Descartes*, Cambridge University Press, Cambridge [ISBN 0-521-36696-8].

   Garber, Daniel (1992), *Descartes' Metaphysical Physics*, University of Chicago Press, Chicago [ISBN 0-226-28219-8].

   Gaukroger, Stephen (1995), *Descartes: An Intellectual Biography*, Oxford University

Press, Oxford [ISBN 0-19-823994-7].

Grayling, A. C. (2005), *Descartes: The Life and Times of a Genius*, Walker Publishing Co., New York [ISBN 0-8027-1501-X].

Watson, Richard A (2007), *Cogito, Ergo Sum: a life of Rene Descartes*, David R Godine USA [ISBN 978-1-56792-335-3]. (This book was chosen by the New York Public library as one of "25 Books to Remember from 2002".)

3. See, for example, Shorto, Russell (2008), *Descartes' Bones*, Doubleday, USA [ASIN: B005UG265Q].

4. For more on Fermat and his theorem, see: Mahoney, Michael Sean (1994), *The mathematical career of Pierre de Fermat, 1601–1665*, Princeton University Press, Princeton [ISBN 0-691-03666-7].

    Singh, Simon (2002), *Fermat's Last Theorem*, Fourth Estate Ltd. UK [ISBN 1-84115-791-0].

    Simmons, George F. (2007), *Calculus Gems: Brief Lives and Memorable Mathematics*, Mathematical Association of America USA [ISBN 0-88385-561-5].

5. Figure 17. 1 courtesy: Frans Hals, via Wikimedia Commons (from public domain). https://commons. wikimedia. org/wiki/File:Frans_Hals_-_Portret_van_Ren%C3%A9_Descartes. jpg

第18章

1. See, e. g., Hawgood B. J. (2003), *Francesco Redi (1626–1697): Tuscan philosopher, physician and poet*, Journal of Medical Biography **11** (1), 28–34[doi:10. 1177/096777200301100108].

2. See, e. g., Daston, Lorraine (2011), *Histories of Scientific Observation*, University of Chicago Press, Chicago [ISBN 978-0226136783].

3. For more details, see: Chung, King-thom and Liu, Jong-kang (2017), *Pioneers in*

Microbiology: The Human Side of Science, World Scientific Publishing, Singapore [ISBN 978-9813202948].

Schierbeek, A. (ed) (1959), *Collected Letters of A. van Leeuwenhoek, Measuring the Invisible World*, Abelard-Schuman, London and New York. (This book contains excerpts of van Leeuwenhoek's letters, focusing on his priority in several new branches of science, and also makes several important references to his spiritual life and motivations.)

4. See, e. g., Kruif, Paul de (2002), *Microbe Hunters*, Mariner Books, USA [ISBN 978-0-15-602777-9].

5. For more on John Ray, see, e. g., Mandelbrote, Scott (2004), *Ray, John (1627–1705), naturalist and theologian*, Oxford Dictionary of National Biography, Oxford University Press, Oxford [ISBN 9780198614128] [doi:10. 1093/ref:odnb/23203].

   Raven, Charles E. (1950), *John Ray, naturalist: his life and works* (2nd edn.), Cambridge University Press, Cambridge [ISBN 9780521310833].

6. See, e. g., Lars Hansen (ed) (2007–2011), *The Linnaeus Apostles — Global Science and Adventure* (8 vols), The IK Foundation and Company, London and Whitby [ISBN 978-1-904145-26-4].

   Greene, Edward Lee (1912), *Carolus Linnaeus*, University of California Libraries USA [ASIN: B007Q4FKDU].

7. British Society for the History of Science, *Carl Linnaeus Invented the Index Card*, ScienceDaily, 16 June 2009.
   www. sciencedaily.com/releases/2009/06/090616080137. htm.

   Muller-Wille, Staffan and Scharf, Sara (2009), *Indexing Nature: Carl Linnaeus (1707–1778) and his Fact-Gathering Strategies*, University of Exeter & University of Toronto, Toronto.

8. Figure 18. 1 courtesy: Painting by Jacob Ferdinand Voet, via Wikimedia Commons.

https://commons. wikimedia. org/wiki/File:Francesco_Redi,_founder_of_experimental_ biology. jpg (from public domain).

9. Figure 18. 2 courtesy: Henry Baker [Public domain], via Wikimedia Commons. https:// commons. wikimedia. org/wiki/File:Van_Leeuwenhoek%27s_microscopes_by_Henry_ Baker. jpg (from public domain).

10. Figure 18. 3 [Left] courtesy: Carlo Cignani [Public domain], via Wikimedia Commons. https://commons. wikimedia. org/wiki/File:Marcello_Malpighi_by_Carlo_Cignani. jpg (from public domain).

11. Figure 18. 3 [Right] courtesy: : Lazzaro Spallanzani [Public domain], via Wikimedia Commons. https://commons. wikimedia. org/wiki/File:Spallanzani. jpg (from public domain).

12. Figure 18. 4 courtesy: Jan Verkolje [Public domain], via Wikimedia Commons. https://en. wikipedia. org/wiki/File:Anthonie_van_Leeuwenhoek_(1632-1723)._ Natuurkundige_te_Delft_Rijksmuseum_SK-A-957. jpeg (from public domain).

13. Figure 18. 5 [Left] courtesy: Magnus Manske on en. wikipedia [Public Domain] via Wikimedia Commons. https://commons. wikimedia. org/wiki/File:John_Ray. jpg (from public domain).

14. Figure 18. 5 [Right] courtesy: Alexander Roslin [Public domain], via Wikimedia Commons. https://commons. wikimedia. org/wiki/File:Carl_von_Linn%C3%A9. jpg (from public domain).

第19章

1. For more on Huygens, see, e. g., Garber, Daniel (2003), *The Cambridge History of Seventeenth-Century Philosophy* (2vols.), Cambridge University Press, Cambridge [ISBN 978-0-521-53720-9].

    Andriesse, C. D., (2005), *Huygens: The Man Behind the Principle,*

CambridgeUniversity Press, Cambridge [ISBN 978-0521850902].

Hooijmaijers, H. (2005), *Telling time – Devices for time measurement in Museum Boerhaave – A Descriptive Catalogue*, Museum Boerhaave, Leiden [ISBN 9062920004].

Taylor, John C. and Kersen, Frits Van ((2004), *Huygens's Legacy — The golden age of the pendulum clock*, Fromanteel Ltd, Castle Town, Isle of Man [ISBN 978-0954833909].

2. See, e. g., Rene, Taton (2008), 'Cassini, Gian Domenico' in *Complete Dictionary of Scientific Biography*, Charles Scribner's Sons, Detroit, pp. 100–104, [ISBN 9780684315591].

3. Figure 19. 1 courtesy: Unknown, 17th century artist. [Public domain] via Wikimedia Commons. https://commons. wikimedia. org/wiki/File:Christiaan_Huygens. gif (from public domain).

4. Figure 19. 2 courtesy: Christiaan Huygens (1629 – 1695) [Public domain] viaWikimedia Commons. https://commons. wikimedia. org/wiki/File:Huygens_clock. png (from public domain).

5. Figure 19. 3: The image of Saturn is courtesy NASA, ESA and E. Karkoschka (University of Arizona); Public domain. [Material was created for NASA by Space Telescope Science Institute under Contract NAS5-26555]. https://commons. wikimedia. org/wiki/File:Saturn_HST_2004-03-22. jpg.

第20章

1. (a) The original publication was in Malayalam: Ramavarma (Maru) Thampuran and A. R. Akhileswara Aiyer (Eds.) (1948), *Yuktibhasa, Part I*, Magalodayam Ltd., Trichur, Kerala.

(b) For the English version with detailed commentary, see: Sarma, K. V. et al.,

参考文献

(2008), *Ganita-Yukti-Bhasa (Rationales in Mathematical Astronomy) of Jyesthadeva. Sources and Studies in the History of Mathematics and Physical Sciences (in English and Malayalam), Part I (Mathematics), Part II (Astronomy)*, Springer (Jointly with Hindustan Book Agency, New Delhi, India) [ISBN 978-1-84882-072-2].

2. Whish, Charles (1834), *Hindu Quadrature of the circle and the infinite series of the proportion of the circumference to the diameter exhibited in the four Sastras, the Tantra Sahgraham*, Transactions of the Royal Asiatic Society of Great Britain and Ireland, Royal Asiatic Society of Great Britain and Ireland **3** (3), 509–523, [doi:10. 1017/ S0950473700001221].

This paper has been reproduced as an Appendix in: Bhanu Murthy, I. S. (1992), *A modern introduction to ancient Indian mathematics*, New Age International Publishers, New Delhi [ISBN 81-224-0371-9].

3. For more details, see, e. g., Divakaran, P. P. (2007), *The First textbook of Calculus: Yuktibhasha*, J. Indian Philosophy **35**, 417.

Divakaran, P. P. (2018), *The Mathematics of India: Concepts, Methods, Connections* Springer-Hindustan Book Agency, [ISBN-10: 9811317739].

Rajeev, S. G. (2005), *Neither Newton nor Leibnitz: The pre-history of calculus in medieval Kerala*, Lectures at Canissius College, Buffalo, New York [available at http:// www. pas. rochester. edu/~rajeev/papers/canisiustalks. pdf].

Ramasubramanian, K. and Srinivas, M. D. (2010), *Development of Calculus in India*, in: Studies in the History of Indian mathematics, pp. 201–286, Cult. Hist. Math. 5, Hindustan Book Agency, New Delhi [available at http://www. ms. uky. edu/sohum/ ma330/files/india_calculus. pdf] .

Plofker, Kim (2009), *Mathematics in India,* Princeton University Press, Princeton, USA [ISBN 978-0691120676].

George Gheverghese Joseph (2016), *Mathematics: Engaging with the World from*

Ancient to Modern Times, World Scientific, Singapore [ISBN 9781786340603].

第21章

1. For more on calendar systems, see, e. g., Steel, Duncan (1999), *Marking Time: The Epic Quest to Invent the Perfect Calendar*, Wiley and Sons, USA [ISBN 978-0471298274]. Duncan, David Ewing (1999), *Calendar: Humanity's Epic Struggle to Determine a True and Accurate Year*, Harper Perennial, New York [ISBN 978-0380793242]. Blackburn, Bonnie and Holford-Strevens, Leofranc (1999), *The Oxford Companion to the Year: An Exploration of Calendar Customs and Time-Reckoning*, Oxford University Press, Oxford [ISBN 978-0192142313].

2. An English translation of the Latin 'Inter Gravissimas' can be found here: http://myweb. ecu. edu/mccartyr/intGrvEng. html.

3. See Nothaft, Philipp E. (2018), *Scandalous Error: Calendar Reform and Calendrical Astronomy in Medieval Europe*, Oxford University Press, Oxford, UK [ISBN 978-0198799559].

4. Figure 21. 1 courtesy: Wikimedia Commons/Public domain, https://en. wikipedia. org/wiki/File:Roman-calendar. png (from public domain).

5. Figure 21. 2 courtesy: Wikimedia Commons/Public domain, https://en. wikipedia. org/wiki/File:Inter-grav. jpg (from public domain).

6. Figure 21. 3 courtesy: William Howarth, Wikimedia Commons/Public domain, https://en. wikipedia. org/wiki/File:William_Hogarth_028. jpg (from public domain).

第22章

1. As we saw in Chap. 21, during Newton's lifetime, two calendar systems were in use in Europe: the Julian calendar in Protestant and Orthodox regions, including Britain, and the Gregorian calendar in Roman Catholic Europe. At the time of Newton's birth,

参考文献

Gregorian dates were ten days ahead of Julian dates: so he was born on 25 December 1642 in the Julian calendar, corresponding to the (modern) date of 4 January 1643. At the time of his death, the difference between the calendars had increased to eleven days: further, he died after the beginning of the Gregorian year on 1 January, but before that of the Julian new year on 25 March. He died on 20 March 1726 according to the Julian system, but the year is usually adjusted to 1727. A full conversion to the Gregorian system gives the date as 31 March 1727.

2. Here is a sample of literature dealing with different aspects of Newton: Westfall, Richard S. (2007), *Isaac Newton*, Cambridge University Press, Cambridge [ISBN 978-0-19-921355-9].

    Christianson, Gale E. (1996), *Isaac Newton and the Scientific Revolution*, Oxford University Press, Oxford [ISBN 0-19-530070-X].

    Dobbs, B. J. T. (1983), *The Foundations of Newton's Alchemy or The Hunting of the Greene Lyon*, Cambridge University Press, Cambridge [ISBN 978-0521273817].

    Gjertsen, Derek (1986), *The Newton Handbook*, Routledge, London, UK [ISBN 0-7102-0279-2].

3. Westfall, R. S. (1983), *Never at Rest: A Biography of Isaac Newton*, Cambridge University Press, Cambridge [ISBN 978-0521274357].

4. For more on Robert Hooke, see: Chapman, Allan (2004), *England's Leonardo: Robert Hooke and the Seventeenth-Century Scientific Revolution*, Institute of Physics Publishing, UK [ISBN 0-7503-0987-3].

    Inwood, Stephen (2002), *The Man Who Knew Too Much*, Pan, UK [ISBN 0-330-48829-5]. (Published in the US as *The Forgotten Genius*.)

5. Merton, Robert K. (1995), *On the Shoulders of Giants: A Shandean Postscript*, University of Chicago Press, Chicago, USA [ISBN-10: 0226520862].

6. See, e. g., Aiton, Eric J. (1985), *Leibniz: A Biography*, CRC Press, USA [ISBN 978-

0852744703].

Antognazza Maria Rosa, (2008), *Leibniz: An Intellectual Biography*, Cambridge University Press, Cambridge [ISBN 978-0521806190].

Jolley, Nicholas, (Ed.) (1994), *The Cambridge Companion to Leibniz*, Cambridge University Press, Cambridge [ISBN 978-0521367691].

7. See: Hawking. S (1998), *A Brief History of Time*, Bantam, USA [ISBN 978-0553109535]. http://hist. science. free. fr/storie/IERI/NewtonVoltaireEmilie/Newton%20vs_%20 Leibniz. htm.

8. For more on the calculus controversy, see: Brown, Richard C. (2012), *Tangled origins of the Leibnitzian Calculus: A case study of mathematical revolution*, World Scientific, Singapore [ISBN 9789814390804].

Hall, A. R. (1980), *Philosophers at War: The Quarrel between Newton and Gottfried Leibniz*, Cambridge University Press, Cambridge [ISBN 978-0521227322].

9. Figure 22. 1 courtesy: Barrington Bramley [after Godfrey Kneller], Public domain, via Wikimedia Commons. https://commons. wikimedia. org/wiki/File:GodfreyKneller-IsaacNewton-1689. jpg (from public domain).

10. Figure 22. 2 taken from: Fara P. (2015), "Newton shows the light: a commentary on Newton (1672) 'A letter [...] containing his new theory about light and colours [...]' ". Phil. Trans. R. Soc. A **373**, 20140213. http://dx. doi. org/10. 1098/rsta. 2014. 0213 [dx. doi. org].and reproduced under the terms of the Creative Commons Attribution License http://creativecommons. org/licenses/by/4. 0/: [creativecommons. org].

11. Figure 22. 3 courtesy: From the Philosophical Transactions of the Royal Society, London; This figure is reproduced, with permission, from the journal Philosophical Transactions, 1672, 7, 0, published 1 January 1672 (Plate 1 of issue 81).

12. Figure 22. 4 courtesy: The original uploader was Zhaladshar at English Wikisource [Public domain], via Wikimedia Commons. https://commons. wikimedia. org/wiki/

File:Prinicipia-title. png (from public domain).

13. Figure 22. 5 courtesy: Christoph Bernhard Francke [Public domain], via Wikimedia Commons. https://commons. wikimedia. org/wiki/File:Gottfried_Wilhelm_Leibniz,_Bernhard_Christoph_Francke. jpg (from public domain).

第23章

1. For more on these developments, see: Jenkins, Rhys (1936), *Savery, Newcomen and the Early History of the Steam Engine in The Collected Papers of Rhys Jenkins*, Newcomen Society, Cambridge [ASIN: B0012J2786].

   Rolt, Lionel Thomas Caswell (1963), *Thomas Newcomen: The Prehistory of the Steam Engine*, David and Charles, Dawlish [ASIN: B0000CLQ7F].

   Rolt, Lionel Thomas Caswell and Allen, John S. (1977), *The Steam Engines of Thomas Newcomen*, Moorland Publishing Company, Hartington [ISBN 0-903485-42-7].

2. For more on James Watt, see: Dickinson, H. W. (2010), *James Watt: Craftsman and Engineer*, Cambridge University Press, Cambridge [ISBN 978-1108012232].

   Hills, Richard L. (2002), *James Watt, Vol 1, His time in Scotland, 1736–1774; Vol 2, The years of toil, 1775–1785; Vol 3, Triumph through adversity, 1785–1819*, Landmark Publishing Ltd [ISBN 1-84306-045-0].

   Marsden, Ben (2002), *Watt's Perfect Engine*, Columbia University Press, New York [ISBN 0-231-13172-0].

3. See, e. g., Boldrin, Michele and Levine, David K. (2008), *Against Intellectual Monopoly*, Cambridge University Press, Cambridge, UK [ISBN-10: 0521879280].

   For an opposite point of view, see, e. g., Selgin, George and Turner, John L. (2010), *Strong Steam, Weak Patents, or, the Myth of Watt's Innovation-Blocking Monopoly, Exploded*, The Journal of Law and Economics, University of Chicago Press, Vol. 54 (4), pp. 841–861 [DOI: 10. 1086/658495].

4. Figure 23. 1 courtesy: Meyers Konversationslexikon 1890 [Public domain], via Wikimedia Commons. https://commons. wikimedia. org/wiki/File:Newcomens_Dampfmaschine_aus_Meyers_1890. png (from public domain).

5. Figure 23. 2 courtesy: Antonia Reeve, [Public domain], via Wikimedia Commons. https://en. wikipedia. org/wiki/File:James-watt-1736-1819-engineer-inventor-of-thestea. jpg (from public domain).

6. Figure 23. 3 courtesy: By Robert Henry Thurston (1839 – 1903) [Public domain], via Wikimedia Commons. https://commons. wikimedia. org/wiki/File:SteamEngine_Boulton%26Watt_1784. png (from public domain).

第24章

1. For more on Cavendish, see: Jungnickel, Christa and McCormmach, Russell (1999), *Cavendish: The Experimental Life*, Bucknell University Press, USA [ISBN 0-8387-5445-7].

   Moore, F. J. (1939), *A History of Chemistry*, McGraw-Hill, New York [ASIN: B002CERX6Q].

2. For more on Priestley, see: Gibbs, F. W. (1965), *Joseph Priestley: Adventurer in Science and Champion of Truth*, Thomas Nelson and Sons, London [ASIN: B00CJ9I4H6].

   Holt, Anne (1931), *A Life of Joseph Priestley*, Oxford University Press, London [ASIN: B0006ALE6I].

   Jackson, Joe (2005), *A World on Fire: A Heretic, an Aristocrat and the Race to Discover Oxygen*, Viking, New York [ISBN 0-670-03434-7].

   Johnson, Steven (2008), *The Invention of Air: A Story of Science, Faith, Revolution, and the Birth of America*, Riverhead, New York [ISBN 1-59448-852-5].

   Schofield, Robert E (1997), *The Enlightenment of Joseph Priestley: A Study of his Life and Work from 1733 to 1773*, Pennsylvania State University Press, University Park Pennsylvania [ISBN 0-271-01662-0].

参考文献

Uglow, Jenny (2002), *The Lunar Men: Five Friends Whose Curiosity Changed the World*, Farrar, Straus and Giroux, New York [ISBN 0-374-19440-8].

3. For more on the life and times of Lavoisier, see: Donovan, Arthur (1996), *Antoine Lavoisier: Science, Administration, and Revolution*, Cambridge University Press, Cambridge [ISBN 978-0521562188].

  Grey, Vivian (1982), *The Chemist Who Lost His Head: The Story of Antoine Lavoisier*, Coward, McCann and Geoghegan, Inc, USA [ISBN 978-0698205598].

  Holmes, Frederic Lawrence (1984), *Lavoisier and the Chemistry of Life*, University of Wisconsin Press, Madison, Wisconsin [ISBN 978-0299099800].

  Jackson, Joe (2005), *A World on Fire: A Heretic, An Aristocrat And The Race to Discover Oxygen*, Viking, New York [ISBN 978-0670034345].

  Smartt Bell, Madison (2005), *Lavoisier in the Year One: The Birth of a New Science in an Age of Revolution*, Atlas Books, W. W. Norton, USA [ISBN 978-0393051551].

4. Figure 24. 1 courtesy: Original drawing by William Alexander. Public domain via Wikimedia Commons. https://commons. wikimedia. org/wiki/File:Cavendish-walk. jpg (from public domain).

5. Figure 24. 2 courtesy: Henry Cavendish [Public domain], via Wikimedia Commons. https://commons. wikimedia. org/wiki/File:Cavendish_hydrogen. jpg (from public domain).

6. Figure 24. 3 courtesy: Ellen Sharples (1769 - 1849) [Public domain], via Wikimedia Commons. https://commons. wikimedia. org/wiki/File:Priestley. jpg (from public domain).

7. Figure 24. 4 courtesy: From the Special Collections & Archives Research Center, Oregon State University Libraries; reproduced with permission.